KB268964

e-비즈니스 어디까지 왔나

한경e-비즈니스본부 엮음

한국경제신문

엮은이의 말

인터넷이 모든 것을 바꾸고 있다.

컴퓨터에 관심이 있는 사람이건 그렇지 않은 사람이건 간에, 인터넷이 모든 이들의 생활 속에 이미 깊게 관여하고 있다.

최근 4~5년 간의 인터넷 열풍은 혁명으로 표현된다. 인터넷이 기존의 모든 경제관행을 바꾸고 있다. 이제 경영학 교과서는 새로 쓰여져야 할 정도다. 미국의 전례 없는 지속적인 경제호황 뒤에는 인터넷이라는 새로운 산업이 자리잡고 있는 것이다. 우리나라의 경우도 예외는 아니지만, 그 체감속도는 미국에 비해 다소 뒤떨어지는 것이 현실이다.

인터넷은 모든 산업 분야에서 이미 피할 수 없는 키워드로 자리잡았다. 이 책은 경제 각 분야에서 벌어지고 있는 인터넷의 영향을 분석하는 데 그 목적이 있다. 그리고 그 여파가 어디까지 미칠 것인지를 추론하고자 노력했다.

인터넷의 가장 큰 특징 중 하나는 어느 매체보다도 쉽다는 점이다. 사용자뿐만 아니라 인터넷을 활용해 새로 사업을 시작하려는 제공자로서는 더더욱 그러하다. 이것이 인터넷을 현재 모든 산업의 키워드로 자리잡게 한 가장 큰 이유일 것이다.

이 책이 이 분야에 관한 국내 최초의 도서라는 자부심과 함께, 시론으로서 좀더 본격적인 연구가 진행되는 계기가 된다면 충분히 우리의 역할을 다한 것으로 생각한다.

한경 e-비즈니스본부는 인터넷·벤처 분야에서 유망기업을 발굴하고 육성할 목적으로 발족되어 인터넷·벤처기업이 성장하는 데 필요한 지원활동을 다양하게 벌이고 있다.

한경 e-비즈니스본부 활동의 일환으로 출간한 이 책은 선물전문 검색엔진인 2n4(www.2n4.co.kr)를 운영하고 있는 정문순 사장의 도움이 컸다. 그의 열정에 감사드린다.

앞으로 한경 e-비즈니스본부는 e-비즈니스 관련 벤처기업이 커나갈 수 있도록 관련 정보를 제공하기 위해 꾸준히 노력할 것이다.

인터넷은 흔히 정보기술(IT), 기획, 자본의 3요소로 일컬어진다. 이들 3요소 모두 국내에 풍부한 편이다. 자본을 제외하고는 선진국에 비해 결코 뒤처지지 않는 것으로 판단된다. 우리 민족의 우수성이 또다시 인터넷 산업에서 새로운 신화를 만들어가기를 바라며, 서문을 대신한다.

한경 e-비즈니스본부

프롤로그

『1980년대는 질(質)의 시대,
1990년대는 리엔지니어링의 시대였다.
2000년대는 속도의 시대가 될 것이다.』

마이크로소프트의 빌 게이츠 회장이 자신의 저서 《빌게이츠@생각의 속도(business @the speed of the thought)》에서 던진 화두다.

인터넷의 폭넓은 활용으로 비즈니스의 본질과 처리관행이 매우 빠르게 바뀔 것이라는 예고다. 빌 게이츠의 말이 아니더라도 인터넷은 이미 기업경영이나 소비생활 전반에 혁명적인 변화를 가져오고 있다. 지난 1980년대 중반 비로소 일반인들에게 공개된 인터넷이 겨우 15년여 만에 미래 비즈니스의 핵심으로 자리잡은 것이다. 인터넷은 이제 추상적인 「정보의 바다」라는 개념에 머무르지 않고, 실제로 엄청난 거래를 수반하며 부가가치를 창출하고 있다. 인터넷이 이미 21세기 비즈니스의 키워드가 되고 있는 것이다. 21세기에는 전자상거래가 더 이상 선택사항에 머무르지 않을 것이다. 기업 생존을 위한 필수전략이 될 것이다.

인터넷이 기존의 어떤 매체보다 더 주목받고 있는 이유는 사상 유래를 찾을 수 없는 엄청난 확산속도 때문이다. 모건 스탠리의 보고서에 따르면 미국의 경우 5,000만 명의 이용자를 확보하기까지 라디오가 38년, TV가 13년, 케이블TV의 경우 10년이 소요되었으나, 인터넷은 불과 4년밖에 걸리지 않았다. 인터넷 혁명의 위력을 보여주는 사례 중 하나다.

또한 인터넷은 기업활동에서도 예측하기 힘든 변화를 예고하고 있다. 인터넷을 기반으로 하는 전자상거래가 기업과 소비자에게 새로운 기회와 이익을 제공하고 있다.

기업에게는 큰 투자 없이도 전세계적인 활동이 가능하도록 만들 뿐만 아니라, 기업의 경쟁력 제고에도 크게 기여하고 있다. 대량 주문 및 고객 접근도 용이하게 만든다. 운영비나 재고비용 등에 대한 실질적인 비용절감도 가능하다. 인터넷은 무엇보다도 기업에게 새로운 영업기회를 제공하고 있다.

소비자에게는 원하는 상품을 24시간(시간의 한계 극복) 안에, 전세계를 상대로(공간의 한계 극복) 상품 선택의 폭을 확대할 수 있도록 함으로써, 질적으로 향상되고 개별화된 제품과 서비스를 실질적으로 인하된 가격으로 제공받을 수 있는 이점을 제공하고 있다.

인터넷 가상공간 속에는 조달업체, 조립·생산업체, 판매업체, 소비자에 이르기까지 전체 경제 주체들이 모두 존재하며, 이들 경제 주체가 유기적으로 결합해 다양한 형태의 비즈니스를 형성해가고 있다. 현재 미국 기업의 80%가 마케팅 차원에서 인터넷을 이용하고 있으며, 이 중 10%는 사이버 쇼핑몰을 구축해놓고 있다.

전자상거래는 재화나 용역을 거래할 때 그 일부 또는 전부가 전자적으로 처리되는 거래형태를 말한다. 전자상거래는 거래 주체의 형태에 따라 다음과 같이 분류된다.

- 기업과 기업 간 전자상거래 : Business to Business(B2B)
- 기업과 소비자 간 전자상거래 : Business to Customer(B2C)
- 정부와 기업 간 전자상거래 : Government to Business(G2B)
- 정부와 소비자 간 전자상거래 : Government to Customer(G2C)
- 소비자와 소비자 간 전자상거래 : Customer to Customer(C2C)

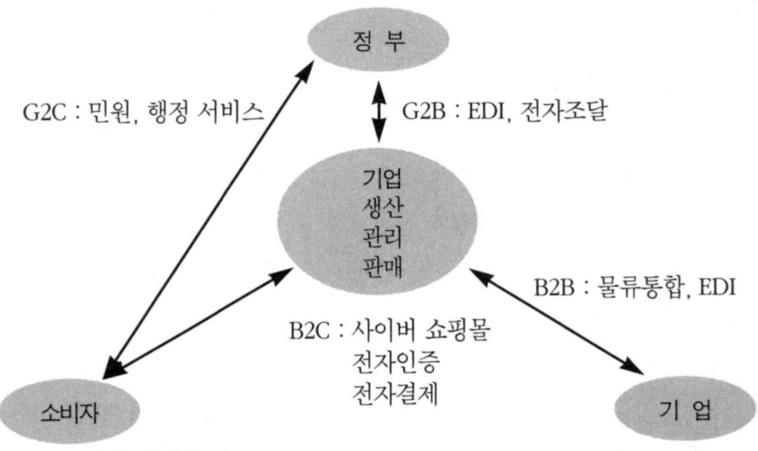

세계 인터넷 전자상거래

미국 텍사스 대학 경영대학원과 전자상거래 연구소(Center for Research in Electronic Commerce)가 공동으로 연구 · 발표한 「인

터넷 경제보고서」에 따르면 미국의 인터넷 관련 시장규모는 1998
년에만 약 3,220억 달러 규모에 달했으며, 120만 명의 고용효과를
보인 것으로 나타났다. 1998년 미국 내 인터넷 관련 시장규모가 이
미 우리나라 GDP 규모와 비슷한 수준에 달한 것이다. 미국 자동차
시장규모가 약 3,500억 달러에 달하고, 통신시장이 2,700억 달러에
이르는 것을 감안하면, 이들과 쌍벽을 이루는 새로운 산업 분야가 등
장한 것이다. 특히 3년 전만 해도 인터넷 관련 시장이 거의 전무했던
점을 감안하면 놀라운 성장이 아닐 수 없다. 1999년에는 다시 미국의
인터넷 관련 업종 종사자들이 250만여 명으로 1998년보다 두 배나
증가했으며, 매출액 면에서도 63%가 증가한 5,240억 달러를 기록
했다.

인터넷 산업부문 중에서도 가장 빠른 성장을 보인 부문은 역시
전자상거래 분야로, 이 부문의 매출은 1998년도의 998억 달러에서
1999년 1,714억 달러로 늘어 72%가 증가했다.

한편 미국 상무부가 2000년 3월 2일 공식 발표한 1999년 4/4분기
의 전자상거래를 통한 소매 판매액(retail e-commerce sales)이 전
체 소매판매액 8,212억 달러의 0.64%에 달하는 53억 달러로 집계
되었다. 상무부가 발표한 전자상거래 소매판매액에는 건축자재 ·
자동차 · 가구 · 식품 · 음료 · 의류 등 소비자 제품만이 들어 있으
며, 산업표준분류(SIC)에 의거해 소매업으로 분류되지 않는 항공권
과 기차표 구입, 금융 서비스와 B2B 구매액 등은 포함되어 있지 않
다. 따라서 이들 서비스 부문의 금액을 더할 경우, 조사 결과보다
훨씬 높은 매출을 기록한 것으로 볼 수 있다.

미국 전자상거래 소매판매 비중은 0.64%에 불과하지만, 미국 유
통업체의 약 15%가 이미 전자상거래를 판매수단으로 이용하고 있

어 전자상거래의 비중이 더 확대될 것으로 예상된다.

세계 인터넷 사용 인구

세계 인터넷 사용 인구도 폭발적으로 늘고 있다. 1990년 초 불과 110만 명에 불과하던 전세계 인터넷 사용 인구가 1999년에는 246배나 증가한 2억 7,600만 명으로 급증해 73%의 연평균 증가율을 보이고 있다.

미국 및 전세계 인터넷 사용 인구

구　　　분	1985년	1989년	1990년	1995년	1999년	2000년	2002년	2005년
• 인터넷 이용자(100만명)								
세계	0.021	0.56	2.13	42.2	276	375	544	840
미국	0.019	0.49	1.80	2.81	111	136	166	208
미국 비중(%)	89.6	87.7	84.5	63.5	40.1	36.2	30.5	24.8
• 1,000명당 인터넷 이용자								
세계	0.004	0.11	0.40	7.77	46.0	61.7	87.7	129.5
미국	0.08	2.0	7.2	107	407	494	596	728

* 자료 : eTForecast.

미국의 경우 1990년대 초반에는 매년 73%의 증가율을 보이던 인터넷 사용 인구가 1990년대 후반에는 41%를 기록했으며, 1999년부터 2005년까지 미국의 인터넷 사용 인구 증가율은 매년 11%로 둔화될 전망이다. 반면 1990년대 초 매년 82%의 증가율을 보인 전세계 인터넷 사용 인구는 1990년 후반 들어서는 매년 60%로 감소했으며, 1999~2005년에는 연평균 20%로 둔화될 전망이다. 인터넷 사용 인구 증가율의 둔화에도 불구하고, 세계 인터넷 사용인구는

2005년까지 1999년 말 기준 세 배 증가할 것으로 전망된다.

인터넷 사용 인구는 미국 이외의 지역에서 폭발적으로 증가할 것으로 예상되며, 특히 아시아 지역이 강력한 증가세를 시현할 것으로 보인다. 2005년에는 중국이 미국의 뒤를 이어 인터넷 이용자 순위에서 세계 2위로 부상할 것이다.

한국은 2000년 인터넷 이용자 수가 1,480만 명으로 세계 7위 규모로, 전세계 인터넷 사용 인구의 3.68%를 점유할 것이다.

인터넷 사용 인구 증가의 원동력

전자우편 이용자 수 증가와 PC 가격 하락이 20세기 인터넷 사용 인구 증가의 원동력이었다면, 21세기에는 전자상거래의 확산이 그 원동력이 될 전망이다.

• 1998~2001년

전자우편 확산, 무료 웹브라우저와 콘텐츠 급증, PC 가격 인하, 인트라넷, 웹호스팅, B2C, B2B, 인터넷 서비스 공급업체(ISP)들의 PC 구입에 대한 리베이트, 웹 생산성

• 2002~2005년

B2B, 광역접속망, 웹 핸드폰, 무선통신을 이용한 전자상거래, 애플리케이션 서비스 공급업체(application service providers : ASPs), 웹 접속도구, ISP 고정비용의 하락, 전자상거래 생산성, 웹 호환 TV 서비스

현재까지는 PC가 가장 상용적인 인터넷 접속수단이었으나, 2000년부터 휴대폰 및 기타 다른 접속수단을 이용한 인터넷 접속이 활발해져, 2005년 말경에는 PC를 제외한 기타 접속수단과 PC를 통한

접속 횟수가 비슷해질 것으로 전망된다.

10년 후인 2010년경에는 전세계 인터넷 사용 인구가 18억 명에 이르고 PC 수는 14억 대로 늘어날 것으로 예상되어, 인터넷은 인간 생활의 모든 면에서 중대한 영향을 미칠 것으로 보인다. 또한 그 영향력은 향후 10년 내에 전화, TV, PC가 인류에 미친 영향력을 합한 것보다도 커질 것이다.

기업과 기업 간 전자상거래

인터넷 전자상거래는 지금까지 주로, 일반 소비자들의 구입이 중심이 된 거래로 인식되어왔으나(B2C), 기업들의 웹사이트 개설 확대 및 거래의 신속함과 편리성이 바탕이 된 비용절감효과 등이 부각되면서, 최근에는 기업 간의 거래도 인터넷을 통해 상당 부분 이루어지고 있다. 이와 같은 B2B 시장은 향후 급성장이 기대되는 분야로, 이후 전자상거래의 발전을 주도할 것으로 예상된다.

현재 기업 간의 인터넷 거래는 세계적으로 확산되는 추세이며 그 증가속도도 매우 빠르다. 그러나 향후 몇 년 동안은 북미지역의 기업 간 인터넷 거래가 선도적인 역할을 할 것이다. 서유럽국가 및 아시아 국가들은 B2B의 진행 정도가 현재 북미지역에 비해 약 1년 정도 뒤져 있는 것이 현실이다.

세계 B2B 시장의 점유율은 지역별로 북미지역이 1998년의 7%에서 2003년에 24%로, 서유럽지역은 3%에서 11%로, 아시아·태평양지역은 2%에서 9%로, 라틴아메리카는 2%에서 7%로 각각 증가할 것으로 전망된다. 아시아와 라틴아메리카의 B2B 시장은 기업의 정보화 정도와 IT기술의 차이 때문에 상대적으로 낮은 성장을 보일 것으로 예상된다.

미국의 경우 2003년에 이루어지는 B2B의 65% 이상이 소매업, 자동차, 운송, 산업용 기계, 하이테크와 정부부문에서 이루어질 것으로 전망된다. 이같이 B2B 시장이 급성장하고 있는 이유는 무엇보다도 기업조달활동에 인터넷을 활용함으로써 기업의 경쟁력을 높일 수 있기 때문이다. 실제로 미국 기업의 예를 볼 때 기업 간 인터넷 전자상거래를 적극 활용한 회사들의 경우, 구매에 소요되는 경비를 15%까지 절감했으며, 구매활동과 관련된 서류의 처리 및 보관업무를 65%까지 단순화했다는 조사결과가 있다.

이러한 B2B 시장의 활성화 추세에 따라, 인터넷을 통한 수출입도 매우 활발해질 것으로 전망된다. 인터넷으로 동화상의 전송까지도 자유롭게 할 수 있는 단계이기 때문에, 인터넷을 활용해 신제품을 소개하거나 설명할 경우 수출입에도 인터넷이 상당히 큰 기여를 할 것으로 보인다.

전자상거래 전문조사기관인 포레스터 리서치는 1999년 말 미국의 온라인 쇼핑 가구 수가 1,700만 가구를 넘어서고, 온라인 소매판매 시장(B2C)도 202억 달러에 이를 것이며, 2004년에는 4,900만 가구가 1,840억 달러 이상의 물품을 구매할 것으로 전망하고 있다. 인터넷을 이용한 B2B의 거래규모는 1998년 430억 달러에서 2003년에는 1조 3,308억 달러로 급증할 것으로 전망했다. 분야별로는 컴퓨터 · 전자, 자동차, 석유화학제품, 유틸리티, 종이 및 사무용품, 운송 및 창고업, 식품 및 농업, 소비재, 의약품 · 의료용품, 우주 · 방위, 건설, 중공업, 산업용 장비 순이 될 것으로 예측하고 있다.

특히 최근에는 미국의 자동차 빅3인 GM, 포드, 다임러 크라이슬러사가 인터넷 구매 시스템을 운영할 회사를 공동설립하기로 합의하고, 이전까지 개별적으로 구축해오던 시스템을 하나로 통일하기

미국의 주요 산업별 B2B 규모

(단위 : 10억 달러)

구 분	1998년	1999년	2000년	2001년	2002년	2003년
총 계	43.1	109.3	251.1	499.0	842.7	1,330.8
컴퓨터 · 전자	19.7	50.4	121.4	229.1	319.1	395.3
자동차	3.7	9.3	22.7	53.2	114.3	212.9
석유화학	4.7	10.3	22.6	48.0	96.8	178.3
유틸리티	7.1	15.4	32.2	62.9	110.6	169.5
종이 및 사무용품	1.3	2.9	6.4	14.3	31.1	65.2
운송 및 창고업	1.2	2.9	6.8	15.4	32.7	61.6
식품 및 농산물	0.3	3.0	6.3	13.1	26.7	53.6
소비재	1.4	2.9	6.1	12.7	26.0	51.9
의약품 · 의료용품	0.6	1.4	3.5	8.5	20.0	44.1
우주 · 방위	2.5	6.6	14.8	25.6	34.0	38.2
건설	0.4	1.6	3.4	7.0	14.2	28.6
중공업	0.1	1.3	2.5	4.7	8.7	15.8
산업용 장비	0.1	1.3	2.4	4.5	8.5	15.8

* 자료 : Forrester Research, Inc.

로 함으로써, 향후 인터넷을 통한 부품구매는 한층 가속이 붙을 것으로 예상된다. 2000년 5월 현재, 아직 회사의 이름조차 정해지지 않은 이 인터넷 벤처기업을 통해 거래될 것으로 예상되는 자동차 3사의 부품구매액은 매년 240억 달러에 달할 전망이다. 더욱이 현재 구상하고 있는 인터넷 구매 시스템은 부품업체들 간의 거래(B2B)도 가능케 해, 이들 부품업체 간 거래액까지 포함할 경우, 이 인터넷 벤처기업을 통한 거래액은 500억 달러가 훨씬 넘어설 것으로 추정된다. 인터넷을 통한 부품구매 시스템이 완성될 경우, 이 시스템은 앞으로 세계 최대의 전자상거래망이자, 자동차 부품업계의 거대한 공급체계가 될 것으로 예상된다.

정부와 기업 간 전자상거래 : 정부의 인터넷 활용

세계 각국의 정부 역시 인터넷 비즈니스를 활성화시키기 위해 노력하고 있다. 초기의 인터넷을 이용한 정부업무의 처리에서 한 발 더 나아가 조달업무도 인터넷을 이용하는 단계까지 발전하고 있다. 정부와 기업 간 전자상거래(G2B) 시장의 성장이 기대되는 이유가 바로 여기에 있다.

실례로, 영국 정부는 2000년 4월부터 정부조달물자 전자상거래 전담부서인 정부상거래청(Office of Government Commerce : OGC)을 정식 가동해 기존의 180개 정부기관 및 공공기관으로 분산되어 있는 정부조달물자 구매창구를 단일화하는 한편, 전자상거래 대상품목을 대폭 확대하는 계획을 추진 중에 있다.

OGC는 우선 전자상거래 구매품목을 문구류 등 저액-우선순위 하위 제품부터 시작해서 점차 자동차, 에너지, 관리 컨설팅 등으로 확대해, 2001년까지는 IT산업 및 건설 등 일부 고액-고위험-우선순위 상위 제품을 제외한 모든 정부조달물자의 90%를 인터넷으로 구매할 계획이다. 영국 감사원 자료에 따르면, 정부구매액 중 연간 200만~300만 파운드는 구매단가 100파운드 미만 단순 품목이 차지하고 있으나, 이러한 소액물품이 기존 정부 입찰절차를 거칠 경우 각 구매건당 25~100파운드의 추가비용이 발생해 극히 비효율적인데다 180개 정부기관 소속 구매담당 인원이 5,000명에 달해 정부인력 및 자원의 낭비가 심각한 것으로 드러났다.

이와 같이 인터넷을 이용한 정부의 물품조달이 활성화될 경우, 정부자원 및 예산절감에 크게 기여하는 등 정부예산의 효율적 집행에도 많은 기여를 할 것으로 보인다.

전자상거래 전망

온라인-오프라인 충돌 확산

인터넷을 이용한 전자상거래가 확산되면서 인터넷 상거래를 실시 중인 기업과 이로 인해 피해를 보게 된 기업이나 근로자 간의 충돌 사례가 늘고 있다. 인터넷 쇼핑몰 업체들이 전통적인 상거래업체보다 판매비용이 적게 드는 특성을 활용해 저가 판매공세에 나서자 기존 업체들이 거세게 반발하고 있기 때문이다. 이 같은 온라인과 오프라인 간 갈등은 초기에는 책·음반·화장품 등 비교적 값싼 상품을 취급하는 업종에서 시작됐으나, 최근에는 자동차·전자·중공업 등 제조업과 서비스업으로 확산되고 있는 추세다.

인터넷 업체의 인수·합병 증대

아메리카 온라인(AOL)과 타임워너가 합병하기로 합의한 데 이어, 디즈니사가 GO.com을 다른 포털과 합병하는 것을 고려하고 있으며, CMGI는 알타비스타 인수 후 라이코스나 야후와의 합병을 시도할 것으로 예상된다. 인터넷 업체의 인수·합병은 온라인, 오프라인 업체 간에 서로의 장점을 공유하는 형태로 더욱더 광범위하게 진행될 전망이다.

인터넷 무료접속 서비스 확산

인터넷 무료접속 서비스가 증권사, 은행, 인터넷 쇼핑몰, 여행사 등 많은 분야로 확산될 것이다. 여기에 웹폰이나 PDA, PC 같은 인터넷 접속기기까지 무료로 제공하는 업체도 속출하고 있어, 인터넷 무료접속 서비스 경쟁은 더욱 치열해질 전망이다.

원스톱 쇼핑 사이트 급부상

야후 · 라이코스 · 알타비스타 · MSN 같은 포털 사이트들이 강력한 브랜드 이미지와 정보검색 능력을 바탕으로 가격비교검색 기술을 보유한 신생기업들과 제휴해 원스톱 쇼핑몰 구축에 나서고 있다. 이와 함께 개별 인터넷 쇼핑몰들은 고객지원체제나 배송속도, 제품 신뢰도 같은 가격 외 경쟁력 제공에 승부를 걸어 인터넷에서의 경쟁구도가 더욱 다양화하고 있다.

중개자 역할 ― E채널 활성화

그 동안 인터넷은 기업과 최종 소비자를 직접 연결해주는 「직접 채널」의 수단으로 활용됐다. 그러나 네트워크 효과로 인해 2000년부터는 「간접 채널(E채널)」의 활성화가 돋보일 것이다. 간접 채널은 원스톱쇼핑 사이트(포털 사이트)의 경우 중개자로서의 역할이 강조되는 것으로, 인터넷 거래에서 인터넷 자체가 중개자가 되는 것을 말한다. 2000년에는 수익배분 프로그램을 통해 창출되는 매출 규모가 미국 B2C 전자상거래 규모의 10%인 50억 달러에 이를 것으로 전망된다.

B2C업체의 B2B 진출 본격화

세계 전자상거래 시장에서 B2B 매출이 차지하는 비중은 2000년에 77%로 예상되며, 이에 따라 많은 인터넷 기업들이 B2B 시장을 공략하기 위해 치열한 경쟁을 벌일 것으로 전망된다. 야후 · 라이코스 · MSN 등이 시장지배력을 바탕으로 B2B 시장에 진출하고 있다.

인터넷 이용자의 폭발적 증가

2000년 미국의 인터넷 이용자는 전체 인구의 50%에 해당하는 1억 3,600만 명에 이를 것으로 예상된다. 인터넷 인구의 폭발은 인터넷 무료접속 서비스와 밀접한 관계를 갖고 있다. 인터넷 비즈니스의 속도는 IT 산업부문의 「무어의 법칙」을 훨씬 능가하고 있다(IT 산업에는 이른바 무어의 법칙이 인정돼왔다. IT 제품의 성능은 해마다 두 배 이상씩 개선되며 가격은 이전 제품과 동일하게 유지된다는 것이다). 인터넷의 1년은 오프라인의 7년에 버금간다는 말은 이미 오래 된 얘기가 됐다. 지금은 인터넷의 3개월이 오프라인의 7년에 해당한다고 말하고 있다.

차 례

제 2 부   국내 전자상거래 어디까지 왔나

제3부　인터넷 지구촌 신흥갑부—「빛의 속도」로 돈을 번다

세계 전자상거래
어디까지 왔나

시간과의 전쟁
—성공사례 : DHL

　　물류 분야에도 어김없이 인터넷 혁명이 일고 있다. 전자상거래가 기업의 생산·물류 시스템을 획기적으로 변화시키고 있다. 국경을 넘나드는 무한경쟁시대에 물류비용 절감이 기업경쟁력 제고에 핵심 요소로 등장하고 있는 것이다.

　　미국의 경제조사기관인 포레스터 리서치(www.forrester.com)는 마우스 클릭과 택배로 상징되는 전자상거래가 확산되면서 곧 「물류전쟁」이 벌어질 것으로 전망하고 있다. 전자상거래가 도입단계를 지나, 2003년 연간 택배수요가 20억 건을 넘어서게 되면, 물류체계를 얼마나 잘 갖추었느냐에 따라 해당 기업의 명암이 달라질 것이다. 인터넷으로 물건을 파는 데 쏟는 만큼의 노력을 물류에 투자하지 않는 기업은 고객의 이탈과 소모적인 비용지출을 감내해야 하는 상황에 직면하게 될 것이다.

　　전자상거래로 인해 소비자의 요구는 시공을 초월하고 있다. 철저한 준비를 하지 않은 물류업체는 경쟁에서 도태될 수밖에 없다. 성장 잠재력은 매우 크다. 특히 기업과 소비자를 연결시켜주는 물류 시장은 엄청난 사업기회를 제공하고 있다. 연간 50억 달러에 이르는 이 시장은 그야말로 황금어장인 셈이다. 연간 470억 달러에 달하는 기업과 기업 간 물류시장도 마찬가지다.

1 사이버 물류 등장

인터넷의 등장으로 물류 분야에서도 새로운 시도가 이어지고 있다. 사이버 물류(cyber logistics) 또는 가상물류(virtual logistics) 등의 이름으로 비즈니스 영역의 확장, 운영의 효율화, 고객만족의 향상뿐 아니라, 인터넷 이전에는 생각지도 못했던 새로운 물류 비즈니스가 형성되고 있는 것이다. 사이버 물류란 물류정보 시스템, 네트워크 구축을 바탕으로 물류업체와 물류정보업체의 다양한 서비스를 종합적으로 조합 · 재배치함으로써, 새로운 부가 물류 서비스를 지속적으로 개발해 이를 사이버 공간에서 제공하여 물류업체에게는 안정적인 비즈니스 기회를 제공하고 화주에게는 고품질의 물류 서비스를 제공함과 동시에 이들 서비스가 원활히 유통될 수 있도록 업체 간 네트워크 및 커뮤니케이션 수단을 제공하는 것을 말한다. 사이버 물류의 요소로는 정보기술(information technology : IT) 기반과 물류지식 등이 필요하며, 사이버 물류의 활용방향은 고객 밀착형 서비스 제공 및 온라인을 통한 고객의 경쟁력 제고를 지원하는 것 등이 있다.

물류시장의 환경변화와 산업 전반에 걸친 사이버 비즈니스의 활성화로 인해 인터넷이 물류산업에서의 종합적인 물류 서비스 생산 및 제공, 그리고 경쟁력 확보의 새로운 기회를 제공하고 있는 것이다.

2 │ 사이버 물류 아웃소싱 주도

세계 물류업계의 가장 큰 특징은 물류부문의 아웃소싱이 활발해지고 있다는 점이다. 갈수록 많은 기업들이 물류부문을 전문업체에 맡기고 있다. 이에 따라 물류업체들의 행보도 더욱 빨라지고 있다. 그만큼 사업기회도 많아지고 있는 것이다.

DHL, 페덱스(FedEx) 등 물류전문업체들은 인터넷을 통한 화물추적 시스템을 앞다퉈 도입하는 등 전자상거래시대에 대응해가고 있다. 운수업체들도 인터넷 홈페이지를 개설하고, 보관·운송·하역 등 각종 물류정보를 제공하고 있다. 물건 수송이 필요한 화주가 인터넷을 통해 운송할 물건·시기·지역 등 운송에 필요한 내용을 입력하면 차량 종류와 운송구간에 적합한 차량을 자동으로 연결해준다. 물류업체의 직배송 서비스(direct distribution service)는 창고 보관과정을 생략하거나 그 과정을 최소화해 시간과 경비의 낭비 없이 최단 시간 내에 배달을 완료함으로써 물류 부대비용의 효율적 절감을 통해 기업의 경쟁력 제고를 가능케 한다. 이와 같은 업무의 완벽한 수행을 위해서는 물류업체의 서비스 제공 능력, 즉 발송의 뢰인부터 수취인까지의 정확하고 일관된 네트워크(one network)를 통한 국제배송능력 및 통관 등의 분야별 전문인력 확보, 발송물의 적시 추적을 위한 IT 능력 등이 중요하다.

3 │ 최적의 물류 시스템 구축 — 인터넷 쇼핑몰 업체의 목표

사이버 쇼핑몰 선두업체인 아마존(Amazon), 델 컴퓨터(Dell Computers), 소니(Sony) 등은 몇 가지 공통된 물류전략을 구사하

고 있다. 이들 인터넷 쇼핑몰 업체는 조달비용 절감, 재고축소, 마케팅
비용 절감 등을 목표로 설정하고 있다. 이를 위해 제품의 배송상태 조
회 및 추적기능 구현이 가능한 물류 시스템을 구축하고, 배송사고에
대한 보상방안, 배송 서비스에 대한 고객의견 게시판 운영 등을 통해
소비자의 요구를 즉각 반영하고 있다. 또한 물류 시스템 기반으로 업
체 내부에 전사적 지원관리(enterprise resource planning : ERP) 시
스템을 구축하여 글로벌 마케팅 전략이 가능하다. 나아가 적기(just in
time : JIT) 배달을 적용하고 있다. 기업과 소비자 간 전자상거래인 인
터넷 쇼핑의 성공 여부가 배달체인관리(delivery chain management
: DCM)라면, 기업과 기업 간의 전자상거래를 위한 핵심전략은 공급
체인관리(supply chain management : SCM)라 할 수 있다.

> ### SCM(supply chain management)
>
> 소비자의 복잡하고 다양한 요구, 기술의 발전, 짧아진 신제품 수명, 전
> 자상거래 시장의 급격한 확대 등으로 공급자에서 시작해 구매 · 제조 ·
> 유통을 거쳐 소비자에게 이르는 모든 재화 및 서비스, 그리고 그 흐름에
> 수반되는 가치의 흐름을 통합 · 연계해 전체적인 하나의 시스템으로 이
> 해하려는 개념.

4 │ 도전도 만만찮다

전자우편이 가능해지면서 국내 우편배달을 주요 업무로 취급해
왔던 각국의 우체국 등이 활로 모색을 위해 물류 쪽으로 눈을 돌리
고 있다. 이에 따라 이들로부터의 도전이 거세질 전망이다. 미국 체

신국(USPO)은 물류 분야의 진출을 적극 모색하고 있으며, 우체국 업무의 민영화 바람이 한창인 유럽도 예외는 아니다. 막강한 기반 (infrastructure)과 자금력으로 중무장한 이들 공기업의 시장공략은 기존 업체들에게 위협적인 존재일 수밖에 없다. 특히 미국 체신국은 1999년 말부터 온라인 쇼핑의 장애요소 중 하나인 상품반환 (merchandise return) 등 소비자들을 지원하기 위한 서비스를 새롭게 제공하고 있다. Return@ease라는 이름의 이 서비스는 고객이 키보드를 몇 번 두드리는 것만으로 인터넷을 통해 구입했지만, 이후에 구입을 원하지 않게 되어 반환을 희망하는 상품을 빠르고 쉽게 반품할 수 있도록 도와줄 예정이다. 각국의 우체국은 그 동안 신속성과 편리함 때문에 급성장하는 전자상거래의 희생물로 인식되어 왔으나, 영업환경 변화에 능동적으로 대응하면서 고객지향적 경영을 통해 판매업체와 구매자 모두에게 도움을 주어 전자상거래로 빠져나갔던 고객을 다시 유치하기 위한 노력을 기울이고 있다.

그렇다고 기존 업체들이 도전만 받고 있는 것은 아니다. 전세계적인 우편업무의 민영화 추세는 영역확장 기회라는 반대급부를 제공하고 있기 때문이다. 유럽은 늦어도 오는 2003년 우편업무의 민영화를 단행할 것으로 보인다. 인터넷의 등장으로 기존의 사업영역이 순식간에 무너지면서 도전과 응전이 끊임없이 되풀이되고 있는 셈이다.

성공사례 DHL(http://www.dhl.com)

『전세계 어느 지역으로든 가장 빠른 시간에 정확히 배달해 드립니다.』

세계적인 물류업체 DHL이 내건 모토다.

　DHL은 물류 분야의 전자상거래를 선도하는 세계적인 업체다. DHL을 대표적인 인터넷 택배업체로 올라서게 한 것은 세계 구석구석을 잇는 글로벌 디지털 신경망이다. 인터넷이 바로 비즈니스 기간망 역할을 하고 있는 셈이다.

　DHL은 우선 그 방대한 규모에서 타의 추종을 불허한다. 전세계 227개국 9만여 도시와 연계된 최대 규모의 글로벌 네트워크를 형성

DHL 홈페이지 : http://www.dhl.com

하고 있는 것이다. 하지만 DHL의 경쟁력은 방대한 외형 그 자체보다는 선진적인 IT 활용에 있다고 평가된다.

DHL은 전세계를 잇는 자체 전용망인「DHL넷(DHLNET)」을 통해 발송물 처리와 관련된 모든 과정을 전자문서교환(EDI) 방식으로 소화하고 있다. DHL넷을 통해 한 해에 처리하는 화물만 해도 1억 5,000만 건에 달한다. 음성통화나 수작업으로는 도저히 업무생산성을 유지할 수 없는 규모인 것이다.

요즘 DHL이 눈독을 들이는 시장은 따로 있다. 바로 인터넷 상거래 택배시장이다. 이 회사는 특히 전자상거래시장의 70% 이상을 차지하는 기업 간 전자상거래(business to business : B2B) 물류시장을 집중 공략할 계획이다.

물류업계의 전망

해외 사이버 물류는 운영 주체의 성격에 따라 제공하는 서비스의 구성, 범위, 내용, 그리고 제공방식 등에 차이가 있으며, 이들은 운영 주체의 특성에 따라 세 가지 형태로 구분할 수 있다. 우선 기존에 물류사업을 하고 있는 물류전문업체들이 제공하는 서비스로, 이들은 자신들의 물류 서비스 상품을 사이버 공간을 통해 제공하고 있다.

다음으로 물류 서비스 오거나이징(organizing) 업체들이 제공하는 서비스로, 이들은 사이버 공간에서 모집된 물류 주체들을 대상으로 거래시장을 형성하여, 주체들 간의 커뮤니케이션과 거래를 유도하고 있다. 마지막으로 부가가치(value-added) 업체가 제공하는 서비스로, 이들은 사이버 공간에서 유사하거나 서로 관련이 있는 물류 서비스를 재조합 또는 가공해 신규 부가가치 물류 서비스를 제공하고 있다.

물류전문업체

실제 운송·보관·하역 수단을 보유하고, 이들 수단을 이용해 사업을 수행하고 있는 물류전문업체들은 효율적인 물류운영을 위해 각종 정보 시스템을 운영하고 있다. 이들은 강력한 물류 서비스 운영력을 기반으로 이미 구축되어 있는 정보 시스템을 사이버 공간으로 확장해 사이버 공간에서 온라인 운영기능을 구축하고 확산함으로써, 고객(화주)과의 원활한 커뮤니케이션을 이루고 있다. 이를 통해 고객의 직접 참여에 따르는 운영비 절감과 서비스 제고, 그리고 시공의 제약이 없는 신규시장 개척이라는 효과를 보고 있다.

페덱스(FedEx, www.FedEx.com), 프리츠(Fritz, www.fritz.com) 등이 여기에 속한다.

물류 서비스 오거나이징 업체

물류 서비스 오거나이징 업체들은 인터넷의 쌍방향통신 기능을 활용해 물류 서비스의 새로운 영역을 개척하고 있다. 이들은 화주와 물류업체 또는 물류업체들 간에 네트워크를 형성해, 업체들끼리 자유롭게 만나서 상호 필요로 하는 각종 정보를 커뮤니케이션할 수 있는 시장환경을 제공하고 있다. 이들은 다수의 물류업체와 다수의 화주가 참여하는 공동체를 운영함으로써 물류의 공동화, 비교구매 및 직거래를 자연스럽게 유도하고 있다.

HTFN(www.htfn.com), LSXS(www.lsxs.com), 웹프라이트(WebFreight, www.webfreight.co.uk), 웨어하우스 네트워크(Warehouse Network, www.warehousenetwork.com) 등이 이 그

룹에 속한다.

부가가치 서비스 업체

물류업체들의 정보 서비스에서부터 인터넷의 특성을 이용한 사이버 운송시장 운영, 업체 간의 온라인 네트워크 형성에 이르기까지 활성화되고 있는 사이버 물류 분야의 특성을 잘 활용해 고객들에게 좀더 부가가치적인 서비스 기능을 제공하는 업체들이 최근 부각되고 있다. 이러한 업체들은 사이버상에서 물류 서비스를 조합 또는 가공해 새로운 형태의 서비스를 구현해나가고 있다. 이 중에는 I십(I.Ship, www.iship.com)이 대표적인 기업이다.

물류전문업체들은 날로 치열해지는 경쟁체제에서 고객들에 대한 서비스 개선과 신규고객 창출을 통한 영업력 확대의 수단이자 사업 수행에 지출되는 과다한 운영비 절감을 위한 요소로서 인터넷 활용을 점차 확장시켜나가고 있다. 이를 위해 물류업체는 자사 시스템 강화 및 통합화, 운영능력의 향상, 서비스의 전문화 등에 더 많은 노력을 경주할 것이다.

다음으로 사이버 공간에서 업체들 간의 제휴 및 네트워크 구축을 통해 더욱 글로벌하고 차별화된 서비스 제공을 위해 중소물류업체는 물론 대형물류업체들 간의 전략적 제휴가 활발해질 것이다. 또한 이들은 IT 기술을 기반으로 점차 서비스 영역을 확산함으로써 화주들의 다양한 서비스 요구에 대한 대응력을 향상시켜나갈 것이며, 나아가 제휴의 범위도 물류 수행에 필요한 금융, 통관관련 기관 등으로 확대해나갈 것이다.

마지막으로 이제까지는 존재하지 않았던 새로운 형태의 물류 서비스를 제공하는 기업이 등장할 것이다. 아직까지는 사이버 물류에

서 제공되는 서비스가 현존하는 물류 서비스를 사이버 공간으로 확
장하는 수준에서 머물고 있으나, 인터넷 기술의 발전과 전자상거래
경험이 축적됨에 따라 전혀 새로운 형태의 서비스 제공이 가능해질
것이다. 마치 사이버 쇼핑몰 등장 이후 쇼핑몰 간 가격을 비교해주
는 새로운 서비스가 등장했듯이, 물류 분야에서도 새로운 비즈니스
가 탄생할 가능성이 높다.

미디어 제왕, 인터넷
—성공사례 : 타임워너

　최근의 디지털 혁명은 인터넷이라는 매체를 통해 미디어 사업에 영향을 주고 있다. 역사가 오래 된 회사들은 늘 새로운 기술을 두려워한다. 할리우드는 텔레비전에 적개심을 보였고, 텔레비전은 VCR를 무서워했다. 그러나 새로운 기술이 출현할 때마다 미디어 회사들에게는 더 많은 돈을 벌게 해주었듯이, 인터넷 역시 기존의 미디어 회사들에게 새로운 기회를 제공하고 있다. CNN, NBC, BBC 등 대형 뉴스 서비스 방송국들에게 인터넷은 위협이며(인터넷이 새로운 뉴스 소스를 너무 많이 갖고 있기 때문에), 또한 기회이기도 하다(즉각적이고 낮은 비용으로 글로벌 서비스를 할 수 있기 때문에). 현재 미디어 회사들은 자신들의 인터넷 전략을 바꾸고 있다.

　미디어 전문가들은 미래의 방송이 브로드 캐스팅(broad casting)에서 소수 시청자들을 위한 내로 캐스팅(narrow casting)으로, 다시 각 개인별 수요를 채워주는 퍼스널 캐스팅(personal casting)으로 발전할 것으로 전망하고 있다. 뉴미디어의 선두 주자는 인터넷 방송이다. 방송과 통신, 컴퓨터 융합에 따라 인터넷을 매개로 한 방송이 최근 세력을 빠르게 넓혀가고 있다. 지난 1990년대 중반부터 모습을 드러내기 시작한 인터넷 방송은 미래 방송환경에서 핵심적인 위치를 차지할 것으로 보인다. 그 이유는 전세계를 무대로 한 인터넷 생중계와 시간 및 공간의 한계를 뛰어넘어 언제라도 원하는 방송을 볼 수 있는 주문형 방송이 가능하다는 점 때문이다. 위성이나 수신장치(set top box) 없이도 네트워크만 연결하면 시청자들의 기호에 따라 마음에 드는 방송을 볼 수 있으며, 간단히 저장도 할 수 있다.

1 미디어 혁명 — 인터넷

인터넷 혁명의 물결이 마침내 미디어 산업에 지각변동을 일으키고 있다. 뉴미디어 혁명은 곧 미디어와 인터넷의 융합이며, 이를 통해 다양한 커뮤니케이션 서비스를 개발·제공하지 못하면 미디어 업체로 살아남지 못할 것이다. 타임워너와 AOL의 대규모 합병은 두 산업, 즉 미디어 산업과 통신산업에 대한 시의적절한 경고이며, 현재 미디어 산업 근저에 대한 지각변동을 예고하는 일대 사건이다.

영화

인터넷 시대 미디어 산업 중 가장 큰 시선을 집중시키고 있는 분야가 영화산업이다. 인터넷을 통한 영화사업은 콘텐츠와 광고, 사용료, 전자상거래 등 인터넷 사업의 모든 것을 담을 백미로 손꼽히고 있다. 스티븐 스필버그 감독 등 할리우드의 귀재들이 이끌고 있는 드림워크스(Dreamworks)와 이매진 미디어가 합작해 설립한

「팝(Pop.com)」의 경우 지명도를 바탕으로 시장 선점에 나서고 있다. 신생업체인 「아이스박스(Icebox.com)」는 만화영화에 초점을 맞추고 있다. 이와 함께 「아이필름(Ifilm)」, 「디지털 미디어 네트워크」, 「아톰필름(Atomfilm)」 등 수십 개의 벤처기업들이 쏟아지고 있다. 이들 대부분은 일단 동영상 처리기술의 한계를 감안해 5분 안팎의 짧은 인터넷 콘텐츠 제작에 주력하고 있다.

『2002년쯤에야 일어날 것으로 예상하던 일이 지금 벌어지고 있다. 소프트웨어 압축기술과 더 빠른 인터넷 접속기술의 개발이 인터넷 영화 상영시기를 앞당길 것이다.』 미국 인터넷 회사 사이트사운드의 스콧 샌더 사장이 1999년 5월 칸영화제에서 인터넷을 통한 장편영화 배급사업 모델을 제시하면서 밝힌 말이다.

음악

음악은 이미 인터넷이 기성업체들을 무너뜨리고 있는 분야다. 특히 MP3를 통한 음악판매는 가장 인터넷다운 사업이라는 평가 속에 기존 음반제조업체, 저작권자 등 이해 당사자와 치열한 경쟁을 벌이고 있다. 샌디에이고에 소재한 MP3.com의 경우 미국음반산업협회와 불공정경쟁, 저작권침해 등을 놓고 법정 공방을 벌이고 있다. 인터넷을 통한 음반판매와 다운로드 사업의 매출액이 수직 신장세를 보이고 있어 참여업체들이 급속히 늘고 있다.

출판, 게임

미국 최대의 서적유통업체인 반스&노블이 49%의 지분을 인수한 「아이유니버스(iUniverse)」는 온라인을 통한 주문형 출판기술을 확보하고 있는 벤처기업으로 출판시장의 새로운 흐름을 예고하고 있

다. 이와 함께 랜덤하우스 등 유구한 역사를 자랑하는 출판업체들
은, 액정화면이 종이를 대신하는 휴대용 전자책 분야에 뛰어들고
있다. 미디어 사업 중 기술과 가장 먼저 결합한 게임 산업의 경우
소니와 마이크로소프트(MS), 세가, 닌텐도 등이 뉴밀레니엄 대전
을 벼르고 있는 상태다.

2 「모든 길은 인터넷으로 통한다」— 온라인-오프라인 통합시대

2000년 1월 세계 최대 인터넷 회사인 AOL과 역시 세계 최대 미
디어 그룹인 타임워너의 합병 합의로 온라인-오프라인 통합시대가
본격적으로 열리고 있다. 이들의 합병으로 미디어 산업의 공룡화가
더욱 촉진될 것으로 보인다.

두 회사의 합병발표 이전에도 세계적인 다국적기업들이 인터넷
기업과 전략적으로 제휴하는 사례는 무수히 많았다. AOL과 타임워
너의 합병은 TV프로그램, 인터넷 콘텐츠, 네트워크 등 풍부한 사업
자원을 바탕으로, 수천만 명의 가입자들을 유치하는 거대 미디어
기업의 탄생을 의미한다. 이는 곧 AT&T, MS, 디즈니, 야후 등 경쟁
업체들이 시장에서 살아남기 위해서는 M&A를 통한 경쟁력 확보가
필수적이라는 것을 시사하고 있다.

향후 미디어 업체들과 인터넷 서비스 업체들 간의 인수·합병이
급속히 증가할 것으로 예상된다.

인터넷 시대 초대형 M&A의 특징은 인터넷 시장을 선점하기 위
한 목적이 주를 이루고 있다. 인터넷이 대형 M&A를 촉진하고 있는
것이다.

인터넷 · 통신 · 방송업계의 주요 M&A 현황

구 분	이 점	사 례
인터넷업체 + 통신업체	초고속 인터넷 통신망 확보(유 · 무선, 케이블)	• MS : AT&T, 넥스텔, BT, 컴캐스트, 타임워너, 퀄컴 등과 제휴 · 지분투자 • AOL : 벨 애틀랜틱과 제휴
인터넷업체 + 인터넷업체	공동체 대형화를 통한 경쟁력 강화	• MS : 핫메일(무료 이메일) 인수 • AOL : 넷스케이프, 디지털시티(웹호스팅), ICQ(인터넷 채팅, 메시지 전송) 인수 • 아마존 : 정글리(비교 검색엔진), 드럭스토어(인터넷 약국) 인수 • 야후 : 비아웹, 요요다인, 지오시티즈(종합정보제공) 인수
인터넷업체 + 방송업체	차세대 미디어산업에 대비한 콘텐츠와 기술력 확보	• AOL : 타임워너(합병 합의) • AOL : CBS 인수(진행), 넷 채널 인수 • MS : NBC 제휴, 유럽 통신업체 인수 추진(영국 케이블TV 업체, 도이치텔레콤), 웹TV 인수 • 야후 : 브로드캐스트컴(인터넷방송) 인수 • 디즈니와 인포시크(Infoseek, 검색엔진) 합작

자료 : 삼성경제연구소

AOL과 타임워너 합병의 의미

— 타임워너의 뉴스와 주요 작품이 AOL의 고속 인터넷망을 통해 각 가정에 전달됨으로써 본격적인 쌍방향(interactive) 미디어 시대가 개막될 것으로 전망된다.

— 타임워너는 거의 무한대에 가까운 자사의 콘텐츠(영화, 드라마, 뉴스 등) 공급 채널을 얻게 됨으로써, 미래 경쟁력을 확보한 것으로 평가된다. 기존 미디어 전문업체들의 최대 강점인 풍부한 콘텐츠의 새로운 활용 및 공급가능성을 제시하고 있는 것이다.

— 온라인 기업과 오프라인 기업 간 최초의 결합으로 인터넷을 통해 다량의 콘텐츠를 신속·저렴하게 전달함으로써 디지털 사회의 이행을 앞당기는 계기를 마련했다.

— 미국·유럽 등 선진국에서 인터넷 기업과 미디어·정보통신 기업 간 유사 합병이 촉진될 것이다.

— 인터넷 기업이 대규모 M&A를 주도할 것임을 예고하는 동시에 제조업체의 인터넷 사업 강화와 인터넷 업체의 비인터넷 부문 진출 확대 추세를 반영하고 있다.

3 인터넷 음악시대

인터넷 음반시장은 아직 초보단계에 있는 것이 사실이다. 그러나 디지털 음악판매는 어느 분야보다도 각광받고 있다. 인터넷을 통해 양질의 디지털 음악을 송수신하는 기술이 속속 개발되고 있으며, 대형 음반회사들 역시 21세기 초에는 인터넷을 통한 디지털 음악시장이 급속히 성장할 것으로 기대하고, 적극적으로 이 시장에 참여하고 있다. 미국의 시장조사회사인 MTI는 인터넷 음악전송시장 규모가 2004년에는 40억 달러로 전세계 음반시장의 8%를 차지할 것으로 전망하고 있다. 또 2010년에는 이 비율이 20%까지 높아질 것으로 전망하고 있다. 지난 1997년까지도 규모가 4,500만 달러에 불과했으나, 1999년에는 약 1억 7,000만 달러로 네 배 가까이 성장했다. 2000년에는 3억 7,500만 달러로 1999년의 두 배가 넘을 것으로 예상된다.

이 같은 낙관적 전망에 따라 관련업체들이 앞다퉈 시장에 뛰어들고 있다. 세계적 음반회사인 EMI는 2000년 하반기 중 인터넷 음악 전송 서비스를 시작할 예정이다. 이를 위해 이미 나와 있는 노래들을 디지털화하고 음악가들과의 계약도 새로 맺고 있다. 세계 최대 음반회사인 유니버설 뮤직은 아예 인터넷 음악전송과 관련된 표준을 만드는 데 참여하고 있다. 컴퓨터 사용 증가와 디지털 녹음방식 도입은 웹사이트에서 고객들의 컴퓨터로 음악이 직접 전송되는 것을 가능하게 만들고 있다. 유니버설, 소니, 워너 브러더스, EMI, 베르텔스만 등 세계 5대 음반회사들도 IBM과 손잡고 2000년 여름부터 인터넷을 통한 디지털 음반 판매를 개시할 예정이다.

인터넷 음반시장은 그 동안 관련 소프트웨어의 복잡성과 다운로드받은 음악을 감상하는 관련 기기가 고가인 점, 그리고 지적재산권 침해에 대한 보완장치 미비로 인기곡들의 저작권을 보유한 음반사들이 인터넷을 통한 판매를 꺼림에 따라 소비자들에게 제공할 수 있는 음악이 제한되어 있는 등의 문제로 다소 부진했던 것이 사실이다. 그러나 조만간 음반사들이 MP3 포맷화된 음악을 본격 출시할 것으로 전망된다. 그리고 관련 기기 가격도 급속도로 떨어질 것으로 예측되며, 판매에 따른 배달체계 구축이 별도로 필요없는 전자상거래에 가장 이상적인 품목이라는 점 등의 장점 덕에 고속성장이 예상된다.

앞으로 인터넷 시대가 만개해도 TV · 음악 · 책 · 영화 같은 전통적인 미디어는 타격을 받지 않을 것이며, 그 가운데 일부는 오히려 더 번창할 것으로 미국의 미디어 전문 투자은행인 베로니스설러 & 어소시에이트는 밝히고 있다. 1983년부터 해마다 5년 후의 미디어 산업 전망을 발표해온 투자은행 베로니스설러 & 어소시에이트는 1999년도 보고서에서 이같이 밝히고 『인터넷을 통한 상품구매와 예약으로 소비자들의 여가시간이 늘어나고, 그만큼 전통적 미디어를 찾는 시간도 늘어날 것이기 때문』이라고 설명했다. 이 보고서에 따르면 미국의 전통적 미디어 산업 시장규모는 1998년 4,610억 달러에서 2002년에는 6,137억 달러로 늘어나고 2003년에는 6,300억 달러에 육박할 것이라고 한다. 공중파 방송이나 신문 · 잡지를 보는 데 쓰는 시간은 다소 감소하는 반면, 케이블 TV나 위성방송 시청에 쓰는 시간은 급격히 늘어나 2001년부터는 케이블 TV와 위성방송이 공중파 전국 네트워크 방송의 지위를 빼앗을 것으로 보고서는 내다봤다. 보고서는 또 2003년이면 미국에서 최소한 680만 가구가 케이블 모뎀을 통한 초고속 인터넷 접속능력을 갖게 되고, 350만 가구는 전화 디지털 라인에 접속하는 등 미국 사회가 빠르게 초고속 정보화 사회로 변모할 것으로 예측하고 있다.

성공사례 타임워너(http:// www.timewarner.com)

타임워너(www.timewarner.com)는 인터넷 시대를 가장 앞서가고 있는 문화산업 업체로 꼽힌다.

　지난 1989년 타임과 워너사의 합병으로 시작된 타임워너의 성장사는 화려하기 그지없다. 종업원 7만 명에 뉴욕에 본사를 두고 있는 타임워너는 1996년 75억 달러를 투입해 터너 브로드캐스팅과 합병해 당시 세계 최대 미디어 그룹이 탄생했다는 찬사를 받았다.

　지난 1997년에는 당시 구리 케이블을 이용한 100배 빠른 인터넷 서비스를 개시해 또 한 번 화제를 모으기도 했다. 현재 타임워너는 다섯 개의 사업부문으로 이루어져 있다. 케이블(타임워너 엔터테인먼트, 홈박스오피스), 출판(타임, 피플, 포천), 음악(타임워너), 영화(워너브러더스, 뉴라인 시네마), 케이블 시스템 등이다. 가히 세계 오락시장을 좌지우지하는 규모다.

　타임워너는 현재 인터넷의 흐름이 개별화되고 특화된 서비스를 제공하는 것이라고 보고 자사의 지명도 높은 사이트를 소그룹으로 묶어 인터넷 사업을 추진할 계획이다. 이를 위해 타임워너는 타임과 CNN을 묶어 뉴스 사이트로, 포천 · 머니 · CNNFN 등을 금융 · 재정관련 사이트로, 피플 · 미디어 위클리 등을 묶어 오락 사이트로, 스포츠 일러스트레이트는 스포츠 사이트로 육성하기로 했다. 타임워너가 최근 들어 주도적으로 펼치고 있는 인터넷 사업은 전자상거래로, 1994년 타임 · 포천 · 피플 · 머니 등을 포함한 초거대 사이트로 주목받았던 타임워너가 현재 전자상거래(EC)를 통한 인터넷 사업으로 다시 주목받고 있는 것이다.

　미국 가정에 깊게 파고든 케이블망이 전자상거래에 빠르게 진출할 수 있는 인프라가 될 것으로 기대된다. 이 회사의 케이블TV 가입자들은 수신장치나 개인용 컴퓨터(PC)에 달린 케이블 모뎀을 통해 고속 인터넷 접속을 할 수 있다. 이 회사는 장차 인터넷과 케이블TV를 합친 웹 TV 등 양방향 미디어를 통해 전자상거래 시장을

선도한다는 전략을 세워놓고 있다.

미디어 산업의 전망

디지털 혁명이 펼쳐지고 미디어 요구가 증가함에 따라 승자는 주요 요소를 모두 갖춘 대기업이 될 것으로 보인다. 대기업은 대중이 선호하는 거대하고 값이 비싼 영화를 만들 수 있는 경제력을 갖고 있다. 이들은 콘텐츠를 유통하고 진흥시키는 데 최상의 위치에 있다. 대기업은 창조한 브랜드가 대중에 밀착할 수 있다는 것을 가장 쉽게 보장할 수 있다. 세계 7대 미디어 대그룹 중 디즈니(Disney), 비아컴(Viacom), 뉴스 코프(News Corp) 등이 최상의 위치에 있는 것으로 보인다.

TV를 비롯한 문화산업 업체들은 적극적으로 인터넷 회사들과 관련을 맺거나 합병을 추진할 수밖에 없다. 이를 통해 인터넷 업체들의 보이지 않는 자산을 이용할 수 있기 때문이다. 특히 온라인상에서 선발 인터넷 업체들의 인지도는 가장 탐나는 자산이다. 기존 미디어 가운데 상당수는 직접 인터넷 업체를 세울 가능성도 크다. 전통적인 미디어망을 지키려고 노력하는 동시에, 자신의 콘텐츠를 인터넷을 통해 제공하기 위해서다.

인터넷 업체들도 차별화된 콘텐츠를 독자적으로 개발하는 것이 어렵다면, 외부제휴나 인수합병으로 보완해야 한다. AOL의 타임워너 인수나 야후의 브로드캐스트닷컴 인수 등이 좋은 예가 될 것이다. 까다로워지는 네티즌들의 욕구를 감안해 기존의 홈페이지를 멀티미디어가 가능한 홈페이지로 하루빨리 이행하는 것이 바람직하며, 특히 동영상 시스템을 갖출 필요가 있다.

 「전자티켓」 돌풍

항공부문은 각 지역을 연결하는 네트워크형 산업인 만큼 경영자원의 전산화와 시스템화가 필수적이다. 이에 따라 항공산업은 다른 산업에 비해 첨단을 달려왔다. 산업 특성상 첨단기술에 익숙해 있기 때문이다. 노스웨스트 유통기획 담당 부사장은 『전자티켓은 노스웨스트가 지금껏 제공한 서비스 중에서 가장 인기 있고 빠른 속도로 확산되고 있는 프로그램이다. 따라서 우리는 전자티켓 서비스를 전세계로 확대해나갈 계획이다』라고 말하고 있다. 이미 전자티켓이 항공산업의 대세가 되고 있는 것이다.

1 전자티켓이 폭풍의 핵

국제항공운송협회는 2010년께 전세계 항공 티켓의 대부분이 전자티켓으로 대체될 것으로 전망하고 있다. 특히 미국에서는 80% 이상이 종래의 종이비행기표에서 전자티켓으로 바뀔 것으로 전망된다. 전자티켓을 처음 도입한 유나이티드항공은 이미 티켓의 50% 이상을 전자티켓으로 발급하고 있고, 1999년 말 현재 미국의 전체 항공기 티켓 중 3분의 1이 전자티켓으로 전환됐다. 전자티켓이 확산되면 우선 항공사가 큰 이익을 보게 된다. 종이 티켓의 발급비용은 평균 8달러이지만, 전자티켓은 1~2달러에 불과하기 때문이다. 항공권 발급비용이 4분의 1 이하로 줄어드는 셈이다. 물론 전자티켓이 확산되는 데 장애요인이 없는 것은 아니다. 신용카드로 예약한 뒤 고객이 취소를 원할 경우 신속히 연락해야 한다는 점이다. 이를 지체할 경우 카드에서 돈이 빠져나가고 되돌려받는 데 적지 않은 시간이 걸릴 수도 있기 때문이다. 또 종이항공권이 전자티켓으로 전환돼, (예약이 됐는지) 불안해하는 승객들도 적지 않다는 점도 해결해야 할 과제다.

항공사들이 비행기 티켓을 인터넷으로 직판하기 시작하자 여행업계에 비상이 걸렸다. 여행사들의 주요 수입원은 항공권 판매로서, 보통 연간 매출액의 60%가량을 차지한다. 항공사들이 티켓 직판에 나섰다는 것은, 앞으로는 관련 수입을 얻기가 힘들어졌다는 것을 의미한다. 전자티켓이 활성화될수록 여행사들은 존립근거를 박탈당하는 위기에 처하는 것이다. 미국 여행사들의 경우 항공사로부터 받는 판매수수료율이 지속적으로 인하돼 이미 상당수 중소업체가 도산하는 등 인터넷 혁명이 가시화되고 있다.

2 | 사이버 여행업 전성시대 — 기존 여행사 압박, 항공사의 신규참여

인터넷에서 여행에 필요한 각종 정보를 제공하면서 비행기 표와 호텔 예약 등의 서비스를 제공하는 온라인 여행시장의 규모가 폭발적으로 확대될 전망이다. 1999년 말 기준 미국 내 여행중개업 (travel agent)의 시장규모는 1,260억 달러. 이 중 43억 달러를 프라이스라인, 트래블로시티 등 인터넷 여행사가 차지하고 있다. 하지만 2003년에는 인터넷 여행시장이 290억 달러로 확대되고, 인터넷 여행사들이 대세를 이룰 전망이다.

　여행은 원격지 정보를 필요로 하는 만큼, 정보 획득과 활용에 가장 효율적인 인터넷이 여행산업 전체를 바꿔놓을 수 있는 강력한 수단이 되고 있다. 인터넷 여행사의 강점은 기존 여행사보다 훨씬 많은 고객을 상대할 수 있다는 점이다. 또 회원들의 취향과 소득 수준, 여행 패턴 등을 데이터베이스화해 효율적인 타깃 마케팅을 할 수 있다. 이와 함께 쌍방향 의사교류를 통해 고객들이 원하는 맞춤 상품을 다양하게 개발하고 판매할 수 있다. 기존 여행사에 비해 상대적으로 관리·영업인력을 줄여 경쟁력을 높일 수 있다는 것도 인터넷 여행사가 누릴 수 있는 강점이다. 최근 미국에서는 항공사들이 여행사를 배제하고 항공사와 소비자 간 직거래를 늘리고 있다. 빠르게 성장하고 있는 온라인 여행시장의 주도권을 둘러싸고 주요 항공사와 엑스피디어, 트래블로시티 등 온라인 여행사들 간 경쟁이 점차 본격화하고 있는 것이다. 온라인 여행업의 고속성장과 경쟁 가열에 따라 대규모 여행업체들이 서비스 및 고객 확보를 위해 중소규모의 여행업체 인수를 가속화할 것으로 예상된다. 1999년 기준으로 야후·익사이트·트래블로시티·엑스피디어 등이 여행 사이트 방문객 순위에서 각각 1~4위를 차지하고 있다.

3 │ 사이버 여행시장 경쟁 — 항공업계와 여행업계의 대립

최근 2년 간 AOL의 홈페이지인 「트래블 채널」과 마이크로소프트의 「엑스피디어」, 야후의 「트래블로시티」 등의 사이트를 통한 저렴한 항공권판매가 급성장하고 있는 반면, 항공사가 자체 홈페이지를 통해 전개하는 정규운임 항공권판매와 기존 여행사들의 점포판매가 급격히 쇠퇴하고 있는 것에 대응해서, 전세계 27개 항공사들이 연합해 할인 항공권 판매 인터넷 웹사이트를 개설하기로 했다. 이는 인터넷을 통한 항공권 판매시장이 급성장할 것이라는 데 초점을 맞추고 있으며, 특히 항공권 판매회사에 지불해야 하는 수수료 부담을 없애는 등 추가비용을 삭감하기 위한 조치로도 풀이된다. 이에 따라 전통적으로 우호관계를 유지해온 미국 여행사들과 항공사 간에 할인 항공권 판매 인터넷 웹사이트를 놓고 법률 다툼이 한창이다. 미국 여행사들은 27개 항공사들이 공동 개설을 추진 중인 할인 항공권 웹사이트가 독점금지법 위반이라며 미국 법무부에 제소했다. 미국여행사협회는 할인 항공권 사이트가 항공권 가격하락을 고착시키는 것은 물론, 여행사를 통한 항공권 구매를 중단시키게 될 것이라고 주장하고 있다. 항공사와 여행사 간에 사업상 분업이 가능했던 전통이 미국에서부터 무너지고 있는 것이다.

기존 여행사의 대응

그럼 여행사들은 어디에서 활로를 찾아야 하는가? 전문가들은 고품질 서비스의 개발밖에 없다고 입을 모은다. 항공사 처지에서도 인터넷 티켓 판매를 무한히 확장하기는 조심스럽다. 항공사로서는 일반 탑승객 못지않게 여행사들도 중요한 고객이다. 이들이 자사

항공권을 80%가량 판매해주는 일선 영업조직이나 마찬가지이기 때문이다. 특히 화물운송은 절대적으로 여행사에 의존하고 있다. 기존 여행사들의 사이버 여행사로의 변신과 여행사 간의 합종연횡도 활발해질 전망이다. 미국의 100여 개 여행사들이 투자해 사이버 여행사를 공동 운영하는 방안을 추진하는 것도 이에 대한 대응이다.

4 기존 여행사의 운명

항공업체들의 계열사로 있는 대형 여행사를 제외한 중소여행사들은 존폐의 위기에 몰릴 것으로 보인다. 이들 여행사는 발상의 전환을 해야 살아남을 수 있다는 얘기다. 지난 1995년까지만 해도 전 세계 탑승권의 80%가 여행사를 통해 판매됐다. 그러나 전자티켓이 상용화되면 이 비율은 급감할 것으로 예상된다. 적어도 2~3년 안에 여행사를 통한 탑승권 구매는 70%대, 심한 경우에는 60% 이하로 줄어들 수 있다.

여행사들이 탑승권을 구입해 주고받는 커미션도 폭락이 불가피하다. 여행사들이 받는 항공 커미션은 1996년 이전, 항공요금의 10%에서 최근 7.5%로 떨어졌으며, 3년 내에 2~4%로 주저앉을 것으로 보인다.

소형 여행사들이 살아남을 수 있는 방법은 뭘까?

이들은 고객들에게 자신만이 제공할 수 있는 고품질의 서비스를 개발해야 한다.

일괄구매한 탑승권을 단골에게 저렴하게 제공하거나, 여행 코스를 특화하는 등 고도의 전문성을 갖춘 상태에서 다양한 판매전략을 수립해야만 생존이 가능할 것이다.

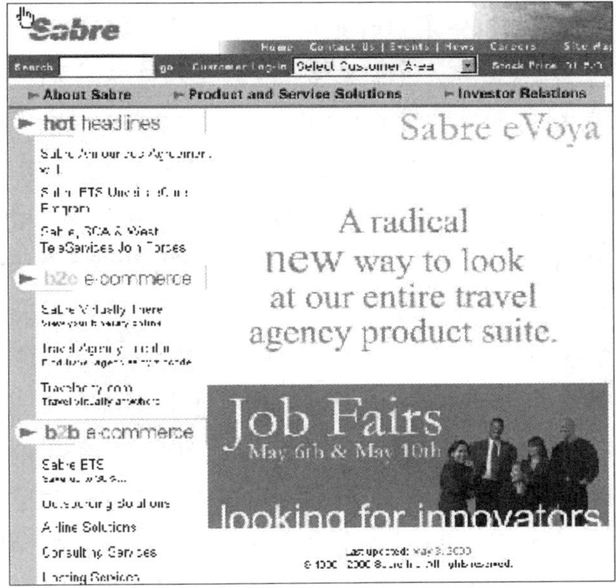

성공사례 　세이버 그룹(http://www.sabre.com)

아메리칸항공은 1999년 세이버 시스템 관리부서를 세이버 그룹이라는 별도 법인으로 독립시켰다. 텍사스에 본사를 둔 이 회사는 인터넷 여행상품시장을 석권하고 있다. 이 회사는 1998년 17억 8,300만 달러의 매출액에 2억 달러의 수익을 올렸다. 세이버 시스템은 120여 개에 이르는 국가의 여행사를 인터넷으로 연결해 각종 여행상품관련 업무를 처리하고 있다. 또 매일 100만 명에 달하는 네티즌들이 호텔, 렌터카, 항공권을 예약·구입하기 위해 인터넷으로 이 시스템에 몰려들고 있다.

세이버 그룹의 인터넷 비즈니스 전략은 여행사·항공사·기업체·개인고객 등 4대 고객 그룹을 철저히 공략하는 데 맞춰져 있다. 이를 위해 플래닛 세이버(Planet SABRE), 세이버 BTS, 이지 세이버, 트래블로시티(Travelocity) 등의 시스템을 운영하고 있다. 플래닛 세이버는 여행사를 고객으로 하는 예약 시스템이다. 세이버 웹 레저베이션은 북미·유럽·호주·중남미지역 항공사 및 여행사들이 각자의 인터넷 웹사이트를 이용해 고객에게 여행일정 작성 및 예매 서비스를 할 수 있도록 해주는 시스템이다. 세이버 BTS는 기업 출장 일정과 항공권 예매를 지원한다. 현재 50개 기업들이 이 서비스를 이용 중이며 200여 기업들이 시스템 일부를 채용해 쓰고 있다. 이지 세이버와 트래블로시티는 개인 고객을 겨냥한 인터넷 가상 여행사다. 항공권 예약은 물론 유람선이나 호텔, 렌터카 등도 예약할 수 있다. 지역별 지도와 사진, 운전안내, 여행안내, 일기예보 등 여행에 관련된 모든 정보를 얻을 수 있다. 트래블로시티는 개설 4년 만에 전세계 400만 명의 고객을 확보해 하루 거래액이 100만 달러에 이르고 있다.

통신 · 오락 빅뱅
—성공사례 : 이퀀트

인터넷의 보급과 디지털 기술의 발달은 통신의 개념을 바꿔놓으며 통신업계에도 지각변동을 몰고 왔다. 기술혁신으로 통신비용을 대폭 낮춘 기업들이 생겨나면서 통신시장이 무한경쟁시대에 접어든 것이다. 전자상거래가 늘면서 통신량도 매년 30%씩 증가추세다. 통신업체 처지에서 보면 회선만 임대해주고도 앉아서 매출이 그만큼씩 늘어나는 셈이다. 현재 각국의 국내총생산(GDP)에서 통신부문의 매출이 차지하는 비중은 2~3%에 그치고 있다. 그러나 10년 안에 4~6%선까지 늘어날 것으로 예상된다.

1 통신업계의 속도경쟁

사이버 공간에 속도경쟁이 불붙고 있다. 인터넷이 21세기 키워드로 등장함에 따라 좀더 빠르게 인터넷에 접속할 수 있는 다양한 서비스가 잇따라 등장해 네티즌을 유혹하고 있다. 『인터넷 접속이 가능한가?』에서 이제는 『얼마나 빠르게 인터넷을 이용할 수 있는가?』가 경쟁력의 관건이 되고 있다. 최근 비대칭디지털가입자회선(ADSL)의 폭발적인 수요확대와 케이블망에 대한 통신업체들의 관심은 이를 잘 보여주고 있다.

뿐만 아니라 세계 통신업계는 통신업체 간 또는 인터넷 업체와의 M&A에서도 속도경쟁을 벌이고 있다. M&A는 주로 신흥기업들의 기술과 기존 통신회사들의 자본이 결합하는 형태로 진행되고 있다. AT&T와 마이크로소프트가 고속통신 분야에서의 제휴를 발표한 것이 그 상징적인 예라 할 수 있다. 일본 KDD가 일본 휴렛팩커드와 손잡은 것도 같은 맥락이다. 영상화면과 인터넷 통신, 그리고 전화기의 결합이 이루어진 것이다. 세계 통신업계의 국경과 업종 간 영역이 급속히 허물어지고 있다. 케이블 TV와 인터넷, 전화선을 하나로 연결해 종합통신 서비스를 제공하는 통신복합체의 탄생이 가시화되면서 향후 통신업계의 재편에 새로운 변수로 떠오르고 있다.

2 인터넷 중심의 M&A — PC통신업계와 케이블TV업계의 대결

인터넷-CATV-PC통신 통합시장을 잡기 위한 AOL 대 AT&T의 경쟁이 더욱 치열해지고 있다.

인터넷 · 케이블TV · PC통신 · 전화 · 위성방송 등 각종 매체를 아우르는 차세대 「통합통신」시장을 놓고 통신업계와 케이블TV업계의 선점 경쟁이 치열하다. 세계 최대의 온라인 통신업체인 AOL과 최근 세계 최대의 케이블TV회사로 부상한 AT&T가 양 업계를 대표하는 경쟁의 주역들이다. 이들 기업은 각자 필요한 원군을 업무제휴 · 지분인수 등을 통해 끌어모으며 기세싸움을 벌이고 있다. 인터

넷TV(일명 웹TV) 서비스를 위해 뭉친 「AOL 연합군」은 위성방송·
전자·PC제조·PC통신 등 4대 세력연합으로서, 위성방송업체인
디렉TV는 디지털 프로그램을, 필립스는 기존 전화선이나 고속 디
지털가입자라인(DSL)을 통해 인터넷과 연결할 수 있는 인터넷TV
송수신장치의 하드웨어 부분을, 네트워크 컴퓨터는 주로 소프트웨
어 개발을 맡게 된다. 주축군인 AOL은 고객유치 담당인 셈이다.
AOL은 현재 미국 내 가입자만 1,700만 명에 이르러 이들 대부분을
웹TV 시청자로 끌고 갈 수만 있다면 차세대 통합통신시장을 장악
할 것이 유력하다. 이보다 한 발 먼저 확정된 세력인 「AT&T 연합
군」은 미국의 장거리전화회사 겸 케이블 방송업계의 거인 AT&T,
세계 PC운영체제를 장악한 MS, 케이블TV방송사인 미디어원, 컴캐
스트와 손을 잡았다. MS는 인터넷TV 송수신장치의 핵심에 해당하
는 운영체제인 윈도CE를 제공한다. 미국 케이블TV 가입자의 60%
이상을 확보한 AT&T는 케이블TV업계의 4위인 미디어원은 물론,
역시 케이블TV업체인 컴캐스트와도 제휴함으로써 「AOL 연합군」
보다 전력상 우위에 선 것으로 분석된다.

포털 업계의 초고속 인터넷망 확보 경쟁

이 밖에도 인터넷을 통한 멀티미디어 서비스가 다양하게 확대됨
에 따라서, 기존 포털 서비스 업체들의 초고속 인터넷망 확보 경쟁
도 점점 치열해지고 있다. AOL, 야후, 익사이트 등 포털 서비스 업
체들도 DSL 및 케이블 모뎀, 위성방송 등 초고속 인터넷망 확보를
위해 지역전화사업자, 케이블TV사업자, 위성방송사업자와의 제휴
에 적극 나서고 있다.

3 영업전략 변화

통신사업자들이 앞다퉈 인터넷 사업에 뛰어들고 있다. 지금까지는 전화가 인터넷의 바탕이었다. 전화선을 통해서만 인터넷을 이용할 수 있었기 때문이다. 따라서 통신사업자들은 인터넷을 통신수입 증대의 보조수단 정도로만 여겨왔다. 그러나 이제는 정반대다. 인터넷을 통해 전화, 데이터 서비스 검색, 방송 등이 가능해지면서 인터넷에 의존하지 않고는 더 이상 통신사업마저 계속하기 힘들게끔 시장환경이 바뀌고 있는 것이다. 더구나 인터넷 관련 사업 자체가 엄청난 이익을 주는 시장으로 급부상하면서 통신사업자들은 인터넷을 기업전략의 또 다른 축으로 설정하는 추세가 갈수록 뚜렷해지고 있다.

4 무선 인터넷 시장 경쟁 : MS와 IBM의 2파전

세계 무선 인터넷 시장은 현재 100억 달러에서 2003년 1,200억 달러로 급증할 전망이다. 특히 미국 전자상거래 시장이 유럽보다 여섯 배 정도 크기 때문에 미국의 무선 인터넷 시장 전망은 유럽보다 밝은 편이다. 세계 통신업계는 2010년이면 IMT-2000을 주축으로 한 세계 이동전화 시장규모가 240조 원에 이를 것으로 전망하고 있다. 성장률이 매년 50%를 넘고 있어 2003년에는 현재의 데스크톱 컴퓨터를 통한 인터넷 접속보다 이동단말기를 통한 무선 인터넷 접속이 더 많아질 것으로 예측하기도 한다. 미국의 시장조사 및 컨설팅 회사인 양키 그룹에 따르면 1999년 말 현재 세계 무선단말기 사용자는 4억 9,600만 명에 달하며, 2005년에는 12억 6,000만 명에 이를 전망이다. 영국의 컨설팅 회사인 둘라처는 무선 인터넷 접속을 통한 전자상거래 규모가 1998년 3억 달러에서 2003년에는 230억 달러에 이를 것으로 예상하고 있다. 양키 그룹의 무선통신 분석가인 다릴 느털링 박사는 2000년 초 영국 BBC방송과의 인터뷰에서 『2001년까지 세계는 사활을 건 무선 인터넷 전쟁을 벌이게 될 것』이라고 말하고 『인터넷 경제의 승패는 앞으로 무선 인터넷 접속기술을 누가 장악하느냐에 따라 결정될 것』이라고 단언하기도 했다.

통신기업이 주도하는 유럽과는 달리 미국에서는 컴퓨터 업체들이 무선 인터넷 시장에서 두각을 나타내고 있다. IBM과 MS는 각각세계 최대 컴퓨터 하드웨어와 소프트웨어 제조업체라는 이점을 안고 무선 인터넷 시장에서 격돌하고 있다. MS는 최근 2년 간 미국무선 인터넷 시장에서 독보적인 성장세를 보여왔다. 이에 반해IBM은 AT&T, 라이코스와 공동으로 기업 대 고객(business to consumer : B2C)용 소프트웨어 제휴에 나선 것 외에는 무선 인터넷 분야에서 큰 두각을 나타내지 못했었다. IBM이 2000년 초 노키아, 모토롤라, 시스코, 인텔, 팜컴퓨터, 피전 등 컴퓨터 통신업계 대기업들과 무선 인터넷 분야에서 제휴를 맺고, MS독주체제에 제동을 건 것은 미국 무선 인터넷 시장의 무한한 성장 가능성 때문이다.

5 │ 주목받는 인터넷 전화시장

『인터넷 전화시장을 선점하라.』 인터넷 전화시장 주도권 확보를 위한 세계 정보통신 기업들 간 경쟁이 치열하다. AT&T, 브리티시텔레콤(BT), 야후 등 유력 정보통신 기업들이 인터넷 전화회사에지분을 공동투자해 시장진출을 선언했으며, 통신장비업체인 시스코 시스템스, 루슨트 테크놀로지, 노텔 등도 인터넷 전화를 장기 주력사업으로 선정하고 기술개발에 본격적으로 나서고 있다. 음성신호를 데이터로 처리하므로 이용요금이 저렴한 인터넷 전화가 기술발달에 힘입어 몇 년 내에 음성통신시장의 상당 부분을 차지할 것으로 전망된다. 1999년 6억 달러에 그친 이 시장이 5년 뒤인 2004년에는 220억 달러로 급팽창할 전망이다. 세계 인터넷 전화시장의 40%를 차지하고 있는 이 분야 선두업체인 넷2폰은 세계 굴지의 정보통신 기업들로부터 지분참여 요청이 쇄도해 행복한 비명을 지르고 있다.

「사이버 카지노 산업」도 꿈틀대고 있다.

인터넷 카지노가 1995년 처음 등장한 뒤 무서운 속도로 성장하고 있다. 1999년 미국의 컨설팅 회사 크리스티안센 캐피털 어드바이저의 조사 결과, 카지노 서비스를 제공하는 홈페이지는 400여 개, 하루 접속자는 전세계 인터넷 사용자의 10%에 이르는 2,000여만 명이었다. 이들의 수익도 1997년 3억 달러에서 1999년 10억 달러로 늘었다. 2002년에는 30억 달러에 이를 것으로 전망된다. 바하마 등 카리브 해 연안의 「조세회피지역」이나 중남미, 호주 등에 영업본부를 둔 카지노 사이트들은 한국어를 포함해 10여 국가의 언어로 운영되고 있다. 카리브 해 연안 도서국가에서는 15년 간 세금을 면제해주며 독점권까지 발급하는 등 장려하는 분위기다.

사이버스릴카지노(www.cyberthrill.com)와 인터카지노(www.intercasino.com)는 누구나 사이버 카지노를 즐길 수 있는 사이트로 이미 유명하다. 이들 사이트를 방문해 필요한 프로그램을 다운 받으면 바로 온라인 도박에 참여할 수 있다.

마카오나 라스베이거스, 리노 등 세계적인 도박 도시에 있는 유명 카지노들도 서둘러 사이버 카지노 서비스를 준비 중이다. 어느 나라를 막론하고 도박장은 특정 구역에 설치하도록 돼 있어 지금까지는 도박을 즐기려면 일부러 그 곳까지 찾아가야 했다. 그러나 사이버 카지노를 이용할 경우 이런 불편을 겪지 않아도 된다. 전화선과 컴퓨터만 있으면 안방에 편안히 앉아 라스베이거스와 리노의 카지노에서처럼 도박을 즐길 수 있다. 모든 결제는 신용카드로 이뤄진다. 사이버 도박은 신분을 노출하지 않고도 참여할 수 있다는 장점 때문에 이용 인구가 급속도로 불어나고 있는 것이다.

현재 미국과 중국 등 대부분 국가에서 인터넷 도박을 금지하거나 금지를 추진하고 있는데, 다만 호주는 이를 허용하되 베팅 금액을 제한하고 있다.

성공사례　이퀀트(http://www.equant.com)

이퀀트가 다른 통신업체들과 구별되는 점은 전세계를 연결하는 단일 네트워크를 갖고 있다는 것이다. 여러 통신업체들이 제휴관계를 맺고 다단계로 연결해 정보를 제공하는 여느 네트워크 서비스와는 차별화된다. 그만큼 안정성이 뛰어나다.

지난 1992년 설립됐으며 전세계 225개국, 2,050개 도시에 중개센터를 두고 있다. 이퀀트의 고객이 되면 이들 도시 어디에서나 바로 인터넷이나 인트라넷(폐쇄형 인터넷), 가상사설망(VPN)에 접속할 수 있다.

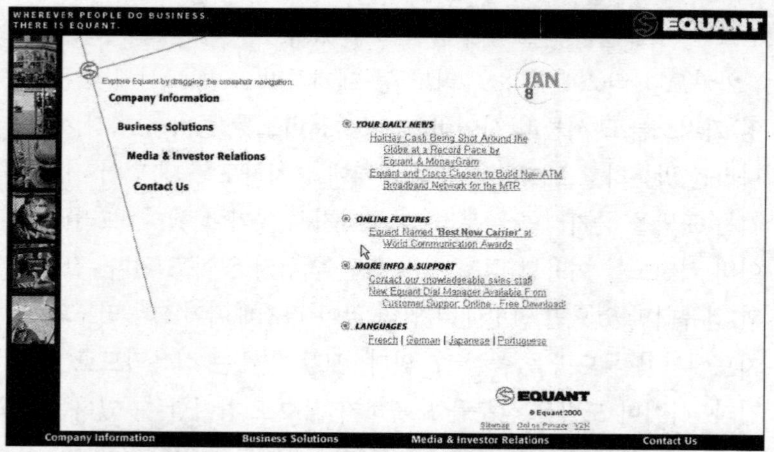

  따라서 번거롭게 현지 인터넷 서비스 공급업체에 교환(로밍) 서비스를 신청할 필요가 없다. 다국적 기업들이 주요 고객이며, 포천 선정 500대 기업의 20%가 이퀀트의 서비스를 이용하고 있다.

  이퀀트 서비스는 「편리성」과 「안정성」을 기반으로 하고 있으며, 1995년 이후 전자상거래가 급증하면서 매출이 크게 늘었다. 다국적 기업을 대상으로 한 네트워크 서비스 부문만 보면 1995년 4,900만 달러였던 매출이 1998년에는 3억 7,000만 달러로 늘어났다. 연평균 95%에 달하는 놀라운 성장률이다.

  이퀀트는 설립 7년 만인 1998년 8월 뉴욕증시에 상장됐다. 처음 27달러 하던 주가는 1999년 말 112달러로 거의 다섯 배 정도 상승했다. 주식총액은 18억 달러에 달한다. 이퀀트는 현재 전세계 데이터 전송시장의 3%를 점유하고 있으며, 매년 점유율이 1% 포인트씩 늘어나고 있다.

 변해야 살아남는다

인터넷의 등장으로 교육 전반에 변화의 물결이 일고 있다.

무엇보다 시간과 공간의 제한을 뛰어넘어 교육이 가능하고, 교육비 부담을 줄이면서 더 많은 사람에게 혜택을 제공할 수 있다는 것이 장점이다. 미국의 경우 1995년부터 인터넷 학위과정이 등장했다. 800여 개의 대학이 인터넷 강좌 수강으로 학위를 취득할 수 있을 정도다. 지난 1989년 컴퓨터 통신을 통해 미국에서 처음으로 피닉스대학(www.uophx.edu)이 온라인 캠퍼스를 개설한 후 빠르게 확산되고 있는 추세다. 이 분야의 선발주자인 피닉스 가상대학의 경우 자체 개발한 그룹웨어 소프트웨어를 활용해 학생들이 인터넷에서 토론을 벌일 수 있는 온라인 교육 시스템을 갖추고 있다.

1 「가상대학」 — 교육의 새로운 패러다임

인터넷은 교육 분야에도 혁명적 변화를 일으키고 있다.

　21세기 교육방식인 가상대학이 새로운 교육의 패러다임으로 떠오르고 있다. 인터넷을 통해 각종 지식과 정보를 얻고 스스로 학습할 수 있는 「꿈의 가상교육시대」가 열리고 있다. 열정만 있으면 누구나 평등하게 배울 수 있는 시대가 성큼 눈앞에 다가온 것이다.

　내로라 하는 대학들도 이런 추세에 가담해 새로운 교육과정 모델을 제시하고 있다. 스탠퍼드 대학교는 1989년 가을 전기공학 석사과정에 오디오·비디오를 이용한 인터넷 수업을 개설했다. 하버드 대학도 인터넷에 디지털 기술로 녹화된 컴퓨터 수업을 제공하고 있다. 펜실베이니아 대학 경영대학원인 워튼스쿨은 칼리버 학습 네트워크와 공동으로 양방향 위성방송을 이용해 최고경영자 수업을 실시하고 있다.

2 급성장 중인 가상교육시장

　전세계적으로 온라인 교육 콘텐츠 사업은 인터넷 비즈니스에서도 가장 유망한 분야로 각광받고 있다. 전문가들은 많은 회원과 수강생을 확보한 몇몇 교육 사이트의 경우 조만간 유료화 전환을 본격화할 것으로 내다보고 있다. 미국의 경우 몇 년 전부터 기존 수업의 장점과 첨단기술을 결합한 교육과정개발이 붐을 이루고 있다. 1998년 미국 내 2년제와 4년제 대학의 분산학습 과정에 등록한 학생 수는 71만 명에 달했다. 앞으로도 해마다 평균 33%씩 늘어 2002년에는 223만 명에 이를 전망이다. 또 4년제 대학의 84%, 2년제 전문대학의 85%가 분산학습 과정을 운영할 것으로 예상된다. 이는 1998년에 비해 각각 62%와 58%가 증가한 수치다.

　그러나 이와는 달리 「인터넷은 곧 평등」이라는 철학 아래 공공적인 성격의 단체와 각국 정부를 중심으로 인터넷 무료교육을 시행하려는 움직임도 만만치 않게 일고 있다.

3│ 가상대학 개설 현황

가상대학의 교육은 수강신청과 시험, 평가에 이르는 모든 과정이 가상공간에서 이뤄진다. 박사학위까지 딸 수 있는 대학이 이미 사이버 공간에 존재한다. 미국 아폴로 그룹이 운영하는 피닉스 대학은 미국 최대의 가상대학이다. 지난 1978년부터 직장인들을 대상으로 한 온라인 강의에 나서 지금까지 배출한 졸업생이 48만 5,000명에 이른다. 경영학을 중심으로 석사·박사과정까지 있다. 1984년부터 서비스에 나선 내셔널 테크놀로지컬 대학(NTU)에는 13개의 공학석사과정과 500여 개의 단기과정이 개설돼 있다. 「서부가상대학」은 미국 서부의 14개 주지사협회에서 지난 1995년 초부터 3년간 체계적으로 준비한 끝에 1998년 개교했다. 일반 학문은 물론 직업기술과정과 특수과정을 열고 있다. 캐나다에서는 아타바스커 대학(www.athabascau.ca)이 유명하다. 25년 전 개교해 캐나다에서는 처음으로 원격교육 학위를 주고 있는 대학이다. 매년 1만 2,500여 명의 북미지역 학생들이 이 대학에서 수업을 받고 있다. 일부 과목을 제외하고는 18세 이상이면 학력에 관계없이 누구나 입학할 수 있는 개방대학이란 점도 특징이다. 이 대학에서는 인터넷과 강의실, 원격회의, 세미나 등 다양한 강의방법을 활용하고 있다. 특히 인터넷을 통해 경영학 석사(MBA)와 원격교육학 석사(master of distance education) 과정을 진행한다.

Dialnsa(www.dialnsa.edu)

전세계 학생들이 온라인으로 지도를 받고 지도교수 및 급우들과의 토론을 통해 학문을 익히도록 하자는 목적으로 문을 열었다. 이 대학은 「샘플 클래스」를 운영하고 있는 것이 특징이다. 샘플 클래스에 「게스트(guest)」로 1주일 간 참여할 수 있다. 수업은 학위과정과 비학위과정 등으로 나뉘어 있다. 과목은 사회학, 자연과학과 수학, 영어를 비롯한 외국어, 음악사와 비평, 극예술학, 사진학, 비즈니스, 컴퓨터 지도학 등이다.

오픈 러닝 에이전시(www.ola.bc.ca)

오픈 러닝 에이전시(Open Learning Agency)는 온라인 교육을 하면서 자사의 교육교재 등의 콘텐츠를 판매하는 회사다. 인터넷 대학에서는 크게 여섯 가지 분야로 나누어 교육 서비스를 제공하고 있다. 지식 네트워크와 열린학교, 열린대학, 열린 칼리지, 직장 트레이닝 시스템 등이 그것이다. 주로 경영과 컴퓨터와 관련된 수업이 많으며, 여느 온라인 학교와 달리 언어관련 수업도 받을 수 있다.

이 밖에 가상대학은 IBM의 「글로벌 캠퍼스」, 영국의 「온라인 교수학습(TLO)」, 유럽연합의 「멀티미디어 원격학교(MIS)」, 독일 메르세데스벤츠의 「AKUBIS」 등이 대표적이다. 특히 「글로벌 캠퍼스」에는 전세계 30여 대학이 회원으로 참여하고 있다. 미국 켄트 주립대학, 랜슬리어 대학, 인디애나 주립대학, 웨이크 포리스트 대학 등도 사이버 캠퍼스를 운영하고 있다.

4 교육부문의 전망

2005년까지 미국 내 모든 대학은 국립 · 사립을 막론하고 인터넷을 이용한 원격교육 시스템을 도입하게 될 것이다. 칼리버 학습 네트워크 블랙보드(blackboard.com) 등이 대학의 분산학습을 기술적으로 지원하고 있다. 기존의 정보기술 회사들도 이 사업에 뛰어들고 있어, 앞으로 치열한 경쟁이 예상된다. 질 높은 서비스와 기술력이 이 사업의 성패를 좌우할 것으로 보인다. 간접적인 투자로는 사설 고등교육기관에 투자하는 방법이 있다. 아폴로 그룹처럼 일반학교로 출발했지만 인터넷 학습의 장점을 발견하고 투자해 분산학습기관으로 성장하는 사례도 적지 않다. 직장을 다니는 성인이나 해외주재자, 외국인을 학생으로 끌어들인 경우다.

문화산업 — 신문 · 광고시장 새바람

인터넷은 광고업계와 신문, 출판업계에도 엄청난 변화의 바람을 몰고 왔다. 이러한 충격의 물결에 어떻게 도전하고 적응하느냐가 기업 사활의 중요한 전환점이 된다. 또 한 번의 기회가 될 수도 있고 결정적인 위기로 바뀔 수도 있다.

광고대행업체들의 창조적인 재능은 인터넷 시대에도 여전히 핵심적인 요소다. 방대한 양의 정보 및 데이터를 처리할 수 있는 능력도 어느 때보다 절실히 요구된다. 고객의 요구를 그때 그때 신속히 반영해야 함은 물론이다. 신문업계의 경우에는 특히 광고의 상당부분이 온라인 경쟁업체로 이동할 것으로 예상됨에 따라 시급히 대응책을 마련해야 한다. 온라인 경쟁업체들에 비해 열세에 있는 비용구조를 혁신하는 방안도 만들어야 한다.

5 미디어 산업 현황

인터넷은 하루에도 헤아릴 수 없을 만큼 많은 사람들이 들락날락하는 곳이다. 따라서 광고가 항상 따라다닌다. 마케팅 종사자들은 인터넷을 통해 정보를 제공하고 수요를 창출한다. 이를 위해서는 고객의 요구를 만족시켜야 한다. 인터넷이 등장하기 이전의 TV나 라디오처럼 광고주들은 새로운 매체(인터넷)를 최대한 이용한다. 새롭게 등장한 매체를 이용할 줄 아는 소비자들의 구미에 맞는 정보를 제공해 그들을 고객으로 끌어들이기 위해서다. 1998년 인터넷 광고시장 규모는 20억 달러에 달할 만큼 성장했다.

광고주들에게는 인터넷 인프라를 구축한 회사들의 출현이 기회가 될 수 있다. 온라인 광고업계에 새롭게 등장한 경쟁자들은 대부분 첨단 인터넷 관련 기술을 보유하고 있다. 그러나 창조적인 아이디어는 기존 광고업체들에 비해 부족한 편이다. 이는 창조적인 마인드는 갖고 있지만 기술적으로 취약점을 갖고 있는 기존의 업체들과는 대조적인 측면이다. 이를 극복하기 위해 첨단기술력을 가진 기업을 기존 광고업체가 인수·합병하는 사례가 잇따를 것으로 보인다.

직접적인 마케팅을 하는 회사들은 대체로 대중매체를 이용하는 대신 1 대 1 방식의 고객밀착형 판매를 주로 한다. 인터넷은 이러한 직접 마케팅에 유력한 수단이 된다. 〈뉴욕 타임스〉지가 좋은 본보기다. 600만 명 이상의 웹사이트 등록자를 갖고 있는 〈뉴욕 타임스〉는 인터넷을 통한 직접적인 상품 마케팅을 하고 있다. 이는 실제 전시장을 개장했을 때 드는 비용을 줄일 수 있어 유력한 직접 마케팅의 형태로 자리잡을 것이다. 광고대행사들은 새로운 인터넷 기업의 출현과 이에 따른 메이커들의 대응전략 수립으로 당분간 이득을 볼 수 있을 것이다.

6 온라인으로 광고시장 이동

종래의 광고가 상품과 기업정보를 소비자에 제공하는 마케팅 활동의 일부인 데 비해, 인터넷 광고는 기존 광고의 특성을 최대한 살리면서 자사 인터넷 홈페이지 선전은 물론, 실제 전자상거래를 완성시키는 힘을 갖고 있다. 이 밖에 인터넷 광고는 기존 미디어가 흉내낼 수 없는 여러 가지 기능을 한다. 그 중에서도 홈페이지 접속자가 많으면 많을수록 광고단가가 비싸지는 것은 인터넷 광고만이 지닌 특징이다. 포레스터는 2004년 미국의 인터넷 광고시장이 세계 광고시장의 8%인 222억 달러 규모로 성장할 것으로 전망하고 있다.

인터넷 광고 조사기관인 인터넷 애드버타이징 뷰로(IAB, www.iab.net)에 따르면, 1998년 1/4분기 미국의 인터넷 광고시장 규모는 6억 9,300만 달러로 전년도 같은 기간(3억 5,100만 달러)의 두 배 가까이 증가했다. 부문별로는 소비재(27%), 금융 서비스(21%), 컴퓨터 관련 광고(20%), 소매·우편판매 서비스(13%), 뉴미디어(8%) 순으로 나타났다. IAB는 또 이들 광고의 주요 인터넷 매체에 대한 집중 현상이 여전하다고 분석했다.

최근 들어 온라인을 통해 상당한 수익을 올리는 신문기업들도 나오고 있다. 다우존스의 경우 신문 구독자들에게는 연 29달러에, 온라인 구독자들에게는 연 59달러에 자사 웹사이트에 접속할 수 있도

록 함으로써 현재 26만 5,000여 명의 온라인 구독자를 확보하고 있
다. 〈뉴욕 타임스〉나 〈트리뷴〉도 인터넷 광고로 연 2,000만 달러 상
당의 수익을 올리고 있다. 페어손 역시 온라인 서비스를 통해 빠른
성장을 보이고 있다. 이 회사는 접속료를 따로 부과하지 않는 대신
보는 기사에 따라 요금을 부과하는 점이 특징이다.

특히, 최근 인터넷 기업의 광고수입이 오프라인 업체의 광고수입
에 견줄 수 있을 정도로 성장하고 있는 것은 주목할 만한 대목이다.
인터넷 기업인 AOL의 1999년 10~12월 광고수입이 4억 3,700만
달러로, 같은 기간 〈뉴욕 타임스〉의 6억 5,000만 달러에 견줄 정도
로 온라인 광고시장이 빠르게 성장하고 있는 것이다. 세계적으로
기존 미디어 업체들이 앞다퉈 인터넷 사업을 강화하는 것도 이 같
은 광고시장의 온라인화와 무관하지 않다. 인터넷 광고시장의 급증
으로 인터넷 광고단가도 높아지고 있는 추세다. 온라인 인구의 급
증과 주요 광고회사들의 인터넷 광고 참여에 따라, 인터넷 광고시
장은 높은 성장률을 유지할 것으로 예상된다. 온라인 광고가 광고
시장의 판도를 바꾸고 있는 것이다. 미국에서는 2003년이 되면 온
라인 광고시장이 라디오와 잡지광고 규모를 추월하게 될 것이라는
예측 결과도 나오고 있다.

7 변화하는 광고시장

인터넷 시대를 맞아 광고 전문가들은 광고의 개념도 바뀔 것으로
보고 있다. TV의 경우 인간의 희로애락과 같은 감정에 호소해 브랜
드 이미지를 심어왔으나, 인터넷 광고는 이와 달라야 한다는 주장
이다. 즉 TV는 보면 되고 신문매체는 읽으면 되지만, 인터넷은 사

용하는 매체이기 때문에 이 특성을 감안한 광고가 이뤄져야 한다는 것이다. 따라서 인터넷 경제에서 기업의 광고전략은 감성에 호소한 브랜드 이미지 정착보다는 상품의 유용성과 실용성을 위주로 네티 즌에게 접근해야 한다는 것이다.

8 전자책(e-book)

책의 제조단가를 살펴보면, 제일 많이 차지하는 부분이 인쇄비다. 인터넷에서 책을 다운로드(e-book)받게 되면, 소비자들은 비싼 가격을 지불하고 더 이상 책을 살 필요가 없어진다. 또한 인터넷으로 다운로드를 받기 때문에 책 구입 시간을 줄일 수 있으며, 컴퓨터 한 대만 갖고 있으면, 3만 권의 책을 소지할 수 있기 때문에 더 이상 책장에 책을 보관할 필요가 없어, 주거공간을 효율적으로 사용할 수도 있다. 전자책의 최대 장점은 글자뿐 아니라 소리와 다양한 디자인을 독자에게 제공함으로써 따분할 수 있는 독서의 단점을 보완할 수 있다는 점이다. 전자책의 단점은 휴대성과 읽기가 어려운 점이나, MP3 플레이어와 같은 휴대용 기기를 개발한다면 충분히 보완할 수 있을 것으로 보인다. 가까운 미래에 인쇄된 책과 전자책은 경쟁관계에 설 것으로 예상하는 이들도 많다. 하지만 아직까지 전자책은 해결해야 하는 문제점 또한 많다. 휴대용 기기 개발이 우선이며, 저작권보호 문제도 차후 해결해야 할 문제점 중 하나다.

궁극적으로 광고대행사들에게는 전자상거래의 급성장이 긍정적으로 작용할 것이다.

출판업체들의 경우에는 단정적으로 말하기가 아직 다소 이른 감이 없지 않다. 어느 부분에 중점을 두느냐에 따라 달라질 수 있기 때문이다. 그러나 전통적으로 출판업계에서 선도적인 역할을 해온 업체들에게는 전자상거래가 이득을 안겨다 줄 것이다.

광고대행사들은 상품이 어디에서 판매되든 별 상관이 없다. 그들은 브랜드 인지도를 높이고 수요를 창출하는 일에만 매달리면 되기 때문이다.

신문업계는 가장 심각한 변화에 직면하게 될 것이다. 앞으로 인터넷 광고는 인쇄광고보다 더 큰 중요성을 갖게 될 가능성이 적지 않다. 사이버족의 증가와 함께 인터넷 광고가 인쇄광고보다 상품거래 활성화에 더욱 기여할 가능성이 크기 때문이다.

출판업체들도 온라인으로 책을 발간하는 저자들이 늘어남에 따라, 어려움에 직면하게 될 가능성이 높다. 아직은 많은 독자들이 인쇄된 출판서적을 선호하는 경향이 있다. 그러나 온라인상으로 서적의 내용을 무료로 제공하는 시점이 닥치게 되면, 출판업계는 손실을 상쇄하고 수익을 낳을 수 있는 창조적 대안을 모색하지 않을 수 없게 될 것이다. 특히 전자책의 등장은 기존 출판업계를 크게 위협하는 존재가 될 전망이다.

온라인 피닉스 대학은 「집단학습」을 추구하는 온라인 가상대학
으로서 지난 1989년 설립됐다. 이 대학은 직업이 있는 성인만 「입
학」할 수 있다. 학부과정은 일반정보, 비즈니스와 경영, 간호보건
학 등이 있다. 대학원과정은 일반정보, 비즈니스와 경영, 교육학,
간호보건학, 컨설팅과 휴먼 서비스, 정보 시스템 및 기술, 의학 등
이 있다. 피닉스 대학은 아폴로 그룹에 속한 대학으로 미국에서 가
장 큰 사립대학이자 인터넷 교육, 비디오 컨퍼런싱 등 분산학습의
선구자다.

피닉스 대학이 운영하고 있는 분산학습 프로그램에는 9,000명 이
상의 학생들이 등록돼 있고 이 중 5,000명 이상은 인터넷으로 학습
을 하고 있다. 이 프로그램은 25세가 넘은 성인층을 대상으로 첨단
멀티미디어를 활용한 분산학습의 유용성을 전파하고 있다. 학생들

피닉스 대학 홈페이지 : http://www.uophx.edu

제1부 세계 전자상거래 어디까지 왔나

은 미국뿐 아니라 전세계에 걸쳐 있다.

아폴로 그룹은 개개인의 학습 욕구나 학습 형태가 저마다 다른 사실에 착안해 통신교육, 쌍방향 의사전달이 가능한 인터넷 교육 등 다양한 학습 모델을 제시하고 있다. 조만간 기술지원 회사인 휴 네트워크 시스템과 연계해 실시간 동시(real-time synchronous) 교육과정도 개설할 예정이다.

피닉스 대학의 프로그램은 첨단기술과 질 높은 대학교육, 그리고 시장성 있는 브랜드 이미지가 적절히 결합된 성공적인 인터넷 교육 프로그램의 좋은 본보기다.

 # 급성장 중인 아웃소싱업

아웃소싱(외부위탁) 사업이 인터넷의 등장과 함께 폭발적으로 성장하고 있다. 인터넷을 매개로 다양한 아웃소싱 비즈니스가 창출되고 있다. 많은 대기업들이 정보기술 서비스, 마케팅, 판매, 고용 등의 분야에서 아웃소싱 전문업체들과 계약을 체결해 일을 통째로 맡기고 있다. 아웃소싱 전성시대가 열리고 있는 것이다.

빅토리아스 시크릿(Victoria's Secret)에서부터 반스앤노블닷컴(Barnesandnoble .com), 리더스 다이제스트 어소시에이션에 이르기까지 점점 더 많은 업체들이 전자상거래 운영의 일부, 특히 웹 호스팅을 아웃소싱하고 있거나 고려 중이다. 미국의 웹 호스팅 서비스 시장은 1999년 40억 4,000만 달러에 달해 1998년의 11억 3,000만 달러보다 256% 성장한 것으로 추정된다.

이같이 인터넷 아웃소싱업이 급성장하는 배경에는 전자상거래의 기술비용이 높다는 것과 변화의 속도가 너무나 빨라서, 전문기업이 아니면 도저히 따라갈 수 없기 때문으로 분석된다.

1 인터넷을 통한 아웃소싱 물결 강해

선진국 기업들은 이미 아웃소싱 경영전략시대에 진입하고 있다.

인터넷이 유수기업들을 아웃소싱 물결로 유도하는 중요한 역할을 담당하고 있다.

커니(Kearney) 컨설팅사의 조사에 따르면 인터넷을 통한 기업들의 아웃소싱 비율이 1999년 약 2% 정도에서 2000년 말을 기점으로 21%가량으로 늘어날 전망이다. 세계 100대 다국적 기업들은 2000년 말경이면 인터넷을 통해 1998년에 비해 열 배가 늘어난 4,000억 달러 상당을 구입할 것으로 추정되고 있다.

미국의 아웃소싱 연구소(Outsourcing Institute)가 1998년 말 발표한 미국 기업들의 아웃소싱 활동에 대한 분석 자료에 따르면, 1997년 기준으로 연간 매출액이 8,000만 달러 이상인 미국 기업들이 외부에서 조달하는 서비스(서비스 아웃소싱)에 지출한 금액은 전년 대비 약 26%가 성장한 800억 달러로 추산된다. 아웃소싱으로 공급되는 서비스 중 정보기술 분야가 차지하는 비중은 약 30%로서 가장 높을 뿐만 아니라, 여타 분야보다 더 빠른 성장률을 나타내고 있다.

2 전산 아웃소싱이 황금알을 낳는다

인터넷 혁명시대에 가장 촉망받는 아웃소싱 분야는 IT 인프라 서비스다.

전산 아웃소싱 서비스는 세계적으로 매년 13% 정도 성장해 2000년에는 3,900억 달러에 이를 것으로 예상되는 유망 분야다. 이 같은

추세는 아시아 · 태평양지역도 예외가 아니다. 1998년 한 해 동안
이 지역의 전산 서비스 시장규모는 534억 5,000만 달러에 달했다.
또 매년 15% 이상의 고성장을 할 것으로 예상된다. 전문 IT 아웃소
싱 업체들은 전자상거래 콜센터(인터넷 자동응답센터) 등의 시스
템을 갖춰놓고 기업들에게 서비스를 제공한다.

시크스(Sykes)의 경우 콜센터를 차려놓고, 대기업들의 마케팅 업
무를 대행하고 있다.

미국의 경우 자체 IT능력이 없는 기업은 대부분 아웃소싱에 관심
을 두고 있다.

EDS, IBM, 사이언트 등 일부 시스템 통합(system integration :
SI)업체들도 인터넷 혁명의 수혜자다. 이들은 네트워크 등 정보 인
프라를 깔아주던 기존 업무에서 벗어나 전자상거래 시스템 구축사
업 등에 적극 나서고 있다. 이들은 컨설팅 역량을 동원해 각 기업에
게 가장 적합한 인터넷 비즈니스 환경을 만들어주고 있다.

이들이 인터넷 시대의 가장 유망한 IT업체로 등장할 것이다.

3 ｜ 인터넷 마케팅 산업이 등장한다

인터넷 마케팅 업체들은 인터넷을 통한 광고대행 업무도 처리한
다. 기업고객으로부터 광고의뢰를 받아 이를 제작해 주요 사이트에
뿌린다. 이들은 어느 사이트의 광고효과가 높은지 잘 알고 있다. 약
20억 달러에 달하는 인터넷 광고시장은 이들 사이버 광고대행사들
이 주도하고 있다.

4 | 헤드헌팅 업무가 인터넷에서 처리된다

얼마 전까지만 해도 헤드헌터(인재 · 직업알선) 업체들은 인터넷을 업무의 보조수단으로 활용했다. 그러나 최근 들어 업무 자체를 인터넷으로 옮기고 있다. 인터넷이 인력채용을 위한 새로운 수단으로 자리매김되고 있는 것이다. 현재 사이버 공간에는 250만 건 이상의 이력서가 떠돌아다니고 있고, 구인광고를 낸 웹사이트는 3만여 개에 달한다.

인터넷을 통해 취업의뢰 및 구인의뢰를 받는다. 인터넷 멀티미디어 기술의 발달로 취업 의뢰자와의 컴퓨터 면접도 가능하게 됐다. 직접 접촉하지 않고도 고객을 확보할 수 있어 사업 물량이 폭발적으로 늘고 있다. 헤드헌터 업체인 커리어패스의 경우 1998년 인터넷을 통한 취업의뢰 건수가 세 배나 늘었다. 이 회사는 주요 도시에 포진해 있던 사무실을 차츰 폐쇄하고 있다.

오는 2005년까지 미국의 모든 기업들은 인터넷을 통해 사원을 채용할 것으로 예상된다.

인터넷 헤드헌팅은 국경을 넘나드는 인력 흐름도 쉽게 처리할 수 있다. 앞으로 헤드헌팅 업계는 누가 인터넷 고객을 많이 끌어들이느냐에 따라 재편될 것이다.

5 | 아웃소싱 업체의 인터넷 활용 현황

정보기술 분야를 제외하고는 아웃소싱 업체의 인터넷 활용도가 아직 높지 않다.

그러나 각 아웃소싱 업체의 전체 매출액에서 차지하는 인터넷 사업 비중은 매년 두 배 이상 늘어나고 있다. 그만큼 이 분야에는 비즈니스 기회가 많다는 얘기다.

스니더의 경우 전체 매출액(약 8억 달러) 중 인터넷 관련 매출은 약 2,000만 달러에 불과하다. 그러나 1998년 한 해 동안 인터넷 관련 아웃소싱 비즈니스 매출액은 136%가 늘었다.

아웃소싱 사업체들은 지금 새로운 비즈니스 환경에 직면해 격변기에 휘말려 있다. 대부분의 기존 아웃소싱 전문업체들은 인터넷 비즈니스 창출에 골몰하고 있다. 인터넷 시스템 구축에도 투자를 아끼지 않는다.

몇 년 안에 각 분야별로 선도적인 아웃소싱 업체가 등장할 것이다.

6 ┃ 전략과 제언

아웃소싱 업체의 경쟁력은 고객(기업)의 요구사항을 얼마나 빨리 만족시킬 수 있느냐에 달려 있다. 이를 위해서는 컴퓨터 자동응답 시스템 등 정보 인프라에 대한 투자를 아끼지 말아야 한다.

헤드헌터 전문업체의 경우 구직자와 구인기업을 열린 공간(인터넷 사이트)에서 만날 수 있도록 하는 시스템을 구축하는 게 바람직하다. 또 고객 데이터베이스를 가급적 많이 확보하기 위한 작업이 필요하다. 대부분의 인터넷 아웃소싱 사업기회는 고객 데이터베이스에서 나온다. 고객의 관심을 끌 만한 이벤트를 마련해 데이터베이스를 확보해야 한다.

최근 벤처기업인 프리PC가 개인 정보를 제공한 사람에게 PC를 공짜로 주는 행사를 벌인 게 좋은 사례다. 회사는 이를 통해 수백만 명의 고객 데이터베이스를 확보해 보험회사, 자동차회사 등에 팔았다.

기존 아웃소싱 업체들은 브랜드 인지도를 최대한 활용해야 한다. 지금 미국에는 인터넷 아웃소싱 업체가 우후죽순처럼 등장하고 있다. 이들 업체는 그러나 브랜드 인지도가 낮아 시장공략에 애를 먹고 있다. 기존업체들은 이를 감안해 거래 고객들을 모두 인터넷 사업영역으로 끌어들이는 전략을 마련할 필요가 있다.

성공사례 | 시스템 이노베이터 업체들

인터넷 등장과 함께 최근 미국에서 신종 정보기술 아웃소싱 사업체가 급성장하고 있다. 「시스템 이노베이터(system innovator, 시스템 혁신사업자)」가 그것으로, 시스템 이노베이터 업체들은 기업에게 가장 적합한 인터넷 시스템을 디자인하고 구축해주는 일을 한다. 이러한 회사는 정보기술 서비스 컨설팅 업체로 분류된다. 최근 인터넷이 일반화되면서 이 시장은 매년 서너 배의 속도로 초고속성장을 거듭하고 있다. 미국의 시스템 이노베이터 분야에서 활약하고 있는 주요 업체는 대략 여섯 개가 있는데, 이 가운데 유에스웹이 가장 앞서 있고 IXL엔터프라이즈, 에이전시컴, 프락시컴 등이 뒤를 잇고 있다.

대표주자인 유에스웹의 경우 1998년 매출액이 1억 1,500만 달러로 전년에 비해 무려 다섯 배나 늘었다. 1998년에 설립된 사이언트는 1년 만에 1,500만 달러의 매출을 올릴 정도로 선발업체를 맹추격하고 있다.

시스템 이노베이터의 고객은 기업의 규모나 업종을 가리지 않는다. 비즈니스를 인터넷으로 처리하려는 기존 사업체, 인터넷 사업을 구상하고 있는 전자상거래업체 등 『인터넷을 하겠다』는 기업은 모두가 잠재 고객이다.

DHL에게는 인터넷 화물이동 추적 시스템을, 시티은행에게는 인터넷 자동이체 시스템을, 자동차 업체에게는 인터넷 설계 송수신 시스템을 만들어준다. e베이, E*트레이드, 오토바이텔 등 유명 전자상거래업체의 뒤에도 시스템 이노베이터가 있다. 이 사업은 그동안 EDS, IBM, 앤더슨 컨설팅 등 종합정보기술 서비스 업체들의 몫이었다. 그러나 인터넷 비즈니스 환경이 급변하면서 좀더 전문적인 업체가 필요하게 된 것이다. 덩치가 큰 기존업체들은 고객(기업)의 요구에 신속하게 대응할 수 없었기 때문이다. 그래서 전문업체들이 생겨나 특화된 영역을 구축하고 있는 것이다.

기업들은 남보다 한 발 앞선 인터넷 솔루션을 원한다. 사이언트의 경우 사업 시작 2개월 안에 시스템 구상을 끝내고 6개월 안에 시스템 구축을 마치는 게 원칙이다. 이를 위해 제조 · 유통 · 금융 · 전자상거래 등 다양한 업종에 걸쳐 인터넷 솔루션을 디자인할 수 있는 인력을 확보하고 있다.

시스템 이노베이터들의 최대 강점은 기술변화에 신속하게 대응할 수 있다는 점이다. 이들 업체의 직원들은 대부분 5년 이상의 근무경력을 가진 컨설턴트 또는 시스템 전문가들로, 이들은 기술뿐만 아니라 각 업종별 업무 행태를 꿰뚫고 있다. 인터넷 기술과 기존사업을 완벽하게 접목시킬 수 있다는 것이 가장 큰 강점이다.

 # 사이버 의료·제약업체 확산

인터넷이 빠르게 일상생활 속을 파고들고 있다. 쇼핑뿐 아니라 이젠 의료상담 및 진찰까지도 인터넷을 이용해 해결할 수 있다. 머 잖은 장래에 원격 인터넷 수술도 일반화될 전망이다. 병원에 갈 때 마다 진료결과를 제대로 알려주지 않아 답답해하던 환자들도 이젠 더 이상 답답해할 이유가 없다. 인터넷에 클릭만 하면 사이버 닥터 가 친절하고 자세하게 병을 진단하고 처방해준다. 미국 〈포브스〉지 의 1999년 발표에 따르면 미국에서는 이미 2,200만 명이 인터넷을 통해 의료정보를 얻고 상담도 하고 있다.

그러나 인터넷 의료시장은 아직 걸음마 단계에 불과하다. 사이버 의료업체들이 웹사이트에 의약품을 올려놓고 있지만, 전체 시장에 서 차지하는 비중은 극히 미미한 실정이다. 대부분의 웹사이트는 의약품 판매보다는 의약품이나 전문의 소개 등 의료정보 전달에 주 력하고 있다.

1 | 의료 분야의 신개념 — 원격의료

원격의료란 정보통신의 다양한 기술과 의료 서비스가 융합된 개념으로 의학영상·동영상·환자기록 등 각종 데이터를 통신망을 통해 주고받는 것을 말한다. 원격의료는 원격진단·원격진료·원격회의·재택진료 등의 모든 분야를 포함하고 있다. 이미 미국·일본·유럽 등 선진국에서는 원격의료가 빠른 속도로 확산되고 있는 추세다. 미국 국방부는 지난 1994~96년 총 2억 6,200만 달러를 원격의료에 투자한 바 있으며, 주정부 차원에서도 원격의료를 농촌까지 확대하는 데 목적을 두고 10여 개 주에서 적극 추진하고 있다. 미국 의료정보학회(HIMSS)는 2000년 미국 원격의료시장이 약 2억 3,800만 달러에 달할 것으로 예측하고 있으며, 매년 폭발적인 성장을 예상하고 있다. 최근 들어 의학부문의 진단과 치료기술은 비약적으로 발전했지만 아직도 발전된 의료기술을 필요로 하는 사람에게 제공하는 의료전달의 문제는 해결되지 않고 있는데, 원격의료가 이러한 문제를 해결할 수 있는 하나의 대안으로 제시되고 있는 것이다.

2 | 원격의료의 장래

인터넷상에 떠 있는 다양한 의료정보 사이트들은 아직은 전자우편을 통한 진료상담과 처방전을 내리는 수준에 머물고 있다. 화상을 이용한 원격토론이 일반화됐지만, 원격시술은 엄두를 내지 못하고 있는 실정이다. 현재 사이버 진료의 가장 큰 문제는 전송 속도다. 인터넷을 이용한 원격수술은 광대한 정보의 흐름으로 인한 전송 정체 때문에 현재로서는 실현가능성이 높지 않은 상태다. 1999년 제리 존슨 박사가 실시한 인터넷 원격수술은 전송 속도가 초당 2.4기가바이트로, 일반인들이 사용하는 최고급 통신 모뎀보다 4만 5,000배 빠른 것이었다. 이런 상황 때문에 일반인들이 로봇 의사에게 몸을 맡기려면 최소한 5~10년은 기다려야 한다고 전문가들은 말한다. 하지만 전송속도의 문제가 초고속통신망으로 해결되고 로봇 의사의 개발이 완벽하게 이루어진다면, 사이버 공간을 통한 원격수술은 우리에게 결코 공상영화 속 미래의 이야기로 머물지는 않을 것이다.

3 | 의료정보 사이트 인기 상한가

인터넷에 의료관련 사이트를 개설하고 있는 회사들은 대형 미디어 기업에서부터 병원까지 다양하다. 미디어 재벌 루퍼트 머독은 「플래닛RX닷컴(planetrx.com)」이라는 의료 사이트를 인수했으며, 부시 대통령 시절 공중위생국 장관이었던 에버레트 쿠프는 「닥터쿠프닷컴(drkoop.com)」이라는 인터넷 회사를 상장시켜 8,400만 달러를 벌어들였다. 넷스케이프의 창업자인 짐 클라크도 「헬시온」이라는 의료 사이트를 설립하고 재기를 노리고 있다. 〈월스트리트 저널〉이 선정한 아홉 개의 의료 사이트 중 가장 신뢰도가 높은 곳은 「메드스케이프닷컴(medscape.com)」이다. 권위 있는 〈전미의학협회저널(JAMA)〉 편집인 출신인 조지 런드버그가 운영하는 이 사이트는 60만 명의 이용자 중 3분의 1이 의사일 정도로 깊이 있는 정보를 제공한다. 반면 가장 대중성이 높은 사이트는 「웹MD닷컴(webmd.com)」이다. 아메리칸 헬스 네스워크가 운영하는 「AHN」

은 웹캐스팅 기술을 이용해 수술 장면을 동영상으로 제공한다. 이 사이트는 1999년 출산 장면을 생중계해 최대 접속건수를 기록한 바 있다. 특별한 질병 치료가 아닌 일반 건강상식을 알고자 하는 이용 자들은「인텔리헬스닷컴(intelihealth.com)」에 접속하면 많은 정보를 얻을 수 있다. 존스홉킨스 대학병원이 운영하는 이 사이트는 식품 영양소 분석과 인체 해부 등에 관한 정보를 제공해 일반인들이 주로 이용한다. 정신의학에 대한 정보는「스라이브 온라인」에 많이 실려 있다. 이 밖에도 쿠프 전 장관이 운영하는「닥터쿠프」, 여성 의학정보가 많은「온헬스(www.onhealth.com)」, 만성 질환이 전 문인「메디컨설트」, 인기 연예인들과 건강관련 잡담을 나눌 수 있는「아메리카 닥터」등이 인기 있는 의료 사이트다.

4 │ 사이버 처방

환자를 직접 보지 않고 사이버 공간에서 약을 처방해주는 인터넷 처방도 최근 미국에서 성행하고 있다. 그러나 상업기관이 주도하는 이 같은 사이버 처방에 대해 의술을 상업주의에 접목시킨 비윤리적 행위라는 지적도 만만치 않다. 사이버 처방은 환자들이 전자우편이나 팩스로 사이버 처방회사에 병세나 증상을 알리면 해당 의사들이 이에 걸맞은 처방전을 끊어 다시 전자우편이나 팩스로 보내는 방식으로 이루어지고 있다.

5 │ 사이버 약국 : 기존 의료 · 제약업체의 수성

인터넷을 통해 처방약을 판매하는「사이버 약국」이 인기를 끌면서 제약시장에 새로운 판도 변화를 예고하고 있다. 사이버 약국은 소비자들이 직접 제품을 고를 수 있는 편리함을 갖추고 있는데다 각종 건강·의료정보까지 골고루 제공해 각광을 받고 있다. 이들은 특히 구매자의 익명성이 보장되고 가격도 싸다는 점을 무기로 내세우고 있다. 이에 따라 세계 굴지의 제약업체인 머크사는 물론 유통회사, 중개업자 등 많은 업체들이 앞다투어 온라인 제약시장에 뛰어들고 있다. 온라인 판매에 가장 적극적인 제약회사는 머크다. 이 회사는 17년 간 쌓아온 택배 서비스를 발판으로 온라인상에서 처방전을 제시하면 제품을 판매하고 있다. 머크는 웹사이트를 통해 일단 회원으로 가입하면 고객의 병력, 과민증세 등 관련 자료를 데이터베이스로 구축해놓고 주문이 접수되면 처방약을 만들어 우편으로 우송하고 있다. 또 미국 최대의 제약체인점인 월그린을 필두로 CVS, 라이트-에이드, 드럭 엠포리엄 등 판매업체들도 인터넷에 별도의 사이트를 구축하고 환자들을 유혹하고 있다. 이들 업체는 우선 고객들에게 반드시 개인의 질병기록 등 이력을 보내줄 것을 요청한 후 의사의 진료카드, 그리고 대금을 받은 후 약을 발송해주고 있다. 이 과정에서 공인 의사들의 검사절차도 필수적으로 거치고 있다.

그러나 사이버 약국은 인터넷의 특성상 통제의 손길이 제대로 미치지 못하고 있는데다 무분별한 판매에 따른 오·남용의 가능성이 커 문제점으로 지적되고 있다.

이 밖에 기존 의료·제약업체들도 수성을 위해 서둘러 사이버 시장에 뛰어들고 있다.

세계적 제약업체인 셰링프라우는 의사의 처방전 없이 일반인이 구입할 수 있는 단순의약품(OTC)의 온라인 판매에 주력하고 있다.

또 일반 소비자와 약사들에게 각종 의약품과 의학정보를 제공하는 등 고객을 끌어들이기 위한 전략도 강화하고 있다.

제약업체인 매키슨HBOC는 의약품 공급체인망의 효율적인 구축을 위해 인터넷을 활용하고 있는 경우다. 인터넷을 통한 재고관리, 제품생산 등으로 원가를 크게 낮춰 경쟁력을 쌓고 있다.

성공사례 닥터쿠프닷컴(http://www.drkoop.com)

건강정보 웹사이트 회사인 「닥터쿠프닷컴」은 사이버 의료업계에 혜성처럼 등장해 성공을 거두고 있는 대표적인 업체다.

전직 외과의사이자 부시 대통령 시절 공중위생국 장관을 지낸 에버렛 쿠프 박사가 1998년 7월 창업했다. 그 후 창업 1년 만인 1999년 6월 8일 나스닥에 상장해 주가가 단숨에 두 배로 폭등한 덕분에 82세의 쿠프 박사는 하루아침에 인터넷 갑부로 떠올라 화제를 뿌리기도 했다.

상장 첫날 주가가 공모가(주당 9달러)의 두 배가 넘는 18.5달러를 기록해 5,600만 달러를 벌어들인 것이다. 닥터쿠프닷컴은 나스닥 시장에서 무시 못할 인터넷 업체로 떠오른 것 이상으로 인터넷 의료시장에 신선한 바람도 불어 넣었다.

사이버 의료시장이 안고 있는 근본적인 한계를 극복하면서도 급속히 성장할 수 있는 전형을 제시했다. 처음부터 회원들에게 무료로 건강정보를 제공하고 개인별 평생의료기록을 관리해주면서 고객을 파고든 것이 이 회사의 성공비결이다.

의료관련 뉴스는 물론 각종 의료단체의 의학정보도 수시로 제공한다. 의료 분야별로 95개의 모임을 만들어 전문의들의 조언을 들

려주고 있는 것도 소비자들을 사로잡았다. 쿠프 박사의 이름값도 단단히 한몫했다. 이 때문에 1년 새 무려 10만여 명의 회원 확보에 성공했다.

수익측면에서도 놀라운 성과를 거두고 있다. 비타민 등 단순의약품의 인터넷 판매를 확대하고 있지만, 이 회사의 수입원은 대부분기업체의 광고료다. 물론 설립 첫해인 1998년에는 웹사이트 운영비 등 고정비용이 많이 들어 900만 달러의 손실을 냈다.

그러나 가입자가 급증하면서, 대형 제약사인 스미스클라인비첨 등이 광고를 내겠다며 달려들고 있다. 광고가 쇄도하면서 설립한 지 불과 2년 만에 흑자기업으로 우뚝 서게 된 것이다.

 거래개념이 바뀐다
—성공사례 : 뱅크원

미국·유럽 등의 선진국에서 인터넷 뱅킹(cyber banking, internet banking)은 그리 낯선 단어가 아니다. 외국 은행 중에서도 특히 미국 쪽이 인터넷 뱅킹 분야에서 앞서나가고 있다. 시티은행, 체이스맨해튼, 퍼스트유니언, 플리트 등 미국의 대형은행들은 단순한 인터넷 뱅킹 수준을 넘어서 인터넷을 기반으로 마케팅 전략을 세우고, 이의 추진을 위해 대규모의 데이터웨어 하우징을 경쟁적으로 구축하고 있다. 시티은행의 경우에는 새로운 온라인 시스템을 구축해 2010년까지 전세계적으로 10억 명의 고객을 확보한다는 야심찬 계획을 추진하고 있다.

인터넷은 전세계적으로 시장 확대를 추진하고 있는 은행들에게 유리한 기반을 마련해주고 있다. 데이비스 인터내셔널 뱅킹 컨설턴트(DIBC)에 따르면 유럽 은행 가운데 3분의 2가 이미 인터넷을 이용해 역외시장으로 진출했다고 한다.

미국 통화감독청(OCC) 홈페이지(www.occ.treas.gov)에 실린 「인터넷 뱅킹에 관한 특별연구」라는 논문에 따르면, 자산규모가 큰 은행에서 인터넷 뱅킹을 제공하는 비율이 높은 반면 중소은행일수록 비율이 낮다. 미국에서도 전반적으로 인터넷 뱅킹의 제공 비율이 높지 않지만, 인터넷 뱅킹을 요구하는 고객의 요구가 전자상거래 세계를 움직이는 원동력이 될 것으로 예측되고 있다. 또 전자지불과 관련해 가까운 시기에 기업과 기업 간, 기업과 소비자 간 전자지불에 혁명적인 변화가 있을 것으로도 전망된다.

1 인터넷 뱅킹 시장전망

사이버 은행의 장점은 은행 입장에서는 지점을 설치·운영하는 데 소요되는 인적·물적 비용이 절감되며, 고객 입장에서는 은행에 오가는 시간과 노력을 없앨 수 있고 언제 어디에서나 인터넷 접속이 가능한 곳에서 은행업무를 볼 수 있다는 것이다. 이에 따라 선진국의 선구적인 은행들은 사이버 은행의 개발에 적극적인 노력을 경주하고 있으며, 미국에서는 물리적인 영업 점포가 존재하지 않고 인터넷상에서만 영업을 하는 정식 은행이 이미 1995년 말에 발족하기도 했다. 차세대 은행 서비스를 표방하면서 인터넷에서의 서비스만을 목적으로 1995년 5월 설립된 시큐러티 퍼스트 네트워크 뱅크(Security First Network Bank : SFNB)가 그것으로, SFNB는 같은 해 10월 18일 미국 연방예금보험공사(FDIC)의 인증을 받고 은행업무를 시작했다.

이와 같이 인터넷의 영향으로 저렴한 수수료의 새로운 인터넷 금융기관이 등장함에 따라, 기존 은행들은 중개자나 딜러로서 역할의 독점적 지위를 잃기 시작했으며, 새로운 전자은행이나 전자증권회사, 전자증권거래소 등의 등장으로 금융업계 고유의 업무영역을 다른 통신업계나 정보산업업계에 잠식당하고 있는 것이다.

인터내셔널 데이터사 자료에 따르면, 1999년 현재 1,200여 개의 미국 은행이 인터넷 뱅킹을 구현하고 있고, 앞으로 7,200여 개의 기관이 온라인 뱅킹에 가담할 전망이다. 또 인터넷 뱅킹을 위한 소프트웨어 시장규모가 1998년 9,300만 달러에서 1999년 3억 2,600만 달러로 급증한 것으로 추정된다. 인터넷 뱅킹의 잠재고객이라 할 수 있는 PC뱅킹 사용자 수 및 인터넷 사용자 수(미국 기준)는 1997년 3/4분기 각각 380만 명, 2,200만 명에서 1998년 4/4분기에 각각 700만 명, 3,700만 명으로 늘어났다. 한편 포레스터 리서치는 전세계 인터넷 관련 시장규모가 1998년 140억 달러에서 2000년에 2,000억 달러로 늘어나고, 인터넷 가상금융 시장규모도 1998년 2억 4,000만 달러에서 2000년에는 220억 달러에 달할 것으로 전망하고 있다.

인터넷 뱅킹

인터넷 뱅킹이란 인터넷을 이용해 은행업무를 처리하는 것을 말한다. 개인용 컴퓨터를 이용해 은행업무를 처리하는 것은 PC뱅킹과 같다. 그러나 PC뱅킹이 문자로만 데이터를 주고받는 데 반해, 인터넷 뱅킹은 모든 형태의 데이터 처리가 가능하다. 또 세계 어디에서나 시내전화로 접속이 가능하다. 특히 PC뱅킹으로는 불가능한 전자상거래, 국제무역업무 등을 할 수 있는 등 서비스 영역이 무한대로 확대될 수 있다.

2 │ 인터넷 은행의 성공

인터넷 뱅킹의 성공은 무엇보다도 저렴한 거래비용에서 그 열쇠를 찾을 수 있다. 미국의 경우, 기존 점포에서 금융거래를 처리하는 비용은 건당 1.07달러인 반면, 폰 뱅킹은 0.54달러, 현금자동화 기기가 0.27달러다. 그러나 PC뱅킹은 0.015달러, 인터넷 뱅킹은 0.01달러에 불과한 것으로 분석된다. 현재 순수한 인터넷 뱅크로 주목받고 있는 은행은 영국에 위치한 에그뱅크로서, 1998년 10월 영국 프루덴셜이 설립한 순수 인터넷 뱅크다. 설립 1년 만에 예금자 수가 70만 명, 수신고가 70억 파운드(13조 원)에 달하는 중견은행으로 성장했다. 에그뱅크는 지점은 물론 현금입출금기도 없다. 임직원이 1,500명에 불과한 소형은행이다. 하지만 경쟁은행보다 1.5~2.0%포인트 높은 예금금리를 제시함으로써 수신고가 급증했다. 인터넷 은행의 이와 같은 성공에 따라 시티은행, 홍콩상하이은행(HSBC) 등 대부분의 다국적 대형 소매금융기관들도 집중적인 투자에 나서고 있다. 인터넷 뱅킹과 전자상거래를 위해 한 해 동안, 한 은행이 많게는 20억 달러를 쓰고 있는 것으로 알려져 있다.

3 │ TV뱅킹 : 인터넷과 디지털TV와의 만남

영국의 초대형 은행 HSBC는 1999년 9월 20일부터 세계 최초로 고객이 안방에서 텔레비전을 통해 은행 일을 보는 이른바 「TV뱅킹」을 전면 실시하고 있다. HSBC의 TV뱅킹이란 요약하자면, 「고객이 하루 24시간 중 언제든지 원하는 시간에 집에서 TV채널을 통해 은행에 접속한 후 리모콘으로 잔액 확인이나 계좌이체 따위를 처리할 수 있도록 만든 환경」을 말한다. TV뱅킹은 전화선을 통해 서버와 접속해 고속으로 문자와 그림을 전송받는 인터넷 통신기술과 더 깨끗한 그림과 맑은 소리를 제공하는 디지털 TV방송의 결합으로 설명할 수 있다. 여기에 완벽한 보안 속에 쌍방향으로 정보가 흐르는 복합기술이 가미되어 21세기를 주도할 전형적인 통합기술의 한 예로 부상하고 있다.

마케팅 전문가들은 인터넷 뱅킹이 컴퓨터를 다루는 고객층을 주요 고객으로 선정하고, 그들과의 1 대 1 관계구축에 집중하는 반면, TV뱅킹은 특별히 어떤 기준에 따라 고객을 세분화하지 않기 때문에 분할(segment)의 개념도 다시 연구해야 할 것으로 지적하고 있다.

딜로이트 컨설팅(Deloitte Consulting)은 기존의 폰 뱅킹과 인터넷 뱅킹, 그리고 TV뱅킹의 등장으로 5년 이내에 영국 내 은행지점 1만 1,000여 개 중 3분의 1에 해당하는 3,600여 개가 문을 닫게 될 것으로 경고하고 있다. 한편 미국에서도 시티은행과 BOA, 웰스 파고(Wells Fargo) 은행 등에 의한 TV뱅킹이 임박했다. 특히 시티은행의 TV뱅킹은 TVN 엔터테인먼트(TVN Entertainment)방송, 월드게이트(WorldGate)사 간의 제휴로 조만간 첫 방송을 탈 것으로 기대된다.

성공사례　뱅크원(http://www.bankone.com)

시카고에 본사를 둔 뱅크원은 인터넷 뱅킹 등 전자금융 분야에서 독특한 영역을 구축하고 있다. 뱅크원의 고객은 대출을 받기 위해 굳이 은행까지 갈 필요가 없다. 집이나 사무실에서 인터넷 홈페이지에 접속하면 뱅크원 고유의 신용평가 시스템에 기초해 여신심사

가 자동처리돼 즉석에서 최고 3만 5,000달러까지 대출이 된다. 뱅크원은 인터넷 즉석대출 서비스를 중소기업에까지 확대하고 있다.

뱅크원은 인터넷을 통한 온라인 고객관리(customer relation management : CRM)에서 최고 수준의 은행이다. 에그뱅크나 SFNB가 점포 없는 은행으로 인터넷 뱅킹에 뛰어들었고, 체이스 맨해튼 은행이 「가장 안전한 인터넷 뱅킹」을 내세웠다면 뱅크원은 「온라인 고객관리」로 승부수를 던지고 있다. 뱅크원은 대부분의 마케팅 활동을 모두 인터넷을 통해 실시하고 있다. 새로운 상품이 나오면 전자우편을 통해 상품소개를 하고 어떻게 재산을 관리하면 좋은지 정기적으로 상담해준다. 이 같은 온라인 고객관리 덕분에 인터넷 뱅킹을 시작한 지 얼마 되지 않아 인터넷으로만 거래하는 순수 인터넷 뱅킹 고객이 33만 명을 넘어섰다. 또 뱅크원은 총자산이 2,600억 달러에 달해 1999년 말 미국 내에서 4위로 뛰어올랐다. 인터넷 뱅킹 외에 신용카드 사업에도 주력해 세계 2위의 신용카드 발급 은행이 됐다.

2000년 말까지 100만 명 이상의 온라인 고객을 확보하고, 앞으로 모든 가정의 PC를 「뱅크원의 금융 슈퍼마켓」으로 만들겠다는 뱅크원의 야심찬 계획이 어떤 방향으로 전개될지 주목된다.

은행업의 국가별 인터넷 활용도

은행의 인터넷 활용 정도는 국가별로 커다란 차이를 보이고 있다. 스웨덴·핀란드 등 스칸디나비아 국가와 캐나다 은행들이 가장 앞서 있다. 미국·서유럽·호주 등의 은행들이 그 뒤를 바짝 쫓고 있다.

아시아·중남미·동유럽 등의 신흥국가들은 가장 낙후됐다. 일본도 경제규모에 비해서는 크게 뒤처져 있다.

스칸디나비아 지역 최대 은행인 메리티 뱅크는 전체 계좌의 20%가 인터넷 통장이다.

스칸디나비아 지역 은행들의 인터넷화가 빨랐던 이유는 정부의 통신비 절감 및 PC 보급 확대에 힘입은 것으로 분석된다.

캐나다 은행의 경우 통장거래 빈도가 미국의 25%에 불과하다.

호주의 선발 은행들은 은행 간 고속 네트워크를 깔아놓고 업무를 처리하는 등 비교적 앞선 편이다. 커먼 웰스 은행은 6만 3,000여 명의 인터넷 고객을 확보했으며 30만여 개의 증권거래 계좌를 운영하고 있다.

영국에서는 바클레이즈와 HSBC의 활약이 두드러지고 있다. 바클레이즈는 영국에서 처음으로 PC뱅킹을 도입, 현재 20만 명의 인터넷 고객을 확보했다. HSBC는 1999년 9월 고객과 상호대화를 통해 업무를 처리할 수 있는 TV뱅킹 시스템을 도입해 운영에 들어가 화제를 모으고 있다.

신흥국 은행들이 인터넷 비즈니스에 낙후된 가장 큰 이유는 정보 인프라의 열세 때문이다.

한국 등 아시아 신흥국가들은 지난 2년 동안 계속된 금융위기 영향으로 정보기술 개발에 뒤처졌다. 일본 금융계는 인터넷 비즈니스의 초보단계로 규정할 수 있다. 후지(富士)은행, 산와(三和)은행, 스미토모(住友)은행 등이 인터넷 결재 시스템 도입에 적극 나서고 있으나, 낮은 PC 보급률(전체 가정의 20%)에 막혀 애를 먹고 있다.

 거래혁명, 사이버 트레이딩
—성공사례 : 찰스슈왑

인터넷은 전통적인 비즈니스 패턴을 바꾸는 데 그치지 않고, 예전에 없던 새로운 비즈니스 모델을 잇따라 창출해내고 있다. 그 대표적인 것이 증권업에 불어닥친 「사이버 트레이딩」 열풍이다. 미국 경제 전문잡지 〈포천〉이 선정한 1999년 8대 사건 중 하나로 「사이버 트레이딩」 시대의 개막이 뽑힌 것만으로도 그 파장을 짐작할 수 있다.

인터넷의 등장은 증권사는 물론 증권거래소 등 증권 유관기관에도 기회와 위기를 동시에 주고 있다. 사이버 증권사, 사이버 증권거래소의 등장이 바로 그것이다. 이들은 기존 증권사나 증권거래소의 강력한 라이벌로 부상할 전망이다.

1 │ 사이버 트레이딩이 키워드

경제협력개발기구(OECD)는 오는 2005년께 전세계 주식거래의 45%가 사이버로 이뤄질 것으로 예측하고 있다. 사이버 트레이딩의 가장 큰 매력은 손쉬운 매매와 적은 수수료다. 특히 인터넷으로 접속만 하고 있으면 언제든지 정보를 얻고 주식을 사고 팔 수 있다는 장점이 있다. 투자자가 증권사 직원의 눈치를 살피지 않고 원하는 만큼의 정보를 조회할 수 있다. 매매주문도 전화로 증권사 직원을 통하는 것보다 훨씬 빠르고 정확하다. 또 수수료도 전화주문이나 창구에서 매매하는 것보다 훨씬 싸다. 거래대금의 0.06%만 받는 곳도 있다.

사이버 트레이딩은 주로 인터넷으로 이뤄진다. 미국의 1999년 온라인 계좌는 700만 개에 달한다. 1994년에 비해 35배가 늘어난 것이다. 2002년에는 아마도 1,800만~2,000만 계좌에 달할 것이라는 게 전문가들의 추정이다. 사이버 트레이딩 확산은 무엇보다도 수수료가 싸기 때문이다. 기존 증권 대기업인 메릴린치도 1999년 7월부터 고객자산의 1%(최저 1,100달러)의 수수료로 1년 동안 제한 없이 사이버 트레이딩을 할 수 있는 서비스를 제공하고 있다. 값싼 주식거래는 금융기관 간 경쟁과 주식투자의 대중화를 더욱 가속화하고 있다. 예컨대, 20달러짜리 100주 매매시 종합증권사를 이용할 경우 66.13달러, 체이스 맨해튼은행을 이용하면 78.57달러, 메릴린치에서는 71달러의 수수료를 부담해야 한다. 하지만 똑같은 거래를 인터넷을 통하면 24.95달러로 매우 저렴하다.

사이버 트레이딩을 주도하고 있는 사이버 증권사의 무기는 수수료 파괴다. 수수료가 낮다고 해서 사이버 증권사는 디스카운트 브로커(discount broker)라고도 불린다. 수수료 인하는 객장유지비, 인건비 등이 필요없기 때문에 가능하다. 영업과 관련된 인쇄비·발송비 등 부수적인 비용이 들지 않는다. 초기 시스템 투자비용과 설비유지비만 있으면 충분하다. 또 기존 증권사들과는 달리 투자자에

이 점	위 험
• 거래비용 절감 • 마케팅의 다변화 • 패키지 상품 개발 • 다른 업종 진출 유리	• 가격경쟁 치열 • 기존 업체 수익 악화 • 주가하락시 고객 이탈 • 투자정보 제공 불리

게 투자상담, 종목추천 등의 서비스를 하지 않는다. 사이버 증권회사는 따라서 비용측면만 따지면 현재 흔히 볼 수 있는 일반 증권사보다 절대적인 우위에 설 수밖에 없다. 다른 장점도 있다. 우선 인터넷을 통해 많은 고객에게 다양한 정보를 실시간으로 뿌릴 수 있다. 시간과 공간의 제약이 있을 수 없다. 문서형태로 직접 전달하는 것보다 비용도 저렴할 수밖에 없다. 잠재고객도 무한하다. 인터넷 사용자가 급속도로 늘어나고 있기 때문이다.

2 │ 사이버 증권거래소의 등장 — 독점 붕괴, 수익률 저하

사이버 증권거래소는 월가를 거치지 않고 주식 공급자와 수요자가 직접 인터넷을 통해 원하는 가격과 필요한 수량의 주식을 거래하는 시스템이다. 이 때문에 이제까지 월가의 몇몇 「큰손」들이 지배해온 주식거래의 독점구조가 무너지고 있다.

이제까지는 기업의 주식상장이나 증자(增資)는 증권사들에 「황금알을 낳는 거위」였다. 그러나 기존 주식거래제도의 불합리한 측면을 시정하려는 변혁의 물결이 사이버 공간을 통해 월가를 강타하기 시작한 것이다. 사이버 증권사인 E*오퍼링은 전체 주식거래 중

절반은 월가를 통하지만 나머지 절반은 웹사이트를 통해 하고 있
다. 월가의 기존 증권사들은 주식을 사고 팔 때 주당 5센트의 수수
료를 물어야 하나 인터넷 거래를 통하면 2~3센트 정도만 내면 된
다. 사이버 증권거래소에서는 증권사가 필요없다. 사이버 증권거래
소, 기업, 투자자가 주체가 되는 시장이다. 기업은 사이버 증권거래
소에 공개 상장된다. 투자자는 사이버 증권거래소 홈페이지에서 기
업공모주 청약에 참여하거나 주식을 사고 판다. 이는 저렴한 비용
으로 자금을 조달하려는 기업이 나타나면서 등장한다. 자금수요자
와 공급자가 직접 만날 수 있는 수단이 생긴 만큼 구태여 증권사를
중간에 내세울 필요가 없는 것이다.

특히 2000년부터는 메릴린치와 골드만 삭스, 버나드마도프 투자
증권 등 미국의 3개 대형 증권사가 6월께 새로운 사이버 증권거래
소를 개장할 예정이다. 이에 따라 뉴욕증권거래소(NYSE), 나스닥
등 기존 증권거래소와 사이버 거래소인 ECN 사이에 벌어지고 있는
「증시 헤게모니전」이 3파전으로 확대될 전망이다. 메릴린치 등이
만들기로 한 증권거래소의 이름은 「프라이멕스(Primex) 트레이딩」
이다. 이 프로젝트에 미국 증시에서 상당한 시장점유율을 갖고 있
는 메릴린치와 골드만 삭스가 동참을 선언함으로써 새로 등장할 거
래소의 위상에 무게가 실리게 된 것이다. 프라이멕스는 NYSE와 같
은 「경매방식」으로 운영된다. ECN과는 온라인으로 거래되는 전자
증권거래소라는 점에서 같다. 그러나 ECN이 극소수 증권사들만이
참여하는 폐쇄망이고 중개인을 두지 않는다는 점에서 프라이멕스
와 다르다. 업계 관계자들은 메릴린치 등이 당장 전체 거래주문을
NYSE에서 프라이멕스로 옮기지야 않겠지만, 점차 프라이멕스를
주거래장으로 삼을 것이고, 이에 따라 적지 않은 동조세력이 나타

기관투자가 등이 온라인으로 운영하는 거래망으로서, 폐쇄적으로 운영된다. 기존 거래소를 대신하는 일종의 대체거래 시스템이다. 컴퓨터가 주문접수에서부터 매매연결, 거래청산까지 일괄적으로 처리한다. 인터넷 공간에 세운 뒤 사이버 증권사들을 참여시켜 영업한다. 정부규제가 적고 익명성이 보장되며 매도물량이 쏟아져도 시장충격이 적은 게 장점으로, 인스티넷, 옵티마크 등 20여 개가 설립돼 있다. 메릴린치 등이 설립할 예정인 프라이멕스도 ECN의 일종으로 새로운 사이버 증권거래소의 본격적인 등장을 의미한다.

날 것으로 보고 있다.

현재 미국에서는 포지트, 인스티넷 등 수십 개의 사이버 거래소가 가동 중이다. 컴퓨터가 주문접수부터 매매연결, 거래청산까지 일괄처리하는 전자증권거래 시장이 급성장하고 있는 것이다. 전미 증권업협회(www.nasd.com)에 따르면 1999년 6월 현재 미국 ECN 시장은 나스닥에 비해 거래건수 29.2%, 주식 수 21.8%, 거래대금은 29.4%를 차지하고 있다.

그러나 월가의 방어논리도 만만치 않다. 월가의 전문가들은 인터넷을 통한 주식경매를 통해서는 안전한 가격형성을 보장할 수 없을 뿐만 아니라 자금력이 있는 기관투자가들을 동원하는 데 한계가 있다며 회의적인 태도를 보이고 있다.

3 │ 기존 증권사의 대응

사이버 증권사의 약진으로 기존 증권사의 업무 패턴도 변하고 있다. 종합증권사의 사이버 트레이딩 시스템 구축도 뒤따르고 있다.

그 동안 인터넷 거래에 소극적이었던 종합증권회사(full brokerage house)들이 앞다퉈 인터넷 거래에 참여하고 있다. 1998년 말 이후 사이버 트레이딩의 대표주자인 찰스슈왑의 폭발적인 성장세는 기존 증권사를 위협할 정도다. 뒤늦게 메릴린치, 샐로먼 스미스바니, 프루덴셜, 페인웨버 등 대형 종합증권사들이 사이버 트레이딩 시스템 구축에 수십억 달러를 투자하고 있다. 이들 대형사는 온라인 거래에 국한된 것이 아니라 웹사이트를 통해 개인의 모든 계좌(Web accessible account systems)를 조회할 수 있고 송금도 할 수 있는 시스템을 구축하고 있다. 1999년 초부터 10만 달러 이상의 주식을 갖고 있는 고객에 대해 제한적으로 인터넷 서비스를 시작한 바 있는 메릴린치는 500여만 명 이상의 모든 고객에게 현재보다 90%가량 낮은 29.95달러의 수수료만 받고 온라인 주식중개 서비스를 제공할 계획이다. 기존 증권사들이 이처럼 전통적인 주식중개방식의 고수를 포기하고 있는 이유는, 나날이 성장하는 사이버 트레이딩 시장의 규모와 고객의 선호를 무시할 수 없기 때문이다. 온라인을 통한 주식거래는 1999년 4월 기준으로 하루 63만여 건으로 전년도 1/4분기에 비해 40% 이상 급증했으며, 이는 개인투자자들의 주식 거래에서 절반 가까이를 차지하는 수치다.

기존 증권업계는 이 밖에도 증권사 간 전략적 제휴를 통한 자체 거래망 확충작업도 활발히 펼치고 있다. 「적과의 동침」을 위한 결합이 계속되고 있는 것이다. 「베어스턴＋샐로먼 스미스바니＋페인웨버」가 결합하고 골드만 삭스는 E*트레이드, 메릴린치, 모건 스탠리 딘위터 등과 손을 잡았다.

「쉽고, 빠르고, 저렴하게」이용할 수 있는 인터넷 거래 확산은 개인투자자들을 뮤추얼 펀드에서 직접투자로 인도하고 있다. 인터넷의 파괴력이 증시의 거래관행까지 바꾸고 있는 것이다. 인터넷 거래가 활성화되면서 일부 전략가들은 뮤추얼 펀드의 퇴조마저 점치고 있다.

뮤추얼 펀드의 비싼 수수료를 내느니 차라리 직접 인터넷으로 주식투자를 해보겠다는 미국 투자자들의 행렬이 E*트레이드나 찰스슈왑 증권사를 더욱 빛나게 하고 있는 것이다. 사이버 주식거래는 시세차익을 노린 초단기 매매인 데이트레이딩(day trading)이라는 거래 형태를 유행시키기도 했다. 인터넷을 이용해 거래수수료를 크게 낮춰 투자자들이 하루에도 몇 번씩 사고 팔아도 부담이 없기 때문이다. 나스닥의 개장시간 연장과 NYSE의 거래시간 연장 검토 역시 인터넷을 통한 개인투자자들의 증가와 이들의 일과시간 후 거래에 대한 수요증가 때문이다.

사이버 트레이딩이 「빅뱅의 도화선」이 된 것이다. 인터넷이 단순히 거래수단의 변화가 아니라 증권시장의 미래를 결정하는 요인으로 작용하고 있는 것이다.

성공사례 찰스슈왑(http://www.schwab.com)

찰스슈왑은 기존 증권투자 전문업체가 인터넷 비즈니스의 기회를 잡아 성공한 대표적인 예다. 세계 최초 온라인 증권거래, 세계 최저 거래수수료율은 찰스슈왑을 따라다니는 대명사다. 1999년 순

매출액은 589억 달러로서 전년동기 대비 70% 성장했으며, 고객자산은 7조 달러로 5년 전과 비교해 약 세 배 증가했다. 또한 1999년 〈포천〉이 선정한 전자상거래 전문 20대 기업 중 AOL에 이어 2위로 기록됐다. 또 시장조사기관인 포레스터 리서치의 조사결과, 전자상거래 기업 중 온라인 자산거래부문 우수 사이트로 평가됐다. 조사 6개 부문 중 고객들에게 제공되는 정보, 디자인, 이용 편의성 부분에서 1위를 차지해 종합 1위에 올랐다.

24시간 고객 전화 서비스, 펀드의 슈퍼마켓화, 사이버 트레이딩으로 증권계에 지각변동을 몰고 왔다. 이 같은 성장은 인터넷 확산으로 수준 높은 투자 인프라와 자문을 제공하는 등 복합 서비스가 가능해졌기 때문이다. 고객과의 접근 채널을 신규고객, 장기투자고객, 초단기투자고객, 그리고 온라인 전화 지점 등으로 세분해 대응하고 있다. 또 웹사이트를 통한 계좌개설, 시세조회, 뉴스 검색, 투자설계 등 다양한 코너를 갖추고 뮤추얼 펀드, 생명보험, 단기금융상품, 채권, 노후설계 서비스 등을 제공한다. 이 때문에 순수 디스카운트 브로커인 아메리트레이드(ameritrade)의 수수료가 거래당 8달러인 데 반해, 찰스슈왑은 29.95달러를 받으면서도 매매주문량이 계속 늘고 있다. 찰스슈왑은 초기에 온라인과 전화를 이용한 수수료가 낮은 브로커리지로 출발해 복합형 디스카운트 브로커로 성장했다. 때문에 경쟁업체가 급증하는 속에서도 여전히 경쟁력을 갖고 있다.

다른 사이버 트레이딩 업체보다 비싼 수수료를 책정하고 있지만 고급 투자정보를 제공함으로써 매주 웹을 통해 60억 달러 이상을 거래하고 있다.

찰스슈왑은 우수한 고객 서비스, 낮은 비용과 가격, 우수한 상품,

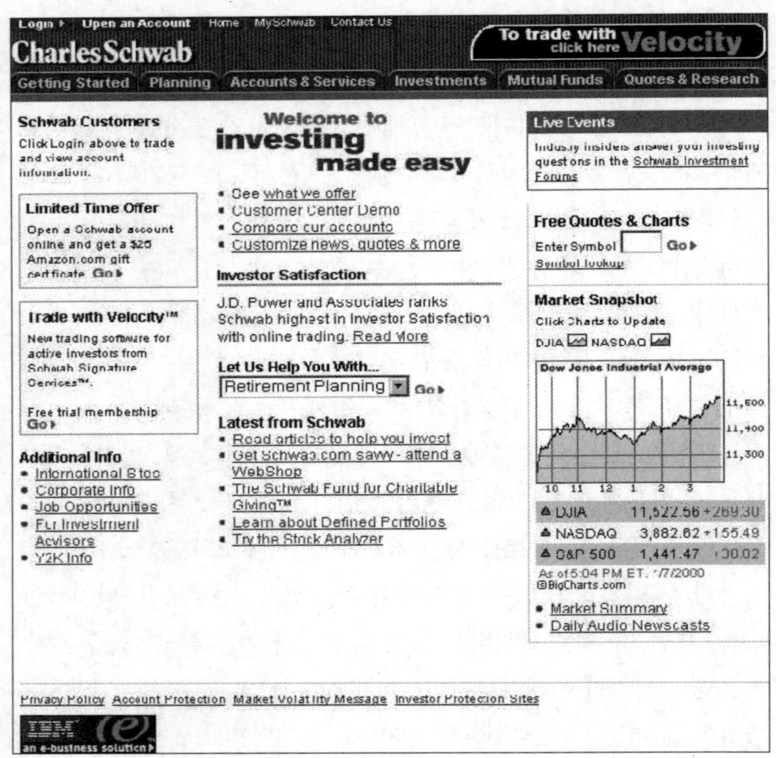

높은 신뢰성을 목표로 전세계 고객들에게 가장 유용하고 윤리적인 금융 서비스를 제공하는 마케팅 전략을 구사하고 있다. 찰스슈왑은 뮤추얼 펀드 서비스 웹사이트 강화와 부유하고 활동적인 투자자에게 차별적인 추가 서비스를 제공하는 등 서비스와 해외영역을 확대하고 있다.

인터넷 혁명은 증권산업계를 지금과는 전혀 다른 모습으로 바꾸고 있다. 혁명이 완수되면 증권업계는 업무 형태로 볼 때, 크게 네 개의 그룹으로 재편될 것으로 전망된다.

첫번째는 E*트레이드, 아메리트레이드, 미스터스톡 등 전문 사이버 증권사 그룹이다. 이들은 지난 몇 년 동안 거둔 전과를 바탕으로 영역을 더욱 확장할 것으로 예상된다.

그러나 대부분의 신생 사이버 증권사들은 순익 면에서 아직 이렇다 할 성과를 거두지 못하고 있다. 투자단계로 적자를 면치 못하고 있기 때문이다. 이들은 인터넷 세대가 경제의 주축으로 등장하면서 향후 몇 년 안에 흑자기조로 돌아설 것으로 보인다.

둘째, 기존 업무와 인터넷 비즈니스를 병행하는 그룹이다.

찰스슈왑, DLJ, 메릴린치 등이 그들이다. 이들 기업은 「큰손 고객」에 대해서는 기존의 개인 대 개인(man-to-man) 서비스를, 소액 투자자들에 대해서는 인터넷 거래 서비스를 제공할 것으로 보인다. 이들은 기존 브랜드 인지도와 투자자문 노하우를 무기로 신생 그룹의 도전을 막아낼 수 있을 것이다. 인터넷 증권시대 최후의 승자가 될 가능성이 높다.

셋째, 기존 업무 패턴을 유지하는 그룹이다.

고액 투자자금을 운영하고 있는 일부 「귀족 증권사」가 이들이다. 큰 자산을 운영하고 있는 개인 고객들은 신분노출을 꺼려 사이버 트레이딩을 외면하고 있다.

이들은 또 안정성을 이유로 인터넷 트레이딩에 겁을 먹고 있다. 이 그룹의 증권사들은 그러나 사이버 브로커들의 가격 압박에 시달려 수수료를 재조정해야 할 것이다. 시장점유율도 낮아질 수밖에 없다.

넷째, ECN을 운영하는 그룹이다. 이들은 인터넷 공간에 ECN을 차려놓고 사이버 증권사들을 끌어 모은다. ECN은 NYSE, 나스닥 등 기존 증권거래소와 형태만 다를 뿐 거래 내용에서는 큰 차이가 없다. 현재 미국에서 활동 중인 ECN 운영회사로는 나이트트리마크, 옵티마크, 인스티넷 등이 있다.

메릴린치, 골드만 삭스 등 대형증권사들도 2000년에「프라이멕스 트레이딩」이라는 이름으로 새로운 ECN을 차리기로 결정했다.

사이버 보험 전성시대
—성공사례 : 제너럴 라이프

보험산업에서도 인터넷 바람이 강하게 불고 있다. 지금까지 보험회사들은 다른 금융 분야에 비해 인터넷을 그다지 적극적으로 활용하지 않았다. 보험 특성상 자필서명이 필요하며 보험상품 자체가 너무 복잡해 일반 소비자가 이해하기 힘든 부분이 많기 때문이다. 그러나 급변하는 보험환경의 변화에 대처하기 위해 보험사들도 잇따라 인터넷에 눈을 돌리고 있다.

고객에게 보험의 필요성을 알리고 보험정보를 제공하는 한편, 기존 고객에 대한 계좌 조회, 담당 설계사와의 연결 등 원스톱 서비스 제공에 인터넷을 활용하고 있다. 많은 보험회사들이 가상점포를 도입했고 정보제공, 쌍방향 고객 서비스 등 다양한 분야에서 인터넷의 도움을 받고 있다. 보험회사가 인터넷을 활용하면 적은 비용으로 시간과 공간의 제한 없이 고객과 쌍방향 의사소이 가능한 장점이 있다.

컨설팅 회사인 부즈앨런은 인터넷을 이용해 보험영업을 할 경우

60% 정도의 비용절감 효과가 있으며, 특히 보험유통, 고객 서비스 등에서 큰 효과가 있는 것으로 분석하고 있다.

인터넷 보험상품의 등장은 보험산업의 패러다임을 변화시키고 있다. 보험이 고객을 찾아가「파는(selling) 상품」에서 고객에게「팔리는(bought) 상품」으로 바뀌고 있는 것이다.

1 │ 보험사 전자상거래

미국·일본 등에서도 보험사의 가상공간 활용은 기초수준에 머물고 있다. 보험정보 제공, 기(旣)계약 조회, 보험설계 등 기능이 제한된 홈페이지 수준이다. 따라서 세계 굴지의 보험사들은 상대적으로 뒤처진 가상공간에서의 영업력 확대를 위해 전력을 기울이고 있다. 미국의 보험시장 규모는 약 7,000억 달러로서 미국 국내총생산(GDP)의 10%에 달한다. 이 시장이 인터넷 비즈니스에 편입될 경우, 과도한 서류작업 및 보험설계사 등의 인건비로 연간 540억 달러를 지출하고 있는 보험업계에 막대한 비용절감 효과를 가져다 줄 것으로 예상된다. 하지만 보험업계는 사이버 보험을 통한 가입 유치 활동에 적극적으로 나서고 있지 않다. 이는 미국 내 보험사의 매출액 중 90%를 올리고 있는 보험설계사들의 반발을 고려해 사이버 보험업무에 소극적이기 때문이다. 이에 반해, 보험사 상품을 가상공간에서 판매하는 보험 쇼핑몰이 등장하고 있다. 기존의 대리점, 브로커 조직들이 보험사와 제휴해 보험 쇼핑몰을 운영하기 시작한 것이다.

보험업계의 소극적인 대응과는 달리 인스웹, 인슈어 마켓 등 인터넷 보험중개업체들은 역동적으로 사이버 보험사업을 추진 중이어서 대조적이다. 대표적인 인터넷 보험중개업체인 인스웹은 AIG, 하트퍼드생명, GE자동차보험, 메트로폴리탄생명 등 여러 보험사를 연계해 이들의 상품을 소개하고 즉석에서 가입할 수 있는 서비스를 제공하고 있다. 인스웹은 고객들이 웹 환경에서 보험에 직접 가입할 수 있도록 화재 · 자동차 · 생명 등 여러 보험을 분야별로 묶어 자사 사이트에 배치하는 한편, 보험사마다 다른 보험상품과 보험요율 정보를 제공하고 있다. 이 업체의 서비스 중 눈에 띄는 것은 고객이 자신의 소득 · 나이 · 재산상태 등을 인터넷상에서 기입할 경우 기입한 내용에 맞는 여러 보험업체의 상품 가격 및 약관 등을 실시간으로 파악할 수 있도록 한 것이다.

현재 미국에서는 인스웹과 같은 보험중개업체의 활동에 비해 개별 보험업체의 사이버 보험업무는 다소 미진한 실정이다.

연간 6,700억 달러에 달하는 미국의 보험시장은 은행과 전문 중개상들이 인터넷으로 보험상품을 재판매하면서 인터넷 보험시장이 41억 달러로 커졌다. 현재 인슈어마켓(www.insuremarket.com), 프로그레시브(www.progressive.com), 인스웹(www.insweb.com) 등의 인터넷 보험사들이 맹활약 중이다. 특히 2001년에는 자동차보험 계약의 50% 정도가 인터넷을 통해 이뤄질 것이라는 전망이다. 이들 보험중개 사이트는 보험 모집원들의 집요한 청에 부담을 느낄 필요 없이 저렴한 가격에 필요한 보험에 들 수 있다는 점 때문에 인기가 높다.

제너럴 아메리카 생명의 자회사인 제너럴 라이프는 세계 최초의 가상보험사다. 1995년 설립돼 인터넷만을 판매 채널로 특화해 보험상품을 판매하고 있다. 마케팅 핵심업무만 전담하고 상품개발·보전, 자산운용 등의 업무는 모회사 네트워크를 이용한다. 제너럴 라이프는 50세 이상의 고학력, 부유층을 목표시장으로 정기보험, 유니버설 보험, 연금 등을 판매하고 있다. 이 회사는 인터넷을 이용하면 보험설계사나 유선전화 등을 이용한 마케팅에 비해 비용이 적게 들고 상품정보를 고객들에게 쉽게 알릴 수 있다는 점에 착안했다. 제너럴 라이프는 15명이 가상공간에서 보험인수 업무를 하고 있다. 보험계약기간, 보장내용 등은 기존 상품과 별 차이가 없으나 보험

제너럴 라이프 홈페이지 : http://www.generalife.com

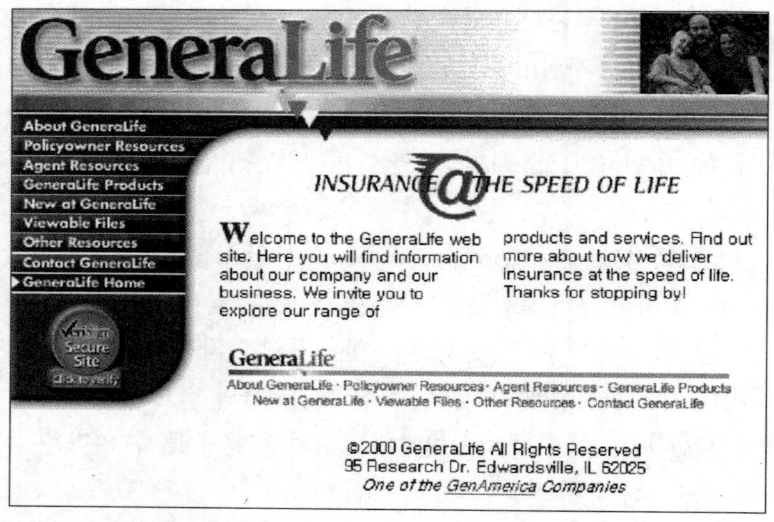

료는 10%나 저렴하다. 또 계약자 전용 홈페이지를 제공하고 있으며, 이를 통해 고객들은 계약조회를 비롯해 계약갱신, 고객정보변경 등을 직접 할 수 있다. 주요 판매 루트도 모두 인터넷 사이트에 옮겨놓았다. 은행·통신판매회사 등 기존 판매대행업체들이 이 회사의 웹사이트와 연결돼 있어 고객은 원하는 곳을 선택해 보험가입과 관련된 서비스를 받을 수 있다. 기존의 보험업무 및 판매활동을 인터넷으로 끌어들인 형태다. 제너럴 라이프는 현재 5,200여 개의 판매 대리점과 제휴를 맺고 있다. 보험청약 업무처리를 비롯해 고객심사 및 서비스, 기술개발, 자산운용 등 주요 업무도 아웃소싱에 의존하고 있다. 제너럴 라이프 본사에서는 기획업무만을 담당한다. 이를 통해 기존 보험사의 비용구조인 80 대 20의 고정비 대 변동비 비율을 정반대인 20 대 80으로 바꾼다는 방침이다.

보험업계 전망

인터넷 혁명이 보험산업을 송두리째 뒤바꾸고 있다.

자동차보험은 사이버 보험시장에서 가장 각축을 벌이고 있는 분야다. 운전자의 연령, 사고경험의 유무, 차종 등 크게 세 가지 요소로 보험료가 책정되기 때문에 여느 보험상품에 비해 상품을 단순화하기 쉽기 때문이다. 또 운전자라면 누구나 보험을 들어야 하는 것도 인터넷 자동차보험시장의 가능성을 한층 높게 해준다. 반면 자동차보험은 가장 보편화된 상품이라는 점에서 고객들이 보험사별 상품의 장단점을 쉽게 가려낼 수 있는 상품이다. 따라서 사이버 자동차보험시장의 성패는 가격(보험료와 보험금)에서 판가름날 수밖에 없다. 얼마나 저렴한 보험료로 많은 보험금을 탈 수 있는지가 사이버 보험사의 우열을 가릴 전망이다.

생명보험과 연금보험은 보험상품 중에서 고객이 「사는 상품」이 아니라 보험사가 「파는 상품」이라는 인식이 강해 사이버 보험회사의 진출이 어려운 분야로 꼽힌다. 이들 보험은 자동차보험에 비해 상품내용이 복잡하고 소비자들이 가입 필요성을 크게 느끼지 못하는 것이 사이버 판매의 최대 걸림돌이다. 이 분야에서 인터넷이 보험대리점이나 설계사들에게 큰 위협이 되지 못하는 것은 바로 이 때문이다. 또 자동차보험에 비해 보험료와 보험금의 액수가 훨씬 큰 것도 인터넷 판매가 취약한 이유다. 따라서 이 분야에서의 사이버 판매는 보험상품의 단순화와 다양화가 성패를 좌우할 전망이다. 보험료와 보험금의 액수가 크기 때문에 가격이 싼 인터넷의 강점이 먹혀들지 않을 가능성이 높다.

기존 보험업계의 IT 관련 투자가 대폭 확대되고 있다. IRG그룹의 조사에 따르면 프루덴셜은 매출액(1998년 270억 87만 달러)의 약 3.5%를 IT 분야에 지출하고 있다.

보험상품의 단순화도 진행될 것이다. 한편 기존의 오프라인 영업 채널인 기존 설계사와의 마찰로 여타 금융부문에 비해 사이버화가 늦어질 수도 있다.

새로운 점령군 전자상거래
—성공사례 : 베스트 바이

유통업만큼 인터넷의 영향을 직접적으로 받고 있는 분야도 없다. 전자상거래 시대의 개막을 알린 것도 유통업이다. 인터넷은 이른바 「중개자 제거」라는 새로운 패러다임으로 기존의 유통업을 공격하고 있다. 과거 소매점이나 중개업자들의 역할을 인터넷 쇼핑몰이 대체하고 있는 것이다.

1 대형 유통업체의 온라인화 — 온라인 매장 확보 경쟁

미국의 대형 소매체인들이 인터넷 기업과의 제휴를 통해 온라인화를 진행하고 있다. 이들 기업은 전통적인 매장을 통한 판매에 안주하지 않고, 5년 후에 약 2,000억 달러에 달할 것으로 예상되는 인터넷 소매판매시장에 속속 진출하고 있다.

폭발적으로 늘어나고 있는 전자상거래시대를 맞이해 지금까지 경쟁상대로 알려진 대형 유통업체와 인터넷 기업들의 생존을 위한 짝짓기가 활발한 것이다. 서로 힘을 합하지 않고서는 차세대 인터넷·온라인 이용 고객의 확보가 어렵다고 판단한 인터넷 회사와 전통적 매장 판매에 의존해오던 대형 유통업체들이 적대적 감정을 버리고 잇달아 연합을 시도하고 있다. 세계 최대의 유통업체인 월마트(Wal-Mart)와 미국 최대의 전자제품 유통업체인 베스트 바이(Best Buy)는 각각 인터넷 업체인 AOL, MS와 전략적 제휴를 맺었다. 대형 유통업체인 K마트도 1999년 12월 인터넷 포털 서비스 업체인 야후(Yahoo)와 온라인 매장을 공동 설치해 운영하기로 계약을 체결했다. 제휴의 구체적 내용에는 차이가 있을지 모르나 핵심은 같다. 아직 온라인을 이용하지 않고 있지만, 조만간 이용할 것이 확실시되는 미국인의 3분의 2에 달하는 고객을 확보하기 위한 것이다. 인터넷 회사는 유통업체의 고객에까지 자사의 고객기반을 넓히고 자신들의 웹사이트를 홍보하는 전략을 염두에 두고 있으며, 유통업체는 인터넷 업체의 기술을 활용해 사업영역을 온라인 상점에까지 확장하는 효과를 노리고 있다. 그러나 전통적인 유통업체들이 모두 이러한 고유영역의 경계를 초월한 마케팅(cross marketing) 열풍에 참가하고 있는 것은 아니다. 타깃(Target), 시어스(Sears), 로벅(Roebuck)과 같이 아직도 전통적인 마케팅을 고집하고 있는 유통업체도 많다. 대형 유통업체들이 인터넷 전자상거래에 참여하지 않는다고 해서 당장 사라질 것으로 볼 수는 없지만, 유통업체의 온라인 전략은 분명 전통적 매장만을 고집하고 있는 업체에 비해 전략적 우위를 갖고 있는 것은 틀림없다고 하겠다.

최근 인터넷 소매시장에 진출하거나 온라인 판매를 적극적으로 제고하고 있는 대형 소매체인 업체들로는 홈 디포(Home Depot), 데이턴(Dayton), 허드슨(Hudson Corp.), 마셜 필드(Marshall Field),

서킷 시티(Circuit City), 크레이트 & 배럴(Crate & Barrel), 토이저 러스(Toy 'Я' Us) 등이 있다. 아직까지 인터넷 소매판매는 전체 소매판매의 1%에 그치고 있지만, 포레스터 리서치의 추정에 따르면, 온라인 소매판매가 2004년까지 1,840억 달러에 달할 것으로 전망되는 등 온라인 소매시장이 계속 급격한 성장세를 보일 것으로 예상됨에 따라 대형 소매업체들도 온라인 소매시장을 선점하기 위해 인터넷 소매판매를 준비하고 있는 것이다.

2 │ 소매판매 시대 ─ 온라인 기업의 오프라인화

「인터넷위크스의 99기업현황(InternetWeek's 99 Transformation of Enterprise)」 조사결과 미국 소매상의 64%가 주요한 경쟁 무기로서 인터넷을 꼽고 있으며, 또한 60% 이상이 기업전략 수립에 정보통신기술의 역할이 더 커질 것으로 보고 있는 것으로 나타났다. 전문가들은 2000년에는 재래식 소매상과 온라인 소매상 간의 통합이 가속화될 것으로 점치고 있다. 즉 「웹 기반 이후(post-Web)」의 소매체제로서 소비자 데이터는 정보통신기술로 관리되나, 판매방식은 종래의 상점판매와 함께 인터넷을 통한 판매, 카탈로그 및 TV판매, 이동통신을 활용한 판매 등 다채널 소매판매 활동이 나타날 것으로 전망하고 있다.

3 │ 주목되는 BtoB 시장

하이테크 상품 위주에서 화학 · 에너지 · 운송 분야로 확대
인터넷 쇼핑몰의 빠른 성장에도 불구하고 전문가들은 「전자상거

래의 꽃은 기업 간 전자상거래인 BtoB」라고 말하고 있다. 2003년 예상되는 기업과 소비자 간 전자상거래 규모는 1,080억 달러로, 이는 월마트의 지난 1998년 한 해 매출에도 못 미치는 수준이다. 그러나 오는 2003년 기업과 기업 간 전자상거래 규모는 1조 3,000억 달러에 달해 인터넷 혁명을 주도할 것으로 전망된다.

인터넷 전자상거래라고 하면 서적, 음반, 컴퓨터 구입 등 소비자들을 상대로 한 전자상거래를 생각하기 쉽다. 그러나 인터넷 거래가 전자상거래의 한 형태로 자리를 잡아가면서 인터넷을 통한 기업 간 거래가 큰 폭으로 늘고 있는 추세다. 규모 면에서 보면 미국 시장에서 인터넷 전자상거래를 통한 소비자에 대한 판매는 1999년 200억 달러 내외에 이를 전망인 반면, 기업 간 거래는 1,000억 달러를 넘을 전망이다.

인터넷을 이용한 기업 간 거래에서 성공을 거두고 있는 대표적인 기업은 인텔이다. 1999년 예상수익 270억 달러 중 100억 달러를 인터넷을 통해 달성한 것으로 추정된다. 네트워크용 하드웨어 제조업체인 시스코 시스템사도 1999년 총 매출액의 80%인 90억 달러를 인터넷 전자거래를 통해 달성하여 기업 간 전자상거래 분야에서 앞선 기업으로 각광을 받고 있다.

이미 미국에는 각 산업별로 기업 간 전자상거래를 중계하는 전문 사이트들이 다수 활동하고 있다. 화학제품 분야를 취급하고 있는 켐커넥트(ChemConnect), 식품 원자재와 부자재를 중계하는 엑푸드(Ecfood), 발전관련 분야인 파워 온라인(Power Online) 등이 대표적인 예다. 현재는 컴퓨터와 하이테크 분야에서 기업 간 전자상거래가 활발히 이뤄지고 있으나, 앞으로는 화학·에너지·운송 등의 분야에서 인터넷을 통한 기업 간 거래가 하이테크 쪽을 앞지를 것으로 전망되고 있다.

4 │ 전자상거래 현황

전자상거래는 판매자와 구매자들을 인터넷을 통해 직접 연결시킴으로써 다양한 산업 분야의 유통방식을 혁신적으로 변모시키고 있다. 언스트 & 영(Ernst & Young) 보고에 따르면 미국 내 전체 가구의 7%가 인터넷을 통해 상품과 서비스를 구입하고 있으며, 닐슨 미디어 리서치(Nielsen Media Research) 발표로는 미국과 캐나다의 16세 이상 인구 중 인터넷 사용자 수는 7,900만 명이고 이 중 인터넷을 통해 상품 및 서비스를 구매하는 인구도 1년 전보다 36%가 증가한 2,000만 명 이상에 달한다. 전세계적으로 볼 때는 인터넷 사용 인구가 1998년 말 1억 명에서 2002년에는 3억 2,000만 명으로 늘어나고, 인터넷을 통해 상품을 구매하는 소비자도 1997년 1,800만 명에서 2002년에는 1억 2,800만 명으로 급증할 것으로 미국 시장조사기관인 IDC는 예상하고 있다.

IDC 발표에 따르면 전세계 인터넷 경제규모가 이미 2,000억 달러에 이르고 있으며, 2002년에는 9,500억 달러 이상에 달할 것으로 전망하고 있다. 미국기업들이 인터넷 관련 제품과 서비스에 투자하는 비용도 인터넷을 이용한 상품 및 서비스 매출규모가 1999년의 총 1,240억 달러에서 2002년에는 5,180억 달러로 급증할 것으로 전망된다. 시장조사기관인 포레스터 리서치의 예측에 따르면, 2002년까지 미국의 전자상거래 규모는 미국 전체 GDP의 2.3%에 달하는 3,270억 달러에 이르고, 2005년에는 미국 전체 GDP의 6%에 달할 것으로 전망되고 있다.

베스트 바이(www.bestbuy.com)는 가장 성공적으로 전자상거래를 하는 기업으로 꼽힌 미국 최대의 가전제품 유통 체인으로서, 최고경영자인 리처드 슐츠가 지난 1966년 미네소타에 설립했다.

슐츠는 오디오 제품을 파는 작은 가게에서 출발했다. 현재는 텍사스, 캘리포니아, 플로리다 등 중서부지역을 중심으로 38개 주에 300개 이상의 체인을 가동 중이다.

취급 품목도 컴퓨터 하드웨어, 소프트웨어, 주변기기와 가전제품을 망라하고 있다.

1985년 기업을 공개했으며 슐츠는 21%의 지분을 갖고 있다.

베스트 바이에게 전자상거래는 기존 체인영업과 절묘한 조화를 이루는 전략부문이 되고 있다. 저렴한 가격과 선택의 다양성을 마케팅 포인트로 삼고 있는 회사에게 전자상거래는 「다양한 비즈니스를 통합적으로 보여주고 색다른 쇼핑의 묘미를 제공하는 공간」으로 개념이 정립돼 있다. 구매, 광고, 연계판매 측면에서 전자상거래의 재미를 톡톡히 보고 있다.

2000년 2월 말까지 1999회계연도에서 회사는 매출 125억 달러(전년대비 24% 증가)와 순이익 3억 4,700만 달러(154% 증가)를 기록했다.

전자상거래를 통한 실적이 별도로 발표되지는 않았지만, 이 부분에 진출하면서 얻게 된 명성이 체인점에서의 매출증대로 이어졌다.

회사는 차제에 인터넷에서 확고부동한 지위를 구축한다는 전략에 따라, 1999년 4월 전자상거래부문의 총괄사장을 별도로 임명했다.

회사의 이 같은 노력은 이미 시장에서 인정받았다.

　　1998년 〈포천〉에 의해 투자자들에게 최고 수익(247%)을 안겨준 기업이라는 명예로운 타이틀을 얻은 것이다.

　　슐츠의 경영은 항상 공격적이었다.

　　1981년 태풍이 미네소타 로즈빌의 대형점포를 초토화하자 상품을 주위 모아, 「주차장 바겐세일」로 난관을 뚫었다는 유명한 일화가 있다.

― 유통업의 전자상거래 지속성장 전망 : 미국 소비자들의 전자
  상거래에 대한 만족도가 85%에 달하고 있다. 따라서 전자상거
  래 시장의 지속적인 성장이 예상된다.
― 전자상거래도 브랜드가 우선한다 : 인터넷 전자상거래가 일반
  소비자들에게 널리 확산되고 있는 추세이지만 유명 브랜드를
  찾는 경향이 높다. 아마존, 갭(Gap), e토이(eToy), e베이
  (eBay) 등과 같이 널리 알려진 사이트에 대한 신뢰도가 높다.
― 고객을 만족시켜야 살아남는다 : 인터넷 전자상거래는 이제
  더 이상 호기심의 대상이 아니다. 따라서 소비자들도 불편함
  에 대해 과거처럼 인내심을 보여주지 않는다.
― 다양한 상품, 새로운 상품을 다루는 곳을 찾는다 : 인터넷 전
  자상거래가 소비자들의 구매 형태로 자리를 잡아가면서 과거와
  같이 서적, 음반, 비디오, 컴퓨터에 국한된 구매에서 완구, 전자
  제품, 의류, 가구 및 주택관련 용품 등으로 다양해지고 있다.

미국의 전자상거래는 지구상 모든 나라에서 이뤄지는 전자상거
래의 79%를 차지할 정도로 압도적이다. 이는 컴퓨터의 보급이 전
체 가구의 40%에 이를 만큼 폭넓게 이뤄졌다는 점과 주식시장에서
조달한 자금을 통해 업체 스스로도 시장을 넓히기 위해 많은 투자
를 하기 때문이다. 더구나 미국 정부는 영국과 달리 전자상거래로
거래되는 상품에는 별다른 세금을 매기지 않고 있다.

국내 전자상거래 어디까지 왔나

 # 출발점에 선 인터넷 뱅킹

금융 분야만큼 인터넷 가상공간에 잘 맞는 분야는 없다. 국내 은행 대부분은 1999년 7월 이후 인터넷 뱅킹을 도입하기 시작, 전자 금융을 서둘러 첨단화하고 있다. 특히 구조조정과정에서 직원 수가 대폭 줄면서, 인터넷 뱅킹, 자동응답 시스템(ARS), 비디오 텍스, ATM, 판매점단말기(POS) 등 이른바 「신채널」에 대한 관심이 한층 높아지고 있다. 인터넷 뱅킹은 폰 뱅킹, PC 뱅킹 등과 함께 지점 설치, 영업시간 외 영업 등 공간적·시간적 제약을 뛰어넘는 획기적인 금융경로로 부상하고 있다. 앞으로 고객을 상대하는 점포는 더욱 줄어들고, 가상공간상의 점포와 고객접촉이 증가할 전망이다.

1 국내 은행, 인터넷 뱅킹 수세적 도입

1999년 7월 인터넷 뱅킹이 국내 은행에 처음 도입된 이후, 대부분의 국내 은행들이 비슷한 속도로 인터넷 뱅킹을 활성화하고 있으나, 아직까지는 도입 초기로 인터넷의 장점을 살린 공격적인 마케팅에 나서고 있는 은행은 눈에 띄지 않고 있다. 국내 은행들의 경우 전산 시스템의 개선에는 적극적이나, 상품개발이나 서비스 개발 면에서는 아직 기대에 못 미치는 것이 현실이다. 인터넷 뱅킹의 장점을 살려 절감된 비용을 고객에게 돌려주는 등의 노력이 미흡한 실정이다. 또한 인터넷 뱅킹의 장점인 시간외 영업 등에는 아직도 소극적인 태도를 보이고 있다. 실제로, 현재 대부분의 국내 은행들이 인터넷 뱅킹 영업시간을 ATM단말기와 같은 영업시간으로 제한하고 있는 것이 이러한 사례 중 하나다.

그러나 IMF 이후 은행들이 구조조정 등에 많은 노력을 기울인 점 등을 감안하면, 국내 은행들의 인터넷 뱅킹 서비스 경쟁은 2000년부터 본격화될 것으로 전망된다.

2 │ 인터넷 대출 — 고객의 탈점포화

1999년 국내 은행권에서 처음 선보인 「인터넷 대출」이 큰 호응을 얻고 있다. 인터넷 대출은 낮은 금리, 대출의 편리성 등을 무기로 기존의 영업방식에 큰 변화를 몰고 오고 있다. 도입된 지 6개월 만인 1999년 말, 일부 은행에서 인터넷 대출이 영업점 대출을 앞지른 사례도 나타나고 있다. 이처럼 인터넷 대출이 활성화되는 배경에는 비교적 낮은 금리와 그 동안 대출을 받기 위해서는 여러 번 은행 문턱을 넘어야 하는 등의 불편함을 해소하는 데 인터넷 뱅킹이 큰 역할을 담당하고 있기 때문이다. 인터넷 대출뿐 아니라 잔액조회·예금이체 등을 이용하는 사례도 급증하고 있다. 이와 같이 인터넷 대출이 증가함에 따라 국내 은행들은 본격적으로 소비자 금융시대에 대비하는 등 서비스 확대에 열을 올리고 있다.

이러한 인터넷 뱅킹의 활성화는 전자상거래의 핵심 선결과제인 요금결제 수단의 확대에 부수적으로 기여하는 긍정적인 측면이 있다.

3 정보기술 역량이 은행경쟁력 좌우

국내 은행들은 대부분 전산 분야에 많은 투자를 하고 있다. 앞으로 정보기술(IT) 역량이 향후 은행 경쟁력의 핵심이라는 판단에서다. 상품개발, 마케팅, 수익관리, 나아가 경영전략 수립까지 은행 업무 중 IT와 관련되지 않은 부분이 없다. 특히 인터넷 뱅킹을 비롯해 전자금융이 은행의 핵심영업 채널로 부상하면서 IT 역량은 은행의 「생존」을 좌우하는 핵심 분야가 되고 있다.

특히 2000년부터는 금융감독원이 금융회사들의 IT에 대한 특별 검사를 실시할 예정이어서, 이러한 경향을 더욱 촉진할 전망이다. 이에 따르면, 대형 금융회사들은 IT부문을 관장할 전담임원(CIO)을 둬야 한다. 금융감독원은 인터넷 뱅킹, PC 뱅킹, 폰 뱅킹 등 전자금융이 급속히 확산됨에 따라, 금융회사의 IT부문에 대한 경영실태평가를 실시할 예정이다. 금융감독원은 전자금융의 의존도가 높아진 만큼 리스크도 커졌다고 보고 은행·보험·증권 등 대형사들에는 CIO를 두어 관리토록 유도키로 했다. 현재 국내 은행의 경우 창구직원을 통한 거래가 25%에 불과하고 나머지는 자동화기기(CD, ATM), 금융공동망 등으로 이뤄지고 있다.

이에 따라 국내 은행들은 정보기술 분야의 투자액을 대폭 확대하고 있다. 정보기술 역량이 은행의 생존을 좌우할 것이기 때문이다.

국민·조흥·주택·한빛은행의 경우 2000년도 전산 분야 투자액이 1,000억 원을 넘는다. 주택은행이 1,605억 8,000만 원으로 최고. 2000년도 전체 예산의 18%를 차지한다. 주택은행은 1999년에도 940억 원을 투자했다. 콜센터 구축, 창구개편 등 많은 변화를 시도했던 주택은행은 2000년에는 독자적인 인터넷 뱅킹과 신용카드 시스템을 구축할 계획이며, 인터넷 부동산업에도 진출할 방침이다. 국내은행 중 한 발 앞선 전산 시스템을 자랑해온 국민은행도 2000년에는 최적의 전산정보 인프라와 인터넷 뱅킹 시스템을 갖춘다는 목표 아래 1,285억 원을 투자하기로 했다. 1999년 구 한일과 상업은행의 전산 시스템 통합작업에 매달려 본격적인 IT사업을 미뤄왔던 한빛은행도 2000년부터는 본격적인 신시스템 구축에 나설 계획이다. 마찬가지로 강원·충북은행 등과의 전산통합에 많은 힘을 쏟았던 조흥은행도 2000년에는 1,472억 원을 들여 독자적인 신용카드 시스템, 통합 리스크 관리 시스템 등을 구축할 예정이다. 새 경영진이 선임된 제일은행도 공격적인 전산 분야 투자가 이뤄질 전망이다. 이 밖에 신한·외환은행과 농협 등도 독자적인 인터넷 뱅킹 시스템을 가동한다는 계획 아래 대규모 투자를 계획 중이다.

4 타업종과의 업무제휴 확대

전자금융의 활성화와 각종 규제가 철폐됨에 따라 금융업종은 점점 고유 업무영역이 파괴돼가고 있다. 이에 대응하여 국내 각 은행들도 제2금융권 및 비금융기관과 경쟁적으로 업무제휴를 맺고 있다. 주택은행은 동부·대신·동원·교보증권과 업무제휴를 맺고 증권계좌 개설 대행 등 증권연계 서비스를 실시하고 있다. 신한은행은 신한증권, 조흥은행은 조흥·세종증권 등과 제휴 서비스를 제공 중이다. 주택은행의 경우 증권사 매매수수료의 10%가량을 배분받고 있다. 이 밖에 평화은행을 비롯한 대부분의 은행들이 앞다퉈 인터넷 관련업체와의 업무제휴를 맺고 있다. 이러한 업무제휴는 고객 채널 다변화뿐만 아니라, 수수료 수입을 발굴한다는 측면에서도 더욱 활발하게 진행될 것이다. 특히 2000년 1월 17일 금융감독원이 핵심업무를 제외한 부가업무에 대해 금융기관 간 업무장벽 완화조치를 내림에 따라 이러한 추세는 더욱 본격화할 전망이다.

5 │ 금융겸업화 — 인터넷이 촉진

국내 금융환경 역시 급변하고 있다. 바로 겸업화, 사이버화의 경향이다. 21세기는 겸업화의 시대다. 겸업화는 현재도 급속히 진전되고 있다. 은행에서 뮤추얼 펀드, 수익증권 판매 등 기존 증권·투신업무를 하고 있고, 증권사들은 인수·중개업무를 통해 기업들의 대출수요에 응하고 있다. 이러한 겸업화가 사이버화 경향과 합해질 때 무서운 파괴력을 발휘할 수 있다. 지금도 원스톱 서비스, 원스톱 쇼핑이 유행하고 있지만, 21세기에는 인터넷상에서 모든 금융거래가 가능한 시대가 된다. 주식거래도 하고, 수익증권 등 금융상품도 사면서, 대출이나 예금·계좌이체·자동차보험 등 보험상품 가입, 랩 어카운트를 통한 모든 자산관리, 나아가 홈쇼핑 등이 모두 사이버상의 한 공간에서 가능한 시대가 될 것이다. 결국 인터넷화가 진전됨에 따라 금융기관이 더 이상 전통적인 의미에서의 금융기관이 아닌, 새로운 형태의 금융기관으로 변모하게 될 것이다. 겸업화, 금융기관 간 전략적 제휴가 급진전되면서 금융기관이 인터넷상에서 원스톱 금융정보와 서비스를 제공하는 정보제공업자

국민은행	대신, 국민투신운용 등 12개 투신사	증권연계계좌 개설, 주식대금 입출금, 수익증권과 뮤추얼 펀드 판매
	동양화재	암보험(암 진단 확정되면 보험금 지급)
	동부화재	참스승 배상 책임보험
신한은행	신한증권	인터넷 전자상거래, 증권거래저축 예금
조흥은행	현대증권, 대한투신	포괄적 업무제휴, 주식대금입출금, 자산운용, 공동상품 개발, 공동 마케팅
	삼성화재	물가연동형 예금상품 공동개발
	한국종합기술금융	벤처기업 지원 협력, 사이버 증권업, 자산운용업 등 공동 진출
	삼성물산	인터넷 뱅킹 및 쇼핑몰 사업
	인터파크	인터넷 뱅킹 및 쇼핑몰 사업, 사이버 금융 서비스 확대
한빛은행	삼성, LG, 한빛증권	사이버 증권 투자전용 통장 개설, 인터넷과 ARS를 이용한 증권거래, 공동상품 개발 및 공동 마케팅
	제일화재	암치료보험(만료)
	삼성물산	인터넷 통장 및 쇼핑몰 사업
주택은행	ING생명	상품공동개발, 공동판매, 인터넷 공동 마케팅
	삼성화재	손해보험업무 포괄적 제휴
	교보, 대신, 동부, 동원증권	증권계좌 개설 대행
	한솔 CSN	인터넷 전자상거래 전략적 제휴

하나은행	미래에셋	뮤추얼 펀드 상품의 은행창구 판매
	동부화재	휴일상해보험
	삼성화재	밀레니엄 눈 상금보험(금강산 무료관광)
	LG캐피탈	체크카드 사업을 공동으로 운영
	한솔CSN	인터넷 상거래 전략적 제휴
한미은행	대신, 한빛, 유화증권	증권연계계좌 개설, 주식대금 입출금
	삼성투신운용	수익증권, 뮤추얼 펀드 판매
	우체국	우체국 점포를 이용한 입·출금 서비스 제공
	상호신용금고	신용금고 고객에게 타행환 등 각종 서비스 제공
	제일제당, 후지제록스	구매전용 신용카드 사업
	신세계, 한화유통	카드업무 제휴
	한국통신하이텔	PC 뱅킹 등 업무제휴
	삼성전자	휴대폰 인터넷 뱅킹 제휴
	39쇼핑	인터넷 뱅킹 및 사이버 쇼핑몰 사업
	라이코스코리아	인터넷 사업 공동 마케팅을 위한 업무제휴
평화은행	한화증권	포괄적 업무제휴, 주식대금 입출금, 자산운용, 공동상품 개발, 공동 마케팅
	동양화재	학교폭력 지킴이 보험
	제일화재	휴일교통상해보험, 카드 패키지 보험
	LG화재	휴일상해, 취업상해, 과로사보험
	라이코스코리아	인터넷 뱅킹
	T.E.N	인터넷 부동산 정보 서비스, 인터넷을 통한 부동산 담보대출

(information provider : IP)로 변신하게 되는 것이다.

6 | 한국의 전자금융 대응

국내 전자금융은 아직 걸음마 단계다. 한국은 IMF 관리체제를 몰고 온 금융부실과 외환위기 등의 문제해결이 시급했기 때문에, 새 천년을 대비한 전자금융 인프라 확충에 신경 쓸 틈이 없었다. 물론 1990년대 들어 전자화폐 등에 대한 준비와 연구가 꾸준히 추진되고 있다. IC카드를 주민등록증에 적용하려는 시도가 그 대표적인 예였다. 정부는 미래의 전자상거래 정보보호 등 전자금융의 핵심요소인 IC카드 산업을 키우기 위해 1998년 1월 산·학·연 전문가들이 참여하는 전자카드 전담반을 구성했다. 이를 통해「전자카드 활용방안」을 세워 본격적인 전자금융 시대를 열기 위해 노력하고 있다. 은행을 중심으로 대부분의 개별 금융기관들도 프로젝트팀을 구성해 21세기 전자금융시대를 대비하고 있으며, 일부 기관은 이미 상당한 진전을 보이고 있다.

7 | 금융개혁의 핵심은 전자금융 시스템 도입

많은 선진국들이 전자금융을 21세기 핵심산업으로 지목하고, 국가적 차원의 지원을 아끼지 않고 있다. 경제전문가들은 1990년대 들어 장기 호황을 누리고 있는 미국의 성장 원동력으로 두 가지를 꼽는다. 첫째가 성공적인 구조조정으로 벤처산업을 적극 육성했다는 점, 두번째가 바로 최첨단 기술로 한 발 앞서 나가는 금융산업을 든다. 미국은 이미 1990년대 초부터 금융업계의 주간(州間)영업을 허용하고 업종 간 영역을 허무는 등의 개혁을 추진해왔다. 이런 노력의 결실로 현재 미국은 국제금융계의 최강자로 군림하게 되었으며, 이를 바탕으로 세계경제를 주도하고 있다. 미국 금융개혁의 핵심은 전자금융 시스템의 도입이다.

정부 차원의 과감한 인프라 지원에 민간기업 스스로의 투자와 노력이 시너지 효과를 창출해 성장 엔진 역할을 톡톡히 해낸 것이다. 미국은 전자금융에서 가장 앞서가는 나라 중 하나다. 지난 1994년에 이미 인터넷 은행이 등장했다. 당시 인터넷 은행은 20여 개에 불과했으나, 1997년엔 2,000개를 넘어섰다. 인터넷을 이용한 전자금융의 폭발적인 증가는 편리하고 비용이 저렴하다는 강점 때문이다.

이와 같이 2000년대 금융권의 화두인 전자금융을 국가경쟁력의 원천으로 만드는 일은 개개 금융기관의 노력만으로는 벅차다. 전자금융은 기술과 전문인력 확보를 위한 대규모 초기 투자가 이뤄져야 하기 때문이다. 따라서 민간금융기관들은 무리한 개별 투자보다 공동투자 등의 방법을 찾아야 한다. 또 전자금융의 기본 인프라를 먼저 조성하기 위한 국가적인 차원의 지원이 절실하다. 요즘처럼 세계화가 급속히 진행되고 업종구분이 파괴되고 있는 상황에서는 금융산업 전체를 아우를 수 있는 신금융 시스템이 필요하기 때문이다. 전자금융의 표준화 문제도 간과해서는 안 된다. 이를 무시하면 전자금융은 반쪽 기능밖에 할 수 없게 될 것이다.

유망기업 ┃ 주택은행(http://www.hcb.co.kr)

그 동안 소비자 금융을 주도해온 주택은행은 「세계일류 소매은행」을 지향하고 있다. 주택금융, 개인대출, 신용카드, 자산관리, 생

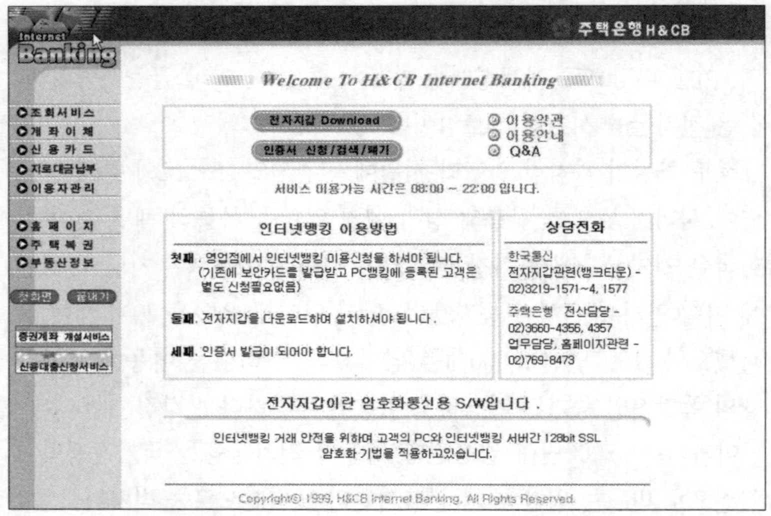

명보험, 연금, 중소기업 대출 등에 특화된 금융 서비스를 제공함으로써 현재 1.0%인 자산수익률(ROA)을 오는 2004년에는 1.5%대로 끌어올린다는 목표를 세우고 있다. 2004년 총자산 규모는 88조 6,000억 원으로 잡고 있다.

이 은행이 추구하는 핵심역량은 리스크 관리, 성과관리, 세일즈와 마케팅, 정보기술 등이다. 주택은행은 핵심역량의 지속적인 강화를 통해 더 이상「주택전문은행」으로서가 아니라,「세계일류 소매은행」으로 도약한다는 전략을 세우고 있다.

국내은행 중 가장 많은 금액을 전자금융에 투자하고 있는 주택은행은 소비자금융이 본격화되는 인터넷 뱅킹 시대에 가장 적합한 사업영역을 이미 구축하고 있어, 여타 은행들에 비해 일단 유리한 고지를 점하고 있다. 이러한 장점을 활용해 아파트 담보대출도 인터

넷으로 신청할 수 있도록 했으며, 인터넷 홈페이지에 「아파트 종합
정보」를 개설해 서비스 중에 있다. 아파트 종합정보에는 아파트 매
매가격, 전세가격 등 시세정보는 물론 담보대출 가능금액까지도 조
회할 수 있다. 또한 주택복권과 또또복권을 인터넷을 통해 판매하
는 인터넷 복권판매 코너도 제공하고 있다.

주택은행은 동부증권, 교보증권, 동원증권, 대신증권 등 국내 13
개 증권사와 계좌개설 제휴를 맺고 계좌개설을 해주는 대가로 증권
사 매매수수료의 10%를 수수료로 챙기고 있으며, 인터넷의 도입과
함께 최근 금융업의 추세인 방카슈랑스(은행업＋보험업) 진출에도
가장 발빠르게 움직이고 있다. 1999년 ING생명 자본을 유치하는
한편, 2000년부터는 ING생명보험상품을 지점에서 판매하고 있다.

2000년부터는 기존의 주택금융 이외에도 자동차 할부금대출 등
소비자금융시장 공략을 더욱 강화하고 있다. 현대캐피탈, 삼성캐피
탈 등과 소비자금융에 대한 포괄적 업무제휴협약을 체결하고 자동
차·주택뿐 아니라 모든 내구소비재 구입고객을 대상으로 다양한
신상품을 공동 개발한다는 계획을 갖고 있다.

2000년부터 본격화되는 주택금융시장에서의 독점적 지위 붕괴
등에 대비하고 있는 주택은행은 1999년 11월부터 기존 주택청약팀
을 부동산정보팀으로 바꿔 부동산 및 아파트청약과 관련된 정보제
공 서비스를 강화하고 있다. 주택청약제도의 변경으로 청약예금업
무를 취급하는 은행이 늘어남에 따라 차별화된 부동산정보 서비스
제공을 통해 주택금융시장에서의 우위를 지켜나가겠다는 전략이
다. 부동산정보팀은 기존의 청약관련 업무 외에 인터넷 홈페이지를
통한 부동산정보 서비스, 부동산중개 서비스, 각종 부가 서비스와
조사연구 등의 업무를 종합적으로 맡게 된다. 인터넷 홈페이지를

통해 제공 중인 청약제도, 분양정보, 당첨자 발표, 경매정보 등 기존 서비스를 확대하는 한편, 부동산 뉴스, 사이버 모델하우스, 인테리어, 주택개조 등에 대한 정보도 제공할 계획이다.

「서민층 위주의 주택금융기관」에서 「선진금융 시스템을 갖춘 소매 전문은행」으로 재탄생하겠다는 목표를 갖고 있는 주택은행의 향후 전망이 주목된다. 명실상부한 국내 리딩 뱅크로의 재탄생이 기대된다.

사이버 트레이딩이 지배한다

　국내 증권업계는 1999년 말 기준, 사이버 트레이딩이 이미 전체 거래액의 30%를 넘어섰으며, 이러한 추세로 볼 때 인터넷 보급 확산과 더불어 사이버 트레이딩 비중이 2003년까지는 90% 이상으로 증가할 것으로 전망된다. 특히 2000년 초부터 선보일 「사이버 전문 증권사」의 등장으로, 기존 사이버 트레이딩 시장의 경쟁은 더욱 치열해질 것으로 보인다. 이에 따라 증권사마다 수수료율을 인하하고, 부대 서비스를 늘리는 등 사이버 트레이딩 시장을 선점하기 위한 경쟁이 본격화되고 있다. 더욱이 현재까지는 금융 및 기업 구조조정이 정부 주도로 추진되었으나, 앞으로는 자율적인 시장기능을 통해 이루어져야 한다는 점을 고려하면, 효율적인 증권시장 구축과 함께 각 증권사들의 서비스 확대 및 이를 통한 경쟁력 확보가 매우 시급한 사안이라 하겠다.

<u>1</u> 사이버 트레이딩 경쟁 본격화

사이버 트레이딩의 키워드는 편리성과 경비절감으로 요약할 수 있다.

인터넷과 PC를 통해 주식을 사고 파는 사이버 트레이딩의 월간 거래규모가 1999년 4월 100조 원을 돌파했으며, 다시 11월에는 200조 원을 돌파했다. 1999년 초만 해도 주식거래 전체에 대한 비중이 5%를 밑돌았으나, 11월에는 37%까지 늘어났고 2000년에는 50%를 넘어설 전망이다(이러한 수치는 기존 사이버 주식거래 1위 국가인 미국의 30%를 상회하는 것이다). 국내 일부 대형증권사의 사이버 증권거래 비중은 이미 60%를 넘어섰다.

증권사들은 시장을 선점하기 위해 일반 거래수수료(평균 0.5%)의 5분의 1 수준(평균 0.1%)으로 사이버 거래수수료를 인하했으며, 2000년 초부터 선보이는 사이버 전문증권회사의 등장으로 수수료 인하 경쟁은 더욱 가속화될 전망이다. 이러한 사이버 트레이딩의 활성화는 「데이 트레이딩(day trading)」이라는 새로운 투자기법까지 양산하며 증권업계에 새로운 패러다임을 요구하고 있다.

사이버 거래가 급증한 배경으로, 증권사들의 수수료율 인하경쟁과 상대적으로 뛰어난 정보통신 인프라를 지적할 수 있다. 사이버 트레이딩 수수료율의 인하로 주식을 산 뒤 당일 장중에 되팔아 초단기 시세차익을 노리는 데이 트레이딩이 새로운 투자전략으로 자리잡으면서, 현재 하루 거래량의 20% 이상을 차지하고 있다. 증권사들 역시 사이버 거래 이용자들의 편의를 대폭 강화하고 있어, 2000년에는 사이버 트레이딩 비중이 전체 거래 규모의 50%를 넘어설 것으로 전망된다.

2 │ 사이버 트레이딩 수수료 인하 경쟁

증권사들의 사이버 트레이딩 수수료율 인하경쟁이 가속화됨에 따라, 수수료율이 기존의 10분의 1 수준까지 낮춰질 것이라는 전망도 제기되고 있다. 사이버 세대의 성장과 더불어 사이버 트레이딩의 높은 회전율을 감안할 때 사이버 트레이딩이 향후 증권거래의 50% 이상을 차지할 것으로 예상되며, 수수료율 인하경쟁은 「사이버 전문증권회사」의 출범과 함께 더욱 가속화돼, 사이버 트레이딩 수수료율이 기존 일반 매매수수료의 10분의 1 수준까지 떨어질 가능성이 있다. LG증권과 동원증권이 「사이버 전문증권회사」 설립을 위해 미국계 사이버 트레이딩 전문회사인 E*트레이드와 합작증권사 또는 사이버 증권 자회사의 설립을 각각 추진하고 있는 등 10여개 회사가 「사이버 전문증권회사」 설립을 준비 중이다. 2000년부터 활동할 사이버 전문증권사들은 0.03% 이하에서 수수료를 책정할

국내 증권사별 사이버 트레이딩 수수료 현황 (2000년 1월 기준)

증권사	거래소 시장	코스닥
교보증권	0.1%	0.1%
동부증권	0.05~0.1%	0.05~0.1%
대신증권	0.1~0.15%	0.1~0.15%
대유리젠트증권	0.1%	0.1%
삼성증권	0.1~0.18%	0.1~0.18%
세종증권	0.1%	0.1%
한빛증권	0.1%	0.1%
현대증권	0.09%	0.23%
조흥증권	0.1%	0.1%

움직임이어서, 수수료 인하 경쟁은 더욱 치열해질 전망이다.

3 서비스 무한경쟁 — 사이버 트레이딩이 촉매

사이버 거래가 활성화되면서 증권사 간 서비스 경쟁은 날로 치열해지고 있다. 서비스 경쟁은 이미 「객장」이라는 한정된 공간을 떠났다. 고객의 집으로 증권사 직원이 달려가고 있다. 통신비용도 대신 내준다. PC도 공짜로 빌려주는 등 서비스 영역은 날로 확대되는 추세다. 삼성증권에는 일명 「PC수리센터」가 있다. 고객들의 PC가 고장났을 때, 출동할 수 있도록 수리요원이 항상 대기하고 있다. 고객들이 사용방법을 잘 모를 경우에도 찾아가 도움을 준다. PC를 점검하는 것은 기본이고 웬만한 고장은 그 자리에서 고쳐준다. 물론 이 때 사이버 트레이딩에 대한 교육도 함께 실시한다. 사이버 거래고객을 자연히 확보할 수 있다. 한양증권도 PC서비스로 톡톡히 재미를 보고 있다. 한양증권이 도입한 제도는 PC임대제도. 사이버 트레이딩을 원하는 고객에게 PC를 빌려주고 있다. 6개월마다 업그레이드해주고 설치비용도 받지 않는다. 하드웨어만 서비스 대상이 아니다. 한일증권의 경우 고객의 집에다 전용회선을 깔아주고 있다. 전화선을 이용할 경우 체증에 걸리면 접속시간이 늦어지는 단점이 있어, 신속한 거래를 위해 시스템을 갖춰주고 있는 것이다. 신한증권의 서비스는 조금 다르다. 사이버 거래고객의 집을 찾아 시스템을 깔아주고 계좌까지 터준다. 사이버 거래 요령을 전파하는 것도 이 때다. 거래금액이 아무리 작아도 서비스 대상이 된다. 부국증권은 아예 사이버 트레이딩용 프로그램을 깔아주는 전문요원을 채용했다. 직접 금전적인 혜택을 주는 경우도 많다. 대우증권의 경우 사이버 고객 중 PC통신 천리안에 가입하는 사람에게는 가입비를 대신 내주고 있다. 1개월 간 사용료도 부담해준다. 한양증권도 채널아이에 가입할 때, 가입비와 1개월 사용료를 대신 내준다. 10% 싼 이용료로 사용할 수 있도록 다각적인 배려도 하고 있다. PC와 함께 사이버 트레이딩의 주종을 이루는 무선단말기도 주요 서비스 대상이다. 한양증권·세종증권·신한증권 등을 찾아가면 무선으로 주식매매를 할 수 있는 단말기를 공짜로 얻을 수 있다. 이들 회사는 약정고가 1,000만 원 이상인 고객에게 단말기를 무료로 나눠주고 있다. 유화증권도 단말기를 무료로 지급하는 방안을 검토 중이다. LG증권은 PC방을 증권사 객장으로 만들었다. 전국 440여 개의 PC방과 제휴해 사이버 매매를 실시토록 한 것이다. 또 휴대폰으로 거래체결 여부나 매매내역 등을 문자 서비스하고 있다. 대우증권은 휴대폰뿐 아니라 호출기·팩스·전자우편 등을 통해 고객이 요청한 정보를 제공하고 있다. 서비스가 꼭 사이버 쪽에만 국한된 것은 아니다. 대우증권은 주택은행·제일은행·외환은행과 업무제휴를 맺고 다양한 서비스를 제공하고 있다. 고객이 대우증권 계좌에서 이들 은행으로 돈을 보내거나 반대로 이들 은행계좌에서 돈을 빼 증권계좌에 넣을 때 수수료를 받지 않는다. 현대증권은 거래고객이 어느 은행으로 돈을 옮기려 할 경우 수수료를 받지 않는다. 교보증권은 전자우편을 등록한 사람에게 매일 투자정보를 보내주고 있다. 부국증권은 신용거래의 경우 9일 이내에 돈을 갚으면 이자를 내지 않도록 했다. 굿모닝증권은 기존 지점을 고객이 편리하게 이용할 수 있도록 전면 개조했다. 투자자의 비밀을 보호하고 객장 내 이동선을 최소화하는 등 철저히 고객의 위치에서 매장을 뜯어고친 것이다.

국내 증권업계는 앞으로 서비스 경쟁이 더욱더 치열해질 것이다.

상품의 종류가 다양해지고 투자층도 사이버 거래에 익숙한 젊은 층이 늘고 있어 서비스의 중요성이 높아지고 있는 것이다. 특히 사이버 트레이딩의 활성화에 따라 고객이 스스로 선택할 수 있는 폭을 넓힐 수 있도록, 신속하고 편리한 서비스를 제공하는 업체만이 고객유치에 성공할 수 있을 것이다.

용어설명

• **사이버 트레이딩** : 영업점을 통하지 않고 인터넷, PC통신, 전화(ARS), 무선단말기 등의 전자통신 매체를 이용해 증권매매주문 수탁 및 이체, 금융상품 등을 운용하며, 매매체결정보, 계좌정보, 투자정보를 제공하는 등 증권전반의 업무를 수행하는 것을 말한다. 투자자가 직접 창구를 찾아가거나 전화로 영업점 직원에게 매매 주문을 내는 이전의 방법과는 전혀 다른 차원의 거래방식이다. 시간적으로나 지리적으로 증권거래를 하는 데 제약을 받는 고객들의 욕구를 충족시키기 위한 새로운 거래형태라고 할 수 있다. 특히 인터넷을 이용하는 경우, 전세계 어느 회사든 사이버 거래를 할 수 있다. 지방이나 해외로 출장 중일 때도 보유 중인 주식이나 계좌에 대해 걱정할 필요가 없다. 기존의 주식매매 시스템은 영업점과의 관계가 필수 요소였으나, 사이버 트레이딩 시스템은 계좌를 개설할 경우에만 영업점을 방문하면 된다. 그 밖에 매매주식 선정, 시세조회, 주문 등을 모두 PC통신이나 인터넷을 이용해 투자자가 직접 할 수 있다. 매매주식을 선택할 때나 매매 타이밍을 결정할 때는 투자자 개인의 판단기준에 따라 사이버 공간에서 제공되는 여러 가지 정보를 종합해 정확하고 올바른 투자를 할 수 있다.

• 데이 트레이딩 : 분 단위로 주가 움직임을 포착해 차익을 남기는 기법으로, 주식 보유에 따른 투자위험을 짧게 해 안전하게 투자하는 기법으로 박스권 안에서 목표 가격을 정해 주문을 낸다는 점에서 주가지수선물 매매기법과 비슷하다. 실적과 무관한 투자가 이루어져 증시에 교란요인이 될 수도 있다. 1999년 말 증권거래소가 분석한 자료에 따르면, 이런 초단기 매매가 거래대금 기준으로 전체 거래량의 20%를 넘어선 것으로 나타났다. 데이 트레이딩은 사이버 트레이딩 활성화와 함께 동전의 앞뒷면과 같은 역할을 하고 있다.

4 │ 증권업계 제휴 붐

주식열풍이 불면서 국내 은행들이 증권사 및 투신사와 제휴, 증권계좌를 개설해주거나 수익증권을 판매해주는 증권 서비스 업무를 대폭 확대하고 있다. 증권사도 고객 서비스 확대 측면에서 은행과의 제휴에 적극적이다. 현재 증권계좌 개설대행 서비스를 제공하는 은행들을 보자. 신한은행의 경우 증권거래저축예금에 가입하면, 자동으로 신한증권에 연계해준다. 주식을 사고 파는 데 따른 결제대금이 은행계좌를 통해 증권계좌로 자동이체된다. 2%의 약정이율을 보장하며 최초 가입금액은 500만 원 이상이다. 주택은행도 교보·대신·동부·동원증권 등 제휴증권사의 신규계좌를 개설해주고 있다. 가입자는 협력증권사 인터넷 홈페이지를 이용해 매매주문을 직접 내거나 해당 증권사에 전화를 걸어 용무를 처리할 수 있다. 제일은행은 고객들이 일반 입출금 계좌를 개설하면서, 으뜸증권 서비스를 신청하면 일은증권에 증권계좌를 틀 수 있도록 서비스하고

있다. 전화주문은 물론 인터넷 뱅킹과 일은증권의 사이버 트레이딩
이 동시에 가능하다. 한빛은행은 삼성·LG·한빛증권과 제휴를 맺
고, 고객들에게 사이버 증권 투자전용통장을 개설해주고 있다. 인
터넷이나 ARS를 이용해 증권거래가 가능하다. 하나은행은 하나증
권과 동원증권에 증권계좌를 개설해주며, 가입자는 인터넷을 통한
공모주청약도 가능하다. 한미은행은 한빛증권, 조흥은행은 세종증
권, 평화은행은 한화·유화증권과 각각 업무제휴를 맺고 증권계좌
개설을 대행해주고 있다. 또 증권사와 투신사에 직접 가지 않아도
은행을 통해 뮤추얼 펀드(주식형 수익증권 포함)를 살 수 있다.

5 │ 승부는 사이버 트레이딩

미국의 사이버 트레이딩 시장이 기존 종합증권회사의 틈새시장
으로 성장한 것과는 달리, 국내 증권시장은 기존의 모든 증권사들
이 사이버 증권업무에 적극적으로 진출하여 성장했다. 국내 전체
사이버 트레이딩 시장에서 10대 증권사의 점유율이 85.1%이며, 특
히 3대 증권사들이 48.1%를 차지하고 있어 대형 증권사로의 시장
편중이 심한 편이다. 특히 1999년에는 현대, 삼성, 대우, LG, 대신
등 5대 증권사의 주식, 주가지수선물, 주가지수옵션 등 총 사이버
증권 거래규모가 1998년의 16조 7,917억 원에 비해 2,547%가 늘어
난 444조 4,713억 원이었다. 사이버 투자자 수도 1999년 11월 사상
처음으로 100만 명을 돌파한 이후, 12월에만 20만 명이 증가해 120
만 7,000명을 기록했다. 사이버 투자자 1인당 거래금액은 3억
6,800만 원에 달했다. 증권사별로는 대신증권이 158조 3,000억 원
으로 선두를 차지했으며, 이어 LG투자증권 96조 1,000억 원, 삼성

증권 76조 5,000억원, 대우증권 64조 2,000억 원, 현대증권 49조 3,000억 원이었다.

　이처럼 1999년에 사이버 증권거래가 폭증한 것은 각 증권사들이 사이버 거래를 위한 접속망을 크게 늘린데다, 사이버 거래관련 각종 서비스도 대폭 개선한 데 따른 것이다. 특히 인터넷 통신망이 크게 늘고 사이버 영업소, 인터넷 게임방 등 사이버 증권거래를 할 수 있는 공간이 증가한 것도 거래폭증의 한 요인이 됐다. 특히 사이버 거래의 장점인 저렴한 거래비용, 편리성, 신속성, 정보접근 용이성과 함께, 주식시장의 높은 개인투자자 비중을 들 수 있다. 이 밖에도 미국과 한국에서 지속되고 있는 증시활황과 인터넷 주가의 열풍도 긍정적으로 작용한 것으로 분석된다.

　현재까지 국내 증권업계는 기존 대형 증권사들의 시장지배력이 사이버 트레이딩 시장에서도 그대로 유지되고 있는 특징을 보이고 있으나, 2000년부터는 신규로 설립되는 「사이버 전문증권사」의 도전과 기존 중소 증권사들의 사이버 트레이딩 시장에서의 사활을 건 공격적인 경영 등이 예상된다. 이에 따라 주식·선물·옵션 이외의 사이버 증권상품 개발, 기업수익 예측정보 및 각종 보고서 등 고급정보 제공, 음성인식 사이버 거래매체 등 다양한 형태의 사이버 거래매체 개발, 우수 애널리스트와의 온라인 투자상담 서비스 제공, 사이버 지점 확충 등 고객에 다양한 서비스를 제공하기 위한 노력 등이 지속될 전망이다.

유망기업 ｜　대신증권(http://www.daishin.co.kr)

국내 사이버 트레이딩 시장점유율 1위 기업인 대신증권은 1998

년 8월 국내 증권사 중 처음으로 사이버 영업팀을 전문 사업부서로 독립시켰으며, 현재는 사이버 증권거래에서 국내 최대규모를 자랑하고 있다. 대신증권이 인터넷을 통한 주식거래에 눈을 돌린 것은 1997년. 같은 해 4월 PC통신이나 인터넷으로도 주식을 매매할 수 있도록 증권거래법이 개정되면서, 국내에도 본격적인 「사이버 트레이딩」 시대가 도래한 것이다. 때마침 기업체 사무실마다 랜(LAN)이 깔리며, 직장인 사이에 인터넷이 빠르게 보급되었다. 증권투자의 주력계층이 바로 30대의 화이트칼라 직장인인 점과 이들이 또한 인터넷의 주된 사용 인구란 점에서 사이버 트레이딩은 발전할 수밖에 없었던 것이다. 사이버 트레이딩은 1997년 말 IMF가 몰아닥친 후에도 꾸준히 늘어났다. 대신증권은 1998년 초 사이버 트레이딩 시장에 본격 진출하기로 결정하고 인터넷 홈페이지와 트레이딩 시스템 구축에 140여억 원의 대규모 투자를 단행했다. 예상은 적중했다. 1999년 초 경기호전과 함께 주식시장에도 봄이 찾아오면서, 인터넷 거래는 황금알을 낳는 거위가 됐다. 1999년 5월 말 현재 대신증권이 보유한 활동계좌 35만 개 중 온라인 거래계좌는 6만 개로 17% 선이었으나, 이들의 거래량은 전체의 25%를 넘어섰던 것이다. 비용은 적게 들면서 많은 수수료 수입을 올려주는 우량고객들인 셈이다. 온라인 주식거래는 갈수록 늘어나고 있다. 특히 증권사들이 앞다투어 사이버 증권업에 참가해 수수료 인하경쟁을 벌이며, 인기가 폭발적으로 치솟고 있다. 업계의 인터넷 고객유치경쟁도 더욱 뜨거워지고 있다. 이와 같이 치열한 경쟁 속에서도 대신증권이 업계 선두를 달리는 이유는 뛰어난 트레이딩 시스템에 있다. 3만 명이 동시에 접속할 수 있는 포트를 갖춘데다, 주가의 변화를 정확히 예측해주는 시뮬레이션, 일괄매수와 매도 등 투자자가 빠르게 시황

에 적응할 수 있도록 설계된 주문 프로그램 등에서 다른 증권사와 차별화되고 있다.

대신증권의 사이버 증권거래 규모는 1999년 11월 전체 증권거래 규모에서 차지하는 비중이 60.32%를 기록하면서 사상 처음으로 60%대를 넘어섰다. 투자자 10명 중 6명이 사이버 매매 시스템을 통해 주문을 낸 것이다. 사이버 증권거래를 부문별로 보면 △ 주가지수선물 16조 5,619억 원, △ 주식 15조 2,573억 원, △ 주가지수옵션 2,473억 원 등이었다.

대신증권은 일반인을 대상으로 한 선물시장 영업 및 사이버 증권거래에서 강점을 자랑하는 증권회사다. 지난 사업연도(1999년 3월 말 결산)의 선물시장 약정 점유율은 18.39%로 업계 수위 자리를 지키고 있다. 사이버 증권거래 부문에서도 선두를 달리고 있다. 1999년 사업연도 상반기(4~9월) 중 사이버 증권거래규모는 모두 67조 3,000억 원에 달했다. 2위인 LG증권(42조 5,000억 원) 등을 크게 앞서고 있는 것이다.

대신증권 사이버 증권거래 시스템의 우수성은 사이버 증권거래 시스템 평가기관으로 알려진 스탁피아로부터 1999년부터 계속 1등을 유지해오고 있는 것으로도 알 수 있다.

대신증권이 제공하는 시스템 중 특징적인 것은 우선, 서로 다른 세 가지 차트를 활용한 추세분석과 매수강도 등을 통해 적정 매매 시점을 잡아주는 「파워차트」를 들 수 있다. 파워차트는 일정 기간의 상승률 및 하락률을 비교해 단기·중기·장기 추세 및 주가의 추세상 위치를 파악하는 트렌드 파워차트, 일봉차트를 수치화해 매매강도를 순매수로 나타내는 넷파워차트, 일정 기간의 최고점 및 최저점을 이용한 크로스 분석을 통해 매매 타이밍 및 현 주가수준을 알아내는 골든파워차트 등 세 가지 차트로 구성되어 있다.

이 밖에도 외국인 매수규모가 급증하는 종목 등 특이종목을 찾아 컴퓨터 화면에 실시간으로 띄워주는 「마켓워치」 서비스도 제공하고 있다. 골든크로스 발생 종목, 데드크로스 발생 종목, 새로운 뉴스가 나온 종목, 주요 공시 등이 사이버 거래화면에 실시간으로 전달된다. 거래량 급증 종목, 거래량 급감 종목, 뉴스 정보, 종목시황 정보 등도 발생 즉시 찾아서 화면에 띄워준다. 신고가종목, 신저가 종목, 외국인 순매수규모가 1만 주 이상인 종목, 외국인 순매도규모가 1만 주 이상인 종목도 자동 통보된다.

이와 같이 대신증권의 인터넷 홈페이지는 말 그대로 「사이버 증권사」다. 회사측도 전통적인 지점 영업을 탈피하기 위한 새로운 마케팅 차원에서 설계했다. 이 때문에 증권시장의 시황 등 정보제공은 물론 고객이 직접 주문을 내 거래할 수 있는 사이버 트레이딩 시스템으로 구축돼 있다. 실제 대신증권의 인터넷 거래 시스템은 객장의 전문가용 시스템을 고객의 가정이나 직장에서 이용할 수 있는 가상의 영업점 시스템을 그대로 옮긴 것이다. 현재가, 종합주가지수, 호가, 각종 차트, 주문 등은 기본이고 단기매매 포착을 위한 데이 트레이딩 시스템, 선물, 옵션, 스톱 로스 시스템, 종합계좌 시스템 등 타사와 비교되는 독특한 거래 시스템을 갖추고 있다. 또한 고객이 직접 포트폴리오를 구성해 매매 타이밍을 적기에 포착함으로써 효율적인 자산운용을 할 수 있도록 했으며, 주문 및 체결현황, 수익률 및 자산평가를 실시간으로 볼 수 있는 실시간 주문평가 시스템을 채택해 철저히 고객 위주로 운용하고 있다.

합리적인 주식투자를 뒷받침하는 풍부한 분석자료도 자랑거리다. 증권전문기관인 대신경제연구소의 전문연구요원들과 연계해 실시간 시황 및 차별화된 전문분석자료를 제공하고 있다. 고객의 각종 문의사항에 대해 실시간으로 답변해주는 재테크 상담코너도 눈에 띈다. 대신증권은 고객들을 대상으로 무료 전자우편 서비스도 하고 있다. 고객이 대신증권 계좌번호를 입력하면 전자우편 주소를 준다. 대신증권의 홈페이지는 국내 유명 검색 사이트인 야후, 알타비스타, 라이코스, 심마니, 네이버 등에 링크돼 각종 연구자료와 시황을 제공하고 있다.

그러나 대신증권은 시스템의 우위나 수수료 인하만으론 미래의 경쟁에서 이길 수 없다는 판단이다. 시스템은 쉽사리 모방될 수 있고 소규모 증권사들과 겨루는 수수료 인하 경쟁은 제살 깎아먹기가 될 것이기 때문이다.

대신증권은 현재 사이버 트레이딩 시스템을 두 가지 측면에서 보완할 계획이다. 첫째는 애널리스트들과 연계한 고급 투자정보 서비스 개발, 두번째는 핸드폰, 무선단말기, 웹TV 등 다양한 단말기를

통한 투자를 가능케 하는 한편, 자사 투자자로 구성된 인터넷 커뮤
니티를 형성하는 것이다. 대신증권은 이를 위해 사이버 투자 도우
미를 만들고 유명 검색 엔진이나 언론사 사이트와의 전략적 제휴를
시도하고 있다. 이를 통해 세계 최대의 온라인 증권사인 찰스슈왑
못지않은 「증권의 메카」를 꿈꾸고 있다.

 사이버 보험 상품개발이 관건

컴퓨터 한 대만 있으면 가정이나 사무실에서 쇼핑에서부터 전자금융에 이르기까지 모든 것을 해결할 수 있는 인터넷 세상. 이러한 추세에 따라 국내 보험사들도 인터넷 홈페이지를 새롭게 구성하는가 하면 인터넷상에서 자신이 직접 보험을 설계하고 가입신청까지 할 수 있는 시스템을 구축하는 등 인터넷 서비스 개발에 박차를 가하고 있다.

사이버 증권, 사이버 뱅킹에 이어 인터넷 바람이 생명·손해·화재·자동차 등 보험업계를 강타하고 있다. 그 동안 증권이나 은행에 비해 정보화의 후순위로 인식돼온 보험업계가 인터넷을 앞세운 사이버 대열에 과감히 뛰어들고 있다. 아직은 초기단계로 홈페이지 구축에 머물고 있지만, 머잖아 인터넷만으로 보험을 판매하는 사이버 보험사가 탄생할 전망이다. 외국의 경우 이미 제너럴 라이프나 프루덴셜 같은 세계 굴지의 보험사들이 사이버 공간에서의 보험시장 주도권 장악에 나서고 있으며, 전담팀을 구성해 본격적인 사이버 보험시대에 대비하고 있다. 특히 특정 고객에게는 보험사와 고객만 통하는 폐쇄 라인을 갖추고 업무교환과 특별 서비스를 제공하는 프로그램까지 선보이면서 고객 유치에 적극 나서고 있다.

국내 보험업계에서도 이 같은 움직임이 구체화되고 있다. 삼성생명을 필두로 교보·국민 등 생명보험 업계, 제일·국제·삼성화재 등 자동차 및 손해보험업계에서도 기존 홈페이지를 재구축하는가 하면 전용몰을 구축하는 등 달라진 보험환경에 적응하기 위해 전력을 기울이고 있다.

몇몇 보험사들은 아예 판매전략을 대거 수정하고 있다. 다판매채널 시대에 인터넷 채널 위상을 강화하는 것이 주요 골자다. 사이버 보험은 세분화된 고객의 요구에 맞는 상품과 서비스를 가장 적절한 시기에 고객에게 전달할 수 있기 때문이다. 사이버 보험은 특히 보험사와 고객의 1 대 1 거래행위라는 측면에서 일반 보험에 비해 3~6% 저렴하면서도, 다양한 상품을 한자리에서 비교·검토할 수 있기 때문에 앞으로 전 보험사로 파급될 전망이다.

또 1999년 7월부터 개인 도메인 등록이 가능해짐에 따라, 보험사 홈페이지 안에 일선 대리점과 설계사 개인 홈페이지가 속속 생겨나고 있다. 대한화재는 이미 일선 조직을 대상으로 홈페이지 제작교육을 정기적으로 실시하고 있으며, 제일화재·삼성화재·현대해상·쌍용화재·삼성생명·제일생명 등 대부분의 손해보험사 및 생명보험사들이 이 대열에 동참하고 있다.

최근에는 보험사 자체 홈페이지나 전용 홈페이지 이외에도 보험사들과의 전략적 제휴를 통해 다양한 서비스를 제공하는 사이버 보험 쇼핑몰이 본격적으로 등장하고 있다. 이미 인슈넷(www.insunet.co.kr)이나 21C 보험마트(www.bohummart.co.kr)

가 본격적인 영업활동을 벌이고 있으며, 자동차보험의 경우는 전체 계약건수의 10% 이상이 인터넷을 통해 성사되고 있다.

이들 사이버몰은 특히 일반인들이 구하기 어려운 각종 보험약관과 보험관련 판례를 검색할 수 있음은 물론, 각 보험사 간 보험료를 비교할 수 있다는 점에서 자동차보험을 비롯해 상해·암·건강·화재보험 등 모든 종류의 상품으로 그 영역을 확대해나갈 것으로 보인다.

이 같은 사이버 보험의 등장은 인터넷 뱅킹과 사이버 증권 등의 부상과 맥락을 같이하는 것이다. 한편 국내 대형 보험사들에 버금가거나, 오히려 앞서는 전산 인프라를 구축하고 있는 대기업들이 보험시장 개방과 함께 신규로 보험시장에 참여하게 되면 기존 보험사의 생존은 사이버 마케팅의 성패에 따라 좌우될 것으로 전망된다.

1 사이버 마케팅 강화 — 양방향 서비스

치열한 경쟁 속에서 살아남기 위한 이색 마케팅이 형형색색의 화려한 모습으로 다양하게 펼쳐지고 있다. 이 가운데 백미는 사이버 마케팅(cyber marketing : CM). 사이버 시장을 잡기 위한 보험사들의 발걸음이 빨라지고 있다. 이미 정착단계에 들어선 DM(diret mail)·TM(telemarketing) 마케팅에서 한 걸음 나아가 인터넷을 이용한 CM 시대를 준비하고 있다. 보험사들은 인터넷 홈페이지를 통해 다양한 보험정보를 전달만 하던 일방향 서비스에서 상담과 보험가입도 할 수 있는 양방향 서비스 체제를 가동하고 있다. 특히 다른 사이트, 다른 업체와의 연결을 통한 전자상거래에도 대비하고 있다.

동양화재는 1999년 12월부터 인터넷 서비스 관련업체인 (주)사비즈와 공동으로 사이버 보험 쇼핑몰(www.sabiz.co.kr)을 운영하고 있다. 사비즈의 보험 쇼핑몰은 인터넷을 통해 자동차보험은 물론 각종 상해보험에 가입할 수 있는 보험전문 쇼핑몰이다. 인터넷 사용자가 각종 보험상품을 검색할 수 있고, 자신에게 적합한 맞춤 상품을 추천해주도록 요구할 수도 있다. 또 인터넷 대화(채팅)를 통해 보험상품과 관련된 상담도 받을 수 있도록 꾸며졌다. 가입을 원할 경우, 전자우편으로 보험계약서를 작성하고 신용카드 등으로 결제하면 된다.

이에 앞서 현대해상은 한국통신 하이텔 및 한솔텔레콤과 사이버 마케팅 활성화를 위한 업무제휴를 맺었다. 현대해상은 앞으로 각 회사가 확보한 고객정보를 공유하는 한편, 다른 회사 고객을 대상으로 전자우편을 통한 판매활동을 강화할 방침이다. 삼성화재는 1999년 상반기부터 전문 보험쇼핑몰(www.samsungfire.com)을 개설해놓고 있다. 이 회사는 현재 15만 명의 인터넷 회원을 확보했을 뿐 아니라, 6개월 만에 매출(보험료 수입)이 1억 원을 넘어선 것으로 알려져 있다. 이 밖에 삼성생명, 교보생명 등 생명보험사들도 인터넷 홈페이지를 통한 보험판매를 점차 늘려가고 있다. 국민생명은 1999년 4월 홈페이지를 개설하고, 다양한 정보와 서비스를 제공하고 있다. 국민생명의 네오라이프(www.neolife.net)에서는 가입과 동시에 무료로 사용이 가능한 전자우편 서비스, 사이버상에서 대화를 나눌 수 있는 채팅, 무료 호출을 해주는 네오페이저, 푸짐한 상품이 있는 네오퀴즈, 복권 같은 인터넷 게임에서부터 날씨 · 주가 · 운세 등 생활정보에 이르기까지 많은 정보를 얻을 수 있다.

대한생명은 1999년 10월부터 「인터넷 계약내용 조회 시스템」을 개발해 운용하고 있다. 인터넷 홈페이지(www.korealife.com)를 통해 만기환급금 · 해약환급금 · 배당금 · 대출현황 등을 조회할 수 있다. 1999년 4월부터는 홈페이지에 사외보 〈DM 대한생명〉을 발간해 건강 · 생활 · 보험 · 대한생명 소식 등을 전하고 있다.

교보생명은 인터넷 홈페이지(www.kyobo.co.kr)와 온라인을 연계 시스템으로 연결하고 홈페이지를 주요 사이버 쇼핑몰이나 인기 홈페이지와 링크시켜 상호연계체제를 통한 사이버 마케팅을 시도하고 있다.

ING생명은 1999년 4월 모그룹사에서 분리한 독자적 홈페이지(www.inglife.co.kr)를 개설했다. 특히 재무상담사(FC)의 개인 사이트를 회사 홈페이지에 연결시킨 것이 특징이다.

LG화재는 인터넷에서 보험가입에 필요한 모든 절차를 마칠 수 있는 인터넷 보험가입 서비스(www.lginsurance.com)를 제공하고 있다. 고객들은 인터넷에서 보험료 산출내역을 직접 받아본 뒤, 별도의 계약서류 없이 보험에 가입할 수 있다.

이들 회사는 현재까지 비교적 내용이 단순한 상품만을 사이버 공간에서 판매하고 있지만, 앞으로는 모든 상품을 취급하는 등 사업 영역을 확대해갈 것으로 보인다.

2│ 보험업의 인터넷 도입효과

보험사들은 전자상거래 체제를 도입하면서 부수적인 효과도 함께 얻고 있다. 전자상거래체제를 구축하는 과정에서 얻게 된 정밀한 시장조사와 고객 성향분석 자료를 활용할 수 있게 된 것이다. 이를 토대로 가격할인, 대 고객 정보제공, 전용상품 개발 등 차별적

시장접근 노력도 펼치고 있다. 보험사가 전자상거래 체제를 구축하면 국내외 금융기관과 네트워크로 연결돼 가상증권거래, 가상채권 매매 등의 기회도 얻게 된다. 이를 통해 비용을 절감하고, 전세계 금융시장의 신속한 정보를 입수할 수도 있다. 뿐만 아니라 네티즌과 의사소통 채널을 통해 경영의사 결정에도 활용할 수 있다. 고객의 목소리가 경영에 그대로 반영될 수 있는 기반을 인터넷이 제공하는 셈이다. 네티즌을 보험사 전자 네트워크에 끌어들이는 일은 중요한 사안이다. 그들은 정보화 사회의 의견 선도자로서 규모와 영향력이 확대일로에 있기 때문이다.

3 | 사이버 보험 쇼핑몰

보험사 자체 홈페이지 이외에 본격적인 사이버 보험 쇼핑몰이 한국에도 등장하고 있다. 인슈넷이나 21C 보험마트가 대표적인 곳으로 꼽힌다. 이들 웹사이트는 보험사들과 제휴를 맺고 다양한 서비스를 제공하고 있다. 아직까지는 자동차보험이 주된 대상이다. 이를 위해 개인별로 부담해야 하는 표준 보험료를 무료로 산정해주고 있다. 사고처리방법이나 보험료를 절약할 수 있는 방법 등도 알려준다. 인슈넷은 보험처리 여부를 결정짓기 어려운 가벼운 접촉사고를 당했을 때, 어떻게 해야 하는지를 알려주는 내용을 올려놓아 네티즌들로부터 인기를 모으고 있다. 이미 인터넷을 이용한 자동차보험 가입건수가 전체 가입건수의 10%를 넘어서고 있으며, 편리성 등을 감안할 때 앞으로 그 비중은 더 높아질 것으로 예상된다.

인터넷을 통한 자동차보험 가입은 의외로 쉽다. 일단 관련 보험사의 홈페이지를 연결하거나, 보험 쇼핑몰을 방문해야 한다. 그 곳

에서 보험료 산출 서비스를 받는다. 이 때 가입자의 이름, 주민등록
번호, 연락처 등 신상명세와 가입경력, 차량현황, 보험 가입범위 등
을 입력하면, 그 즉시 부담해야 할 보험료가 나온다. 보험사나 쇼핑
몰은 보험료가 나오는 대로 전자우편 등을 이용해 그 내용을 알려
주고 보험 가입의사를 확인한다. 의사가 있다고 답이 오면 직접 영
업사원이 방문해 계약절차를 진행한다. 이처럼 마지막 단계에서 사
람이 직접 오가야 하는 이유는 보험증권에 가입자의 자필 서명이
필요하기 때문이다. 아직 전자상거래법에 의거한 전자우편상 사인
이 법적 효력을 갖지 못해 완전한 인터넷 보험가입이 어려운 게 현
실정이다.

　사이버 보험시장의 확대추세는 자동차보험뿐만 아니라 전 종목
으로 그 대상이 확산될 수밖에 없다. 상해보험이나 여행보험 같은
상품도 가입요건이나 보장범위를 미리 정해놓을 수 있어 인터넷 영
업에 제격이다. 생명보험 쪽에서도 활기를 띨 것으로 보인다. 이미
삼성생명·교보생명·대한생명 등이 자사 홈페이지에 가입자를 위
해 다양한 상품소개 및 설계방법 등을 안내하고 있다. 국민생명 같
은 곳은 홈페이지 이외에 별도의 웹사이트를 마련해 인터넷 보험시
대를 주도해나간다는 전략이다. 사이버 보험시대는 보험사가 앞장
서 개척해나갈 가능성이 높다. 기존의 대리점과 설계사 같은 영업
조직이 고비용체제인 점이 가장 큰 이유다. 인터넷을 통한 저비용
유통 채널은 고객에게 좀더 싼값으로 보험을 제공할 수 있다.
20~30대 신세대 계층을 공략할 수 있는 수단이 되기도 한다. 그래
서 인터넷은 새로운 보험수요를 만들어내는 유망 분야로 급부상하
고 있다.

4 | 국내 금융부문 전자상거래 현황

　은행이 가장 앞서 있다. 은행의 정보력과 가상공간의 힘이 합쳐질 경우 은행의 사이버 공간 시장지배력도 엄청난 힘을 갖게 될 것으로 보인다. 은행에서는 이미 전자상거래가 실용화되어 있다. 인적 접촉을 통한 점포 금융거래를, 인터넷을 통한 가상공간에서의 금융거래가 대신해가는 이전현상이 나타나고 있는 것이다. 이 같은 추세는 더욱 빠르게 확산될 전망이다. 편의성과 개성을 추구하는 고학력 · 저연령의 정보추구형 소비자가 급격히 증가하고 있기 때문이다. 때문에 금융기관은 영업전략의 패러다임을 바꾸고 있다. 금융기관 전략 변화는 두 가지 측면에서 설명할 수 있다. 첫번째는 새로운 주력 소비층인 고학력, 저연령층을 잡기 위한 마케팅 활동의 보완 및 재구축을 위해서다. 전자상거래를 서둘러 추진하는 두 번째 이유는 내부에 있다. 기존 판매 채널의 비용절감 문제가 경쟁력 제고 측면에서 핵심적인 사항으로 등장함에 따라, 전자상거래를 통해 이를 극복하겠다는 것이다. 국내 금융기관들의 전자상거래 도입은 저비용, 유통경로 확대를 위한 마케팅의 일환인 것이다.

유망기업 | 한맥인스코(http://www.insunet.co.kr)

　사이버 보험 쇼핑몰 한맥인스코는 인터넷을 통해 가장 유리한 보험상품을 고를 수 있는 보험전문 사이트를 운영 중에 있다. 보험 독립대리점 법인인 한맥인스코가 삼성 · 현대 · LG · 동부 등 11개 손해보험사 및 신한생명 등 12개 생명보험사와 대리점 계약을 맺고, 인터넷상에서 보험계약자를 모으고 있는 것이다. 이 사이트는 자동차

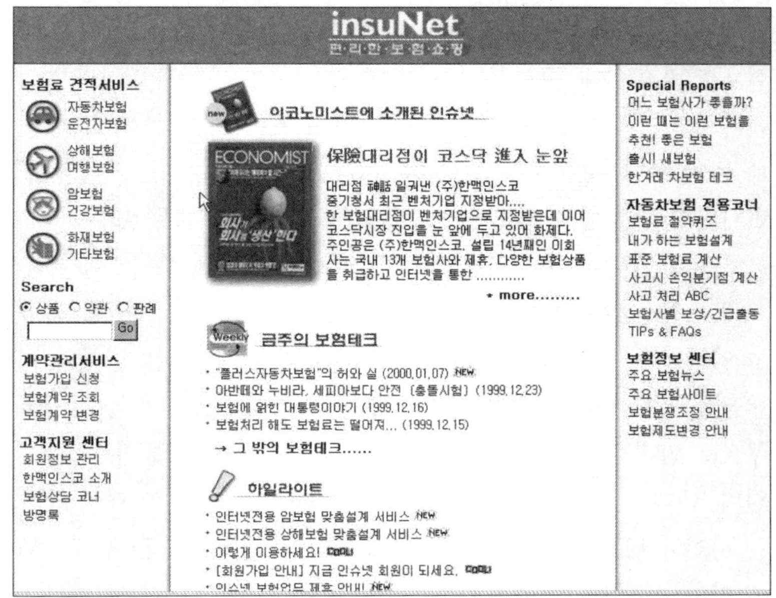

보험뿐만 아니라 상해보험 · 암보험 · 건강보험 등도 취급하고 있다.

이용자의 사이트 이용료는 없으며, 한맥인스코를 통해 보험에 가입하면 보험사의 모집조직을 이용할 때보다 보험료가 다소 저렴하다는 장점이 있다. 이 회사는 먼저 자동차보험, 운전자보험, 상해보험, 여행보험, 암보험, 건강보험, 화재보험 등에 대한 견적신청서를 받아 12개 보험사의 보험료와 가입조건을 비교해 사용자에게 가장 유리한 곳을 전자우편으로 알려준다. 또 인터넷상에서 보험상담이 가능하고 직접 상담을 원할 때는 전국 무료전화를 제공하며, 다른 곳에서 가입한 보험이라도 계약내용 조회와 계약변경 신청도 접수해 처리해준다. 아울러 평소에 구하기 어려운 보험약관과 보험관련 판례 등을 쉽게 검색해 열람할 수 있도록 프로그램을 제공하고 있으며, 주요 보험 뉴스, 보험 사이트 소개, 보험분쟁 조정 안내 및 보험제도 변경 안내 등도 볼 수 있다.

미국의 경우에도 「인스웹」과 같은 보험전문 쇼핑몰이 대거 등장해 계약자에게 인기를 끌고 있다. 시간도 절약할 수 있고, 여러 보험사와 비교해 자신에게 맞는 상품을 고를 수 있기 때문이다.

한맥인스코는 1999년 4월부터 인슈넷이란 인터넷 사이트를 통해 국내 보험사들의 보험상품을 비교해 가입할 수 있는 서비스를 해주고 있다. 또 『한 달에 얼마씩 보험료를 내고, 언제쯤 얼마만큼의 보험금을 타고 싶다』는 조건을 제시하면 최적의 보험상품을 찾아내 무료로 안내해주는 「맞춤 서비스」도 제공하고 있다. 또 야후, 한메일넷, 네띠앙, 심마니, 알타비스타, 두루넷 등 국내 30여 개의 인터넷 사이트에도 보험료와 보험상품에 대한 비교 정보를 단독 제공하고 있다. 무엇보다 이 사이트의 장점은 소비자가 편안하게, 자신에게 가장 적합한 보험상품을 고를 수 있도록 여러 보험회사의 제품을 고루 갖추고 있다는 점이다. 이러한 점이, 이 사이트가 제공하는 다양한 정보제공 못지않게 소비자들의 호응을 얻을 수 있는 배경이 되고 있다. 사이버 보험시장의 확대와 함께 보험 포털로서의 가능성이 엿보이는 대목이다.

보험시장이 개방된 국내 상황에서 2000년 4월부터 보험가격이 자유화되고, 보험사의 사이버 보험상품 개발경쟁 등이 본격화할 것으로 전망됨에 따라 인슈넷처럼 보험상품을 비교해주는 사이트가 더욱 인기를 끌 것으로 전망된다.

 인터넷 쇼핑몰, 전자상거래의 총아

인터넷 상거래 또는 전자상거래(EC)는 인터넷 비즈니스의 꽃이
다. 21세기에는 전자상거래를 선점하는 기업이 경쟁에서 앞서나갈
것이다. 전자상거래는 구매부서와 납품업체 간, 사내 물류계획 담
당자와 운송업자 간, 판매부서와 도소매업자 간, 고객 서비스 부서
와 최종 고객들 간에 의사소통을 하고 정보를 교환하는 데 활용되
는 유용한 수단이다. 고객 서비스뿐만 아니라 주문처리 상황, 소프
트웨어나 기술적 문제해결 정보를 온라인에 제공함으로써 서비스
비용도 줄일 수 있다.

국내 유통업계의 전자상거래 도입은 인터파크가 국내 최초로 쇼
핑몰을 개설한 이후, 백화점업계 등 기존 유통업체들의 참여가 뒤
를 이었으며, 이후에는 다시 온라인 쇼핑몰들이 등장하면서 본격적
으로 유통업계의 전자상거래 시장이 형성되기 시작했다. 1999년은
국내 유통업계의 전자상거래 도입이 본격적으로 진행된 첫해라고
말할 수 있을 정도로 많은 성장을 한 것이 사실이다.

국내 전자상거래는 핵심 분야인 유통부문의 발전속도가 여타 부문에 비해 다소 느린 것이 현실이다. 이는 현재 국내 유통부문에서 성공기업 사례를 찾아보기 힘든 점에서 어느 정도 알 수 있다. 그러나 그 동안 축적된 경험과 대기업들의 적극적인 참여 의지 등에 따라 앞으로 비약적인 발전이 기대되는 부문인 것은 확실하다. 기존 쇼핑몰 업체들의 사업전략 변화 역시 눈여겨볼 만하다. 2~3년 간의 사업경험에서 얻은 노하우를 새롭게 적용하기 시작한 것이다.

1 종합몰에서 전문몰로

전자상거래 시장이 세분화됨에 따라 백화점처럼 모든 물건을 제공하는 종합몰보다는 특정 아이템만 다루는 전문몰이 각광받을 전망이다. 인터파크, 한솔CSN, 삼성몰 등 대표적인 종합몰들이 2000년에는 전문몰을 강화한다는 방침이다. 인터파크는 티켓파크, 북파크, 게임파크 등 다섯 개의 전문몰 외에 CD전문매장인 CD파크와 아동용품 전문매장인 키즈파크를 열 예정이다. 한솔CSN도 웨딩·골프·여행과 같은 생활 서비스 부분을 별도의 사이트로 독립시킨다. 삼성몰은 자동차·가구·여행·서적 등을 다루는 분야별로 특화된 전문몰을 개설할 계획이다. 종합몰들은 백화점식 물건 나열로는 점점 다양해져 가는 네티즌들의 요구에 순발력 있게 대처하는데 한계가 있다고 판단해 이 같은 결정을 내린 것이다.

인터넷 전자상거래의 장점을 살리기 위해서는 백화점식 매장보다는 전문매장을 중심으로, 관련 분야의 다양한 정보와 제품기획 등이 무엇보다도 필요하다는 것이 입증되고 있기 때문이다. 이러한 점에서 국내 쇼핑몰 중 관심을 끄는 것은 「우체국주문판매」 사이트

다. 각 지방의 농수산물, 특산품과 우체국의 배송 시스템이 결합함
으로써 인터넷 이용자에게 높은 신뢰를 얻고 있는 것이다. 전문 쇼
핑몰로서의 기능과 쇼핑몰의 신뢰성(제품·배송 등), 유통 채널의
변화 등 국내 쇼핑몰의 변화방향을 예측케 하는 모범적인 사례라
할 수 있다. 이 밖에도 여러 분야의 상품을 나열하는 방식에서 탈피
하여, 현재 전자상거래 시장에서 활성화되고 있는 몇몇 분야만을
대상으로 쇼핑몰을 전문적으로 운영하는 것이 방문객 유도 및 구매
유도에 유리하다는 점도 이러한 변화의 한 요인이다.

2 | 기업과 기업의 거래 확대 기대

1999년 한 해 양적인 성장을 보인 부분은 주로 기업과 고객(B to
C) 간 거래였으나, 2000년부터는 기업 간 거래(B to B)와 개인 간
거래(C to C)도 크게 활성화할 것으로 예상된다. 기업 간 거래는 투
명성과 공정성을 확보할 수 있고, 시간과 비용이 절감돼 많은 기업
들이 속속 인터넷 구매·입찰을 도입하고 있다. 개인 간 거래는 인
터넷 경매 활성화로 나타나고 있다. 1999년 한 해 인터넷 경매는 폭
발적으로 성장해 선두업체인 옥션의 경우 하루 방문객 15만 명, 월
거래액 70억 원을 넘어섰다. 여기에 고무돼 각 쇼핑몰이 잇따라 경
매 사이트를 강화하고 다양한 경매기법을 도입해 네티즌들을 모으
고 있다. 인터넷 경매의 경우 옥션의 아성에 야후, 인터파크, 다음
커뮤니케이션 등 대형 포털 사이트들이 거세게 도전하고 있어,
2000년에는 인터넷 경매에 일대 격전이 예상된다.

3 │ 새로운 유통 채널 — 전자상거래

  사이버 유통은 새로운 유통 채널로 기존의 제조업체-도매상-소
매상-소비자로 이어지는 유통망에 적잖은 변화를 몰고 올 것으로
전망된다. 사이버 유통의 등장으로 실제 유통망과의 마찰이 우려되
고 있으며, 따라서 사이버 유통의 활성화를 위해서는 사이버 공간
에서만 통용되는 E브랜드 도입이 필요하다. 또한 사이버 공간에서
는 이용자들이 클릭 한 번으로 간단히 사이트를 옮길 수 있고, 각
네티즌의 경험담이 급속히 퍼지기 때문에 실물공간과는 달리 브랜
드 이미지가 높은 소수의 기업에 거래가 집중되고 그렇지 못한 중
소업체들은 도태되게 마련이다. 아마존의 제프 베조스 회장도 시간
과 공간의 제약이 없는 사이버 공간에서 사업성패를 좌우하는 것은
브랜드 이미지라고 강조하고 있다. 사업 초기에는 일정한 사업을
영위할 수 있는 회원확보가 가장 중요하나, 일정 회원수를 확보한
다음에는 회원을 위한 정보를 다양하게 제공하는 고객지향적 서비
스를 추구하는 것이 필수적이다.

  현재 국내 각 업체가 시스템과 콘텐츠 등을 보완하고 타업종과의
전략적 제휴를 강화하고 있는 것도 이 때문이다. 국내 사이버 유통
업의 선두업체인 한솔CSN의 한솔CS클럽과 삼성물산의 삼성몰도
사이버 유통부문 1위 자리를 확고히 하기 위해, 다양한 상품정보와
커뮤니티를 제공해 차원 높은 쇼핑몰을 새롭게 선보일 예정이다.
인터넷을 통한 유통이 정착되면 중간대리점의 입지가 줄어들고 제
조업과 소비자 간 직거래가 본격화할 것으로 전망된다. 특히 복잡
한 유통단계로 인해 가격거품이 많았던 농산물은 사이버 유통을 통
한 생산자-소비자 직거래로 인해 가격하락과 농민생활 안정이라

는 효과를 동시에 얻을 수 있을 것으로 기대된다. 한편 인터넷 쇼핑
몰이 중요한 유통망으로 자리잡고 사이버 쇼핑이 일반화하면 가격
주도권도 유통업체에 넘어올 것으로 예상된다. 사실 각 업체가 미
끼상품이나 기획상품, 무이자할부 등의 혜택을 제공하는 일부 상품
을 제외하고는 아직까지 인터넷 쇼핑몰에 올라온 상품에 대해 가격
경쟁력을 논하기는 어렵다. 원칙적으로 재고비용 부담이 적고, 중
간유통 마진이 없어 실매장과 비교해 가격이 훨씬 싸야 함에도 불구
하고 실제로는 가격경쟁력이 다소 떨어졌으며 여러 인터넷 쇼핑몰
사이에서도 가격차이가 거의 나지 않고 있는 것이 국내 현실이다.

상품구성의 차별화·다양화와 함께 구매력이 신장된 업체들의
주도로 가격차별화도 함께 이루어질 것으로 기대된다. 현재 국내
쇼핑몰들의 가격문제에는 실매장과의 관계뿐 아니라 과도한 물류
비용도 고려되고 있다. 물류는 비용 측면뿐만 아니라 서비스 향상
을 위해서도 중요하다. 사이버 유통이 대중화하기 위해서는 신속하
고 정확한 배달 등 물류 시스템의 완비가 필수적이기 때문이다. 따
라서 사이버 유통의 활성화는 물류정보화를 더욱 가속시킬 것으로
전망된다.

4 │ 인터넷 쇼핑몰 국내 경쟁 가열

인터넷 쇼핑몰 업체 간 경쟁이 점차 치열해지고 있다. 운송(물
류)회사, 홈쇼핑 업체, 백화점 등이 인터넷 쇼핑몰 사업에 가세하고
있다. 기존업체들은 대규모 마케팅 전략으로 이에 맞서고 있다. 이
에 따라 2000년에는 인터넷 쇼핑몰 업계에 치열한 경쟁이 벌어질
전망이다. 인터넷 쇼핑몰 업계에서는 유통망을 갖춘 대기업과 기동

성 · 전문성을 확보한 중소기업 간에 일대 접전이 벌어질 것으로 보인다.

대한통운은 2000년 초 인터넷 쇼핑몰 사이트를 구축, 인터넷 쇼핑몰 사업을 시작하기로 하고 전담 팀을 구성했다. 대한통운은 기존의 인터넷 서비스를 확충하면서 인터넷관련 업체들과 제휴를 맺는 방식으로 쇼핑몰 사업을 추진할 계획이다. 현대물류는 전자상거래 분야에서의 신규사업을 모색하기 위해 최근 태스크포스팀을 구성했으며, 한진도 화물의 위치를 홈페이지를 통해 알려주는 서비스를 시작하면서 인터넷 쇼핑몰 운영업체들과 제휴해 쇼핑몰을 운영하는 방안을 계획하고 있다. 홈쇼핑 업체들도 사이버 공간의 주도권을 잡기 위한 마케팅 전쟁에 나설 계획이다. 이미 LG홈쇼핑과 39 홈쇼핑, 한솔CS클럽 등 국내 주요 홈쇼핑 업체들은 케이블 TV 등을 통해 제품을 판매하는 사이버 쇼핑몰을 운영하고 있다. LG홈쇼핑은 앞으로 몇 년 안에 인터넷 홈쇼핑업계 1위를 차지한다는 목표를 잡고 있다. 39쇼핑도 현재 운영 중인 인터넷 쇼핑몰을 대폭 개편해 2000년 초부터 동영상 서비스를 제공할 예정이다. 생방송과 전자우편 서비스를 갖춘 첨단 인터넷 쇼핑몰 서비스를 제공한다는 전략이다.

기존 업체들의 수성전략도 만만치 않다. 삼성물산은 1999년 말부터 서버 확충과 인력보강 등 전면전에 대비해왔다. 2000년 초부터 공격적인 광고와 적극적인 제휴, 여행 · 결혼 · 이사 등 서비스 품목을 강화해 시장점유율 1위를 유지한다는 전략이다. 물류배송체계도 새롭게 구축했다. 고객 데이터베이스도 정리해 1 대 1 마케팅에 나설 방침이다. 인터파크도 기존의 인지도를 활용해 티켓, 서적, PC 등 네티즌에 적합한 아이템을 중심으로 5개의 전문 쇼핑몰 운영을 강화한다는 계획이다. 콘텐츠를 강화, 고객들이 사이버 커뮤니티(가상공동체)를 형성하도록 해 두터운 로열티를 확보한다는 전략이다. 현재 국내 인터넷 쇼핑 관련 사이트는 약 2,000여 개 정도로, 이 중 매출이 발생하고 있는 사이트는 50개 정도로 추정된다(삼성증권 리서치센타). 또 대한상의의 조사에 따르면 이들 중 흑자를 내는 곳은 6.4%에 불과하고 71.4%는 적자, 22.2%는 현상유지를 하고 있다. 쇼핑몰 사업이 아직 수익으로 연결되지 못하고 있는 것이다. 이에 따라 홈쇼핑 업체, 물류업체 등이 앞으로 신규참여하면 경쟁은 더욱 치열해지고, 도태되는 곳도 나타날 것으로 보인다. 사용자 수를 확보하기 위한 마케팅 비용증가로 수익여건이 나빠지고 있는 것이다. 유통 장악력을 갖춘 대기업의 우세가 일단 점쳐지지만, 중소업체들도 전문몰로 틈새시장을 공략하거나 제휴를 통한 공동 마케팅에 나섬으로써, 전문성을 무기로 대형 쇼핑몰에 도전할 것으로 보인다.

5 인터넷 쇼핑몰의 빅뱅

2000년부터 국내 쇼핑몰들은 빠른 성장세를 보일 것으로 추정된다. 국내 4대 대기업 중 기존에 쇼핑몰을 운영 중인 삼성 이외에도, LG, SK그룹 등이 인터넷 쇼핑몰 사업에 진출함으로써 국내 인터넷 쇼핑몰의 본격적 성장이 예상되는 것이다.

전문 쇼핑몰의 성장 역시 기대된다. 기존 쇼핑몰 운영 경험과 전자상거래 마케팅에 대한 연구결과 등을 볼 때, 특징 없는 종합 쇼핑몰보다는 독특한 사업영역을 갖고 있는 전문 쇼핑몰이 구매로 이어지는 확률이 높다는 점 때문이다. 따라서 각 부문의 전문 쇼핑몰 성장이 빠르게 진행될 전망이다.

국내 온라인 쇼핑몰 업체들의 주도가 지속될 것이다. 오프라인 시장에서 주도권을 갖고 있는 대형 백화점 등의 쇼핑몰이 인터넷 시장에서는 큰 위력을 발휘하지 못하고 있다. 이는 온라인의 특성을 살린 마케팅 마인드 부재와 오프라인 시장과의 연계 문제(가격정책, 상품개발 등) 때문에 자유롭게 사업을 확대하지 못하고 있는 실정과도 관계가 있다. 온라인 쇼핑몰 업체들은 제품기획·가격 등에서 더욱 공격적인 경영이 가능하다는 장점을 살릴 수 있기 때문이다.

국내 전자상거래의 시장규모는 역시 급성장이 예상됨에 따라, 2000년에 약 6,000억 원, 2003년에는 2조 5,000억 원까지 성장할 것으로 전망된다

유망기업 한솔CSN(http://www.csclub.com)

한솔CSN(Cyber Service Network)은 2005년까지 사이버 쇼핑몰과 사이버 물류사업에서 2조 5,000억 원의 매출을 목표로 하는 등 「사이버 전문기업」으로 변신할 계획이다. 특히 인터넷 쇼핑 사업인 「CS클럽」을 집중 육성해 이 사업 분야에서만 2005년 1조 5,000억 원의 매출을 달성한다는 계획이다. 한솔CSN은 이를 위해 「사내 창안제도와 벤처제도를 통해 새 아이디어를 신속히 사업화하는 뉴프런티어 전략」, 「기업활동과 관련된 모든 정보를 네트워크화하는 전략적 아웃소싱」, 「해외자본 및 선진업체와의 전략적 제휴를 강화하는 윈윈전략」 등을 중점 추진해나갈 방침이다.

1994년 한솔유통으로 출범한 이래 5년 만에 13배의 고속성장을

하고 있는 한솔CSN은 1999년 국내 쇼핑몰 중 최고의 회원 수와 최대 매출을 올림으로써 명실상부한 국내 1위의 쇼핑몰 업체로 자리 잡았다. 1998년 매출액 1,943억 원에서, 1999년에는 약 50% 증가한 3,000억 원의 매출을 올린 것으로 추정된다. 또한 국내 쇼핑몰 업체로는 처음으로 회원 수가 110만 명에 달했다. 1999년 6월 말만 해도 회원 수는 38만 명에 불과했는데, 월 평균 10만 명씩 증가한 셈이다.

1997년 2월 현재의 사명인 한솔CSN으로 변경하고, 21세기 미래 정보화 사회에 걸맞은 첨단 물류유통기업으로 기업 이미지 통합작업(coporate identity : CI)을 혁신했다. 한솔CSN의 사명에 포함된 Cyber Service는 첨단 정보통신망을 매체로 하는 사이버 쇼핑

(cyber shopping)과 사이버 물류(cyber logistics)를 의미하며, 네트워크는 이러한 쇼핑과 물류를 수행하는 핵심적인 사업수단을 의미한다.

한솔CSN이 운영하는 한솔 CS 클럽은 7만여 종이 넘는 제품과 1,000여 가지 서비스를 판매하는 대표적인 종합 사이버 쇼핑몰이다. 기존의 일반적인 판매방식(아날로그 방식)은 물론 1 대 1 마케팅(디지털 방식) 시스템까지 구축해 다양한 고객의 욕구를 충족시킬 수 있게 했다. 한솔CSN측이 밝힌 하루 매출은 4억 원, 방문객 수는 60만 명에 이른다. 1999년 8월 중반 이후 회원 수가 하루 평균 2만 명 이상씩 늘고 있다. 이에 따라 한솔CSN은 회원 수 100만 명, 등록상품 수 20만 종에 6만 명이 동시에 사용할 수 있도록 시스템을 증설했다. 또 더욱 빠른 서비스를 위해 콜센터도 100여 곳 갖췄다. 서비스의 범위도 크게 넓히고 있다. B to B를 지원하기 위한 무역 사이트 및 경매와 벼룩시장 코너도 확대 운영한다. 한솔CSN만의 또 한 가지 자랑은 직접배달 시스템. 다른 배달업체를 이용하지 않고 제품을 직접 고객에게 전달, 더 빠르고 정확하게 배달업무를 처리한다. 또 이중보안 시스템을 갖춰 안전성도 높다. 제품판매뿐만 아니라 다양한 서비스도 제공한다. 호텔이나 항공권을 예약할 수 있으며 이사, 인테리어 개조 등 생활관련 업무도 대행해준다.

한솔CSN 쇼핑몰의 강점은 무엇보다 고객의 편의성을 최대한 살렸다는 점이다. 고객 위주로 상품을 분류해 소비자들이 쉽고 빠르게 상품에 대한 정보를 얻을 수 있게 했으며, 검색 엔진에 유사어 확장기능이 있어 상품에 대한 정확한 정보를 모르더라도 쉽게 찾을 수 있도록 했다. 지불수단도 간편하다. 국내 대부분의 은행에 무통장입금이 가능하며 각종 신용카드로 결제할 수 있다. 「SSL 40 bit」

라는 보안기법을 사용해 고객정보의 유출이나 도용가능성을 철저히 배제했다. 특히 사이버몰을 통한 거래 중 금융사고가 발생했을 때 손해배상의무를 명시해 안전성을 보장하고 있다. 이 쇼핑몰의 또 다른 강점은 다른 사이버몰과 차별화된 마케팅 전략이다. 「최저가격보상제」가 대표적이다. 다른 인터넷 쇼핑몰에 있는 상품들과 가격을 비교해 한솔이 파는 물건 값이 비쌀 경우 그 차액만큼 보상해주는 제도다. 「반품시 100% 환불제도」도 마찬가지다. 소비자가 제품을 구입한 후 30일 안에 하자가 발생할 때는 언제나 환불해준다. 반품시 배송비용도 회사측에서 부담한다. 제품에 이상이 없지만 소비자가 마음이 변해 환불을 요구할 때도 이 제도는 적용된다.

이 밖에도 한솔CSN은 전자상거래 기반 확충을 위해 국내외 전자상거래 업체와 다각적인 제휴를 맺고 있다. 마이크로소프트(한국MS) 포털 사이트인 MSN코리아(www.msn.co.kr)에 주요 쇼핑몰 파트너로 참여하고 있으며, 기업 간 전자상거래 시장에도 공동진출키로 했다. 또 라이코스코리아, 깨비메일, 네띠앙, 심마니, 보물찾기 등과도 전략적 제휴를 맺었다. 한솔CSN 쇼핑몰은 창의성이 돋보인다는 평을 받고 있다. 사이버몰의 구성이 참신하고 화면의 단조로움을 피하면서도 조화와 통일성을 살렸다. 다양한 이벤트를 마련해 고객의 관심을 끌 뿐 아니라, 회원맞춤 서비스를 통해 개인의 취향에 맞게 홈페이지를 구성하도록 했다. 고객의 참여를 적극 유도하기 위한 것이다. 사이버 공간을 단순한 상품구매의 장으로만 활용하는 것이 아니라 건강·연예·공연·스포츠 등 다양한 정보를 제공함으로써 고객을 위한 문화공간으로 삼고 있는 것이다.

한솔CSN이 주력하고 있는 사업영역 중 하나가 인터넷 물류사업이다. 이를 위해 개발한 사이버 물류 시스템인 한솔CSN의 로지스

클럽은 물류관련 서비스와 정보를 제공할 뿐만 아니라, 인터넷을 통해 화물보관·하역·운송 등 각종 물류 서비스를 이용할 수 있다. 1999년 4월 진출한 사이버 물류사업 역시 사업전망이 밝다. 사이버 물류사업은 화주와 물류업체에게 모두 이익을 가져다 줄 수 있다는 점에서 인터넷 업체의 유망사업분야로 손꼽힌다. 한솔CSN은 고정자산에 대한 대규모 투자 없이 물류사업을 확장했다. 소프트웨어 중심의 사업으로 영업의 효율성과 수익성이 뛰어날 것으로 전망된다.

국내 사이버 유통업의 신분야를 개척해가고 있는 한솔CSN은 1999년에는 연초 대비 최고 주가 상승률로 화제가 되기도 했다. 한솔CSN의 이러한 성장 배경에는 인터넷 등 새로운 매체의 특성을 감안한 적극적인 마케팅이 무엇보다도 주효한 것으로 분석되며, 국내 인터넷 전자상거래가 아직 초창기이긴 하지만, 한솔CSN의 브랜드 인지도 등을 감안할 때 지속적인 성장이 예상된다.

우체국 주문판매 사이트 쇼핑몰의 제품구성이 돋보인다
(http://www.epost.go.kr)

우편주문판매제도는 1986년부터 우편부가 서비스로 도입했으며, 전국 각 지역에서 생산되는 지역특산품을 우체국 창구에서 접수받아 소포로 고객들에게 직접 배달해주는 제도로, 자체 판매망이 없는 농어촌지역 생산자들에게는 전국적인 판로를 제공해 제값을 받도록 해줄 뿐만 아니라, 소비자들에게는 구매를 원하는 지역특산품을 산지에 가지 않고도 우체국을 통해 믿고 구입할 수 있도록 해주는 편리한 제도다. 우체국 전자상거래 시스템이 구축되기 이전에는

우편주문판매상품을 구입하기 위해 우체국에 직접 찾아가 주문서를 작성하고, 상품대금을 현금으로 납부해야 하는 등 이용에 불편이 있었으나, 1999년 7월부터는 우체국 전자상점을 통해 인터넷을 통한 구입이 가능해졌다.

우편주문판매상품은 10년 이상 꾸준히 소비자로부터 품질을 검증받은 제품이어서 믿을 만하다는 장점이 있다. 특히 1999년 7월부터 선보인 우체국 전자상점(www.epost.go.kr)은 5개월 만에 2만 5,000여 건의 주문에 10억 원의 매출을 올렸다.

우체국 전자상점은 무엇보다도 제품 자체에서 차별화되어 있는 전문 쇼핑몰로, 국내 각 지방의 특산물을 대상으로 하고 있는 것이 특징이자 장점이다. 이 밖에도 오프라인 유통의 단점을 온라인을 통해 해결한 점 등도 주목할 만한 부분이다.

특히 물류 시스템을 갖춘 우체국이 주가 되어 사업화한 쇼핑몰이라는 점에서, 인터넷 전자상거래에서 물류 시스템의 중요성을 알 수 있는 대목이다. 최근 국내 물류업체들이 경쟁적으로 자체 쇼핑몰을 개설하는 것도 자신들의 물류 시스템의 장점을 살리기 위한 것으로 해석될 수 있다.

그러나 오프라인 시장과의 경쟁에서 우위를 점하기 위해서는, 오프라인과 차별화된 제품구성과 서비스를 제공해야 할 것이다. 우체국 전자상점이 갖는 강점은 한 자리에서 전국의 농수산물을 비교해 구입이 가능하다는 점과 비교적 저렴한 가격, 제품의 신뢰성(특히 농수산물의 경우 제품의 신뢰도가 중요한데, 우체국이 이를 관리함으로써 신뢰성을 얻고 있다) 등을 들 수 있다.

 도전에 직면한 물류업체

전자상거래가 활성화되기 위해서는 신속·정확한 배달 등 물류시스템의 완비가 필수적이다. 따라서 전자상거래의 활성화는 물류정보화를 더욱 가속시킬 것이며, 동시에 물류정보화의 발전이 전자상거래 활성화를 촉진하는 바탕이 되기도 할 것이다.

국내 물류업계는 현재 두 가지 과제에 직면해 있다. 첫번째는 인터넷 전자상거래 시장확대에 대한 대응이며, 두번째는 물류정보화를 통한 기업의 아웃소싱 신규시장 수요에 대응하는 것이다.

1 택배업체와 쇼핑몰 업체 간의 경쟁

국내 택배시장 규모는 1998년의 경우 약 8,000억 원 정도로 추산되며, 화물운송과 물류 등 연관사업을 포함할 경우, 1999년에는 1조 원 규모를 돌파한 것으로 추정된다. 현재 국내 택배시장은 500여 업체가 난립하고 있으며, 전체 택배시장에서 빅3라 불리는 대한

통운, 한진, 현대물류 3사가 전체 물량의 20~30% 정도를 처리하고 있다. 여기에 우체국 주문판매 및 쇼핑몰 업체의 자체 물류 등을 포함한 신규시장을 포함할 경우, 국내 물류업 시장규모는 이보다 훨씬 클 것으로 예상된다.

특히 최근 국내 물류업계의 특징은 인터넷 전자상거래의 활성화와 더불어 쇼핑몰 업체들이 사이버 물류시장에 진입하고 있다는 것이다. 이는 기존 택배업체들의 더딘 정보화 대응 등이 한 원인을 제공한 것으로 분석된다.

고물류비 구조를 개선하고 업무 효율화를 위해 운송업체는 물론 사이버 쇼핑몰 업체가 사이버 물류사업에 발빠른 움직임을 보이고 있다. 제3의 이익원으로 불리는 물류비용을 절감하고, 복잡한 물류 수행과정을 짧은 시간 안에 손쉽게 처리할 수 있어 사이버 물류에 대한 관심이 높아지면서, 사이버 쇼핑몰 업체의 사이버 물류사업 진출이 본격화하고 있는 것이다.

사이버 물류사업에 가장 적극적인 기업은 한솔CSN이다. 이 회사는 1999년 4월 사이버물류 사업부문 「로지스클럽(www.logisclub.com)」을 개설했다. 또 인천 트럭터미널과 손잡고 화주가 화물운송을 인터넷을 통해 요청하면 가장 싼 요금을 제시한 업체를 선정해 운송하는 방식인 「사이버 트럭터미널」도 개장했다. 사이버 물류몰은 인터넷이라는 공중망과 자체의 통합물류정보 시스템이 결합된 토털 물류 시스템으로, 이를 통해 국내 운송은 물론 국제 간 물류의 전 과정이 원스톱으로 이뤄지는 첨단 서비스를 말한다. 한솔CSN은 국내외 제조업체와 물류회사, 국제복합운송업체 등 200여 업체가 로지스클럽의 사이버 물류에 관심을 표시함에 따라 업무제휴도 협의하고 있다. 스웨덴의 유명물류업체 LXSX 등 해외 사이버 물류업체와의 전략적 제휴도 적극 추진 중이다.

삼성물산에서 운영하고 있는 삼성사이버쇼핑몰(www.samsungmall.co.kr)은 「상품 배달과정」 조회 페이지를 따로 만들어놓고 있다. 이를 통해 고객이 상품의 구매내역, 주문현황, 배송상황 등을 가상공간을 통해 확인할 수 있다. 배송업체를 일원화해 고객에게 세부적인 배송정보를 제공하고 제품의 발주와 출고를 체계적으로 관리해 배송기일을 정확히 준수할 수 있는 기반을 갖추고 있다. 삼성사이버쇼핑몰은 전국적으로 72시간 내에 주문상품을 정확하고 빠르게 배송할 수 있는 체계를 갖추고 있으며, 고객이 컴퓨터를 통해 주문한 제품이 현재 어디까지 와 있는지를 추적할 수 있는 점도 두드러진 특징 가운데 하나다.

국내 최초의 사이버 쇼핑몰 업체인 인터파크(www.interpark.co.kr)는 서울 신도림동에 자체 물류센터를 두고, 현재 추진 중인 종합문화유통사업에 필요한 물류기지로 활용할 예정이다. 인터파크의 종합문화유통사업은 직영점과 대리점을 두고 서적·음반 등 문화상품을 즉시 공급하기 위한 것이다. 이를 위해 최근 설립한 물류센터에 다양한 제품을 확보해 유통체계를 활성화할 계획이다. 서적 전문 쇼핑몰인 북파크와도 서적부문의 배송을 확대해나갈 예정이다.

이 밖에 쇼핑몰은 아니지만 사이버 물류 시스템을 갖추고 사이버 물류정보사업을 하고 있는 업체들도 다수 생겨나고 있다.

대연은 로지넷(www.loginet.co.kr)을 통해 화주 회원을 등록받아, 전국에서 운행 중인 로지넷 회원차량의 화물공차정보, 화물운송예약, 포장이사화물 서비스 등을 제공하고 있다. 또 우리정보통신은 물류넷(www.truck.co.kr)을 개발해 회원으로 등록한 전국의 운송사나 알선소의 공차정보 및 관련정보를 제공하는 종합 서비스 네트워크를 화주에게 공급하고 있다. 대신정보통신의 OK넷 (www.oknet.co.kr)도 운송차량의 위치와 상태 등 각종 운행정보를 전국의 전자지도 위에 실시간으로 일목요연하게 보여주는 운송정보를 제공하고 있다.

물류정보 시스템 구축업체인 새한정보기술도 인터넷을 기반으로 한 택배중개 시스템 「iL2000」을 개발해 2000년 초부터 「로지스월드 (www.logisworld.com)」 사이트를 통해 서비스한다. 새로운 택배 시스템의 특징은 사용자들이 인터넷 사이트에 접속, 제품들의 이동 상황을 실시간으로 파악할 수 있다는 것이다. 이를 위해 새한정보 기술은 택배차량을 운전하는 기사들에게 바코드 스캐닝 기능을 갖춘 개인정보단말기(PDA)를 지급, 물건의 이동과정을 실시간으로 추적할 계획이다. PDA에 입력된 물건들의 바코드 데이터는 인터넷을 통해 새한정보기술 본사에 전송된다. 배송을 의뢰한 업체들은 로지스월드 사이트에 접속해 자신이 의뢰한 물품의 배송정보를 실시간으로 보는 것이 가능하다. 또 자체 개발한 전용 브라우저 「로지스맨」을 통해서도 주문과 배송추적 정보를 조회할 수 있다. 사이트에서 화상·음성을 통해 상담을 할 수 있는 인터넷 콜센터도 로지스월드의 특징이다. 인터넷 콜센터를 이용하면 전자우편, 팩스 등으로도 배송정보를 받아볼 수 있다. 이 회사는 택배사업을 위해 고려종합운수와 손잡았으며 DHL과도 업무제휴를 추진 중이다. 이 회사는 앞으로 택배포장, 데이터베이스 마케팅, 물류정보 시스템 컨설팅 등으로 서비스 영역을 확장할 계획이다.

이와 같이 쇼핑몰 업체 또는 정보통신업체들의 인터넷 물류 시스템에 대한 높은 관심 및 빠른 사업영역 확대에 비하면, 국내 택배업체의 대응은 미흡한 것이 사실이다. 물류정보 자체가 유망한 사업으로 등장하고 있는 현재의 추세를 제대로 따라가지 못하고 있는 것이다. 기존 택배업체들과 이들 사이버 물류 시스템 업체 간의 경쟁이 주목된다.

2 기존 택배업체의 대응

물류업체들도 기존 운송·배달 영업형태에서 탈피해 인터넷 쇼핑몰 업체와 전략적 체휴를 맺거나 직접 사이버 쇼핑몰을 구축하며, 전자상거래 시장 진출을 서두르고 있다.

국내 택배 빅3인 대한통운, 한진, 현대물류 3사는 1998년에 각각 520억~580억 원 정도의 매출액을 올렸으며, 1999년에는 택배업계의 중요한 고객인 통신판매, 사이버 쇼핑몰 등 무점포 판매업체의 매출 증가와 제조업체의 물류 아웃소싱 확대에 힘입어, 전년보다 30~60% 정도 성장할 것으로 전망된다. 특히 빅3의 경우 특송정보 시스템을 이용한 정확한 화물정보 제공, 자동화물 분류 시스템, 새로운 서비스 개발 등을 통해 물류 시스템의 첨단화 및 다양한 고객층 개발에 적극 나서고 있다.

한진은 1999년 11월부터 고객이 인터넷(www.hanjin.co.kr)을 통해 화물처리 과정을 조회할 수 있는 정보 시스템을 본격 가동하고 있다. 1996년 7월부터 30억 원을 투자해 개발한 이 시스템은 고객이 인터넷에 들어가 운송장번호와 고객번호만 입력하면 택배화물의 현재 위치와 처리결과를 알 수 있는 것이 특징이다. 이 시스템의 구축으로 한진은 국내 택배 서비스뿐 아니라, 국제 택배 서비스도 예약부터 운송장 발행, 통관수속, 세관신고에 이르는 과정을 인터넷으로 확인할 수 있다. 한진은 인터넷 쇼핑몰, TV홈쇼핑 등 전자상거래를 통한 택배 물량의 급증에 힘입어 1999년 11월 21일까지 매출액이 660억 원으로 전년 대비 50%가량 대폭 늘었다. 한진은 2000년 상반기 중으로 인터넷상에 「가상물류기업」을 설립해 화주와 물류업자 간에 정보를 교류토록 하고, 이들에게 마케팅 활동과 상품개발을 위한 최적의 물류정보를 제공할 계획이다. 가상물류기업에서는 물류 컨설팅 업무 등도 수행할 예정이다.

물류 시스템의 첨단화에 주력하고 있는 현대물류는 국내 택배업체 중 가장 높은 성장세를 보이고 있다. 「하이덱스(HYDEX)」로 이름붙여진 국내 최초의 인터넷 화물추적 시스템도 현대물류가 자랑하는 최신 화물추적 시스템이다. 이 물류종합전산 시스템을 통해 현대물류는 「정시 도착, 정시 배송」이라는 고객만족을 실현하고 있다. 현대물류는 이 같은 첨단 시스템과 고객만족경영을 통해 매년 급속한 신장세를 유지하고 있다.

대한통운(www.korex.co.kr)은 1999년 데이콤과 업무제휴를 체결한 데 이어 수산물 인터넷 쇼핑몰 업체인 거문도유통과도 전담계약을 맺고, 사이버 물류사업에 진출했다. 또 경매 사이트인 옥션과 제휴할 예정이며, 2000년 안에 10개 이상의 대형 인터넷 쇼핑몰 업체와 제휴를 맺고, 사이버 물류시장 진출을 가속화할 방침이다. 이를 위해 사이버 쇼핑몰과 연계한 택배사업부문에 모두 300억 원을 신규 투자해 인력과 장비를 보강해 사이버 영업을 지원할 계획을 갖고 있다.

3 | 사이버 물류 시스템 — 기존업체 위협

인터넷을 이용한 「사이버 물류 시스템」을 처음으로 도입한 곳은 쇼핑몰 업체인 한솔CSN이다. 한솔CSN이 도입한 「사이버 물류 시스템」인 「로지스 클럽(Logis Club)」은 물류와 관련된 모든 서비스와 정보를 인터넷 사이버 공간에서 해결할 수 있도록 한 차세대 물류 시스템이다. 이 시스템은 국내 운송과 국제 운송은 물론 보관과 하역, 그리고 차량관리에 이르는 각종 물류정보를 담고 있어 화주와 수송업체가 인터넷을 통해 직접 화물운송에 관련된 계약을 체결할 수 있다. 국내 운송의 경우, 국내에서는 처음으로 PCS를 이용한 차량추적 시스템을 통해 화물과 가장 가까운 거리에 있는 차량이 물건을 운송할 수 있도록 했다. 이를 통해 운송업체의 경우 공차율을 크게 낮출 수 있고, 화주들은 더욱 싼값에 화물운송이 가능하다는 장점이 있다. 국제 운송은 100여 개의 해외 화물운송 주선업체들이 인터넷상에 제시된 화주의 운송조건에 맞춰 운임을 적어내면, 화주들이 가장 적절한 운송업체를 선택할 수 있게 돼 화물운송에 따른 번거로움을 크게 덜 수 있도록 설계되었다. 이 같은 사이버 물류 시스템은 소비자와 공급자가 공개된 시장(open market)에서 직접 가격협상을 하는 형태로서, 결국은 화물 운송비의 인하로 이어질 전망이다. 수송비를 낮추는 것이 물류의 핵심 과제인데, 로지스 클럽을 이용할 경우 화물과 수송정보가 직접 연결돼 최적의 운송 서비스를 제공하게 되고 물류 공동화도 이룸으로써 물류비를 획기적으로 줄일 수 있다는 것이다.

로지스 클럽을 이용할 경우 국내 및 국제 운송 모두 기존 체계보다 15~20%의 비용절감 효과가 있다. 로지스 클럽을 이용하려면 해외화물 운송 주선업체들이나 운송업체들의 경우 회원으로 가입해 멤버십 ID를 부여받아야 한다. 일반인들도 인터넷(www.logisclub.com)에 접속해 자신에게 필요한 운송조건을 입력하면 적합한 화물 운송업체를 찾을 수 있다.

4 | 물류정보화 — 인터넷 기반의 새로운 사업영역

미국 미시간 대학이 세계 11개국의 주요 기업들을 대상으로 한 물류관리의 효율성 평가에서 우리나라는 평가대상 국가 중에서 가장 낮았고, 정보기술의 도입과 정보통합에서도 가장 낮은 점수를 얻었다. 물류비용이 이 같은 결과를 설명해준다. 우리 기업의 물류비용은 전체 매출의 14.5%를 차지하는 반면, 일본은 8.8%, 미국과 유럽은 5~8% 수준에 그쳐 물류정보화가 국내 기업의 경쟁력 향상에 가장 시급한 과제임을 알 수 있다. 물류정보화를 의욕만으로 달성할 수는 없다. 바코드, 전자문서교환(EDI), 판매시점관리(POS) 등 정보화를 위한 기본적인 정보기술의 도입과 표준화 작업이 선행돼야 한다. 그러나 우리 기업들의 정보기술 도입은 20~30% 수준에 머물러 있다. 특히 물류 바코드의 표준화 미비는 물류정보화의 최대 걸림돌이다. 물론 물류정보화를 위한 노력은 곳곳에서 감지된다. 신세계는 배달 물건에 바코드를 붙여 인공위성으로 감시하는 차량추적 시스템을 운영하고 있으며, 도매물류업체인 콜롬버스 코리아는 적기(just in time : JIT) 배송을 실현해 부가가치를 창출하고 있다. 그러나 유통ㆍ제조ㆍ물류업체가 물류 시스템을 공동화할 수 있는 기본 인프라 구축이 되어 있지 않아, 개별 업체의 노력이 효과를 보지 못하고 있다. 한국 물류정보화의 현주소는 아직 걸음마 단계임을 말해주는 대목이다.

 한진택배(http://www.hanjin.co.kr)

　한진택배는 1992년 「파발마」라는 이름으로 국내에 첫 택배 서비스를 선보였다. 이어 1994년에는 현재의 한진택배로 상호를 변경한 후, 빠르고 편리하며 저렴한 서비스를 캐치프레이즈로 공격적인 마케팅 활동을 펼치고 있다. 지금까지 택배 서비스는 24시간 내 배달을 목표로 해왔으나, 한진택배는 배달시간을 12시간 내로 단축한 것이다. 이 같은 배달시간 단축은 계열사인 대한항공과의 연계 덕에 가능했다.

　또 최근에는 활성화되고 있는 인터넷 전자상거래를 비롯한 통신판매업체와의 제휴에 적극적이다. 가상공간에서 유통업체와 소비자 간 거래를 현실화시켜주는 것이 바로 택배산업이기 때문이다. 실제로 1999년의 경우 인터넷 및 통신판매 택배량이 전체 취급물량의 35%를 차지했으며, 2000년에는 40%에 이를 것으로 전망된다. 현재 한진택배는 LG홈쇼핑, 대우넥스토아, OK홈쇼핑, 다음 등 통신판매업체들과 이지클럽, 매경인터넷쇼핑몰, 유니플라자, 모닝글로리, 종로서적 등의 인터넷 전자상거래 업체 등 전국 70여 업체와 제휴를 맺고 주문상품을 배달해주고 있다. 이와는 별도로 물류대행사업 확대를 위해 SK주유소와 계약을 체결하고, 수도권 지역 주유소와 경정비 편의점 코너의 택배업무를 대행하고 있다. 또 코오롱 유통의 편의점 로손과도 물류대행계약을 체결했다. 이와 함께 슈퍼마켓, 약국, 부동산중개업소 등을 대상으로 고객점 확대에 나서고 있다. 이를 통해 한진택배는 현재 1,500개에 머물고 있는 고객점포

수를 5,000개로 확대할 방침이다.

한진택배는 그 동안 내부적으로 운영해오던 전산 시스템 하넥스 (HANEX)를 개선해 최근 택배정보 시스템을 개발했다. 택배정보 시스템은 인터넷(www.hanjin.co.kr)과도 연결돼 있어, 일반 고객 들도 손쉽게 접근할 수 있다. 특히 택배정보 시스템은 고객들이 인 터넷에 이름이나 화물번호를 입력할 경우, 화물의 현재 위치를 실 시간으로 파악해 알려주는 화물추적 서비스를 제공하고 있으며, 배 달 여부를 손쉽게 확인할 수 있도록 배려했다.

한진은 2000년 초부터 가동할 예정인 「가상물류기업」을 통해 인 터넷 신규 수요에 빠르게 대응하는 등 운송·택배업뿐 아니라, 사 이버 물류정보산업에도 진출하는 등 종합 물류정보기업으로 거듭 날 것으로 기대된다. 또 최근에는 통신판매사업에도 진출을 모색하 는 등 사업다각화에 힘쓰고 있다.

실제로 2000년 2월부터 전국의 주요 특산물을 살 수 있는 인터넷 쇼핑몰인 「한진택배 고향맛편 쇼핑몰(www.hanjinmall.co.kr)」을 개설하고 영광 굴비, 제주 옥돔, 횡성 한우, 설악산 자연송이 등 235종의 지방 특산물을 판매하고 있다. 또 해외교포들이 국내 친지들에게 국내 특산물을 선물할 수 있도록 별도의 홈페이지(www.hjshopping.com)를 개설, 재미교포들을 대상으로 운영한 뒤 연내 전세계 교포로 서비스 대상을 확대할 예정이다. 국내 소비자가 해외 교포에게 특산물을 보낼 수 있는 인터넷 쇼핑몰도 개설할 계획을 갖고 있다. 한진은 기존의 사업영역인 물류업뿐 아니라, 택배를 이용해 다양한 서비스를 제공하는 등 사업영역을 한층 더 넓혀가고 있다.

 독점붕괴 — 문화 다양화의 첨병, 인터넷

『21세기 문화산업은 인터넷으로 통한다.』음반·영화·방송 등 문화산업 장르들이 속속 인터넷으로 무대를 옮기고 있다. 이들의 시도는 아직 「일부」의 「첨단」 경향으로 분류되지만, 곧 주류로 자리잡을 전망이다. 사이버 바람이 가장 거센 분야는 음반산업. 현재 이 분야에선 MP3 파일이 콤팩트 디스크(CD)와 카세트 테이프를 곧 몰아낼 태세다. 인터넷 사이트에서 MP3 파일을 판매하는 방식이 일반 매장에서 테이프나 CD를 판매하는 기존 음반유통 시장을 잠식하고 있다. 이와 함께 MP3 파일을 담고 재생하는 MP3 플레이어 시장도 급성장하고 있다.

다른 한편에서는 인터넷의 장점을 살린 인터넷 방송이 뜨고 있다. 인터넷 사용인구가 급증하면서 인터넷 방송이 새로운 미디어로 급부상하고 있는 것이다. 기존 방송매체와 차별화된 내용과 독특한 서비스로 무장한 인터넷 방송국이 속속 등장, 네티즌들의 눈과 귀를 즐겁게 하고 있다. 언제나 원하는 방송을 골라볼 수 있게 해주는 인터넷 방송이 새로운 매체로 급부상하며, 시간과 공간의 제약을 전혀 받지 않는다는 장점 때문에 이용자가 크게 늘고 있는 것이다. 인터넷 방송은 접속이 가능한 곳이라면 세계 어디에서건 24시간 시청이 가능한 「꿈의 방송」이다. 원하는 방송을 놓쳐도 걱정할 필요가 없다. 접속만 하면 언제든지 다시 볼 수 있기 때문이다. 이와 같이 인터넷 방송의 인기가 높아지자, 기존 공중파 방송사들도 경쟁적으로 이 분야에 뛰어들고 있다. 물론 기존 고객을 빼앗기지 않고 시청자 확대를 꾀하자는 의도에서다.

1 방송·통신 제휴 — 콘텐츠 – 전송망 결합 「인터넷 사업」 강화

인터넷 사업확장을 노린 방송 및 통신 분야의 융합시대가 열리고 있다. 공중파 3사는 물론 케이블업체들도 앞다퉈 통신사업자와 손잡고 인터넷 사업에 뛰어들고 있다. 21세기 디지털 멀티미디어 시대를 대비한 전략적 제휴 바람이 국내에서도 불고 있다.

인터넷 사업의 선봉은 SBS다. SBS는 1999년 8월 자본금 30억 원 규모의 (주)SBS인터넷을 설립했다. SBS인터넷은 현재 하나로통신과 제휴, 8개 프로그램을 서비스 중이다. 2000년부터는 TV방송 프로그램 외에 뉴스·연예·생활정보 등 인터넷 방송을 위한 자체 제작 프로그램도 내보낼 계획이다. 장기적으로 홈쇼핑, 기업 간 전자상거래에도 뛰어든다는 구상이다. 어학교육, 자격증교육 사업도 벌일 계획이다.

KBS는 1999년·9월 초 한국통신과 제휴해 인터넷 사업 강화에 나섰다. 3단계 마스터플랜 「i2k프로젝트(가칭)」를 마련, 공동추진단을 발족시켰다. 1단계 목표는 인터넷 방송이다. 2단계 목표는 디지털 방송기반 확산과 네트워크 초고속화, 위성·데이터 방송을 통한 서비스 다양화다. 이를 위한 첫걸음으로 1999년 11월부터 한국통신의 위성과 통신망을 통한 실시간 인터넷 방송 시범 서비스에 들어갔다. 두 회사는 시범 서비스를 위해 매년 80억 원을 공동 투입하기로 했다. MBC는 통신사업자인 두루넷과 공동으로 인터넷 방송 프로그램을 내보내고 있다. 이 회사는 「인터넷 전략기획팀」을 설립, 인터넷 사업확장을 추진하고 있다.

케이블TV 쪽도 인터넷 사업에 총력을 기울이고 있다. 뉴스 전문 케이블채널인 YTN은 회선의 설비·임대 사업자인 두루넷, 하나로통신, 드림라인과 제휴해 실시간으로 인터넷 방송을 내보내고 있다. 음악채널인 KMTV도 인터넷 홈페이지를 새로이 단장해 인터넷 방송에 치중하고 있다. 젊은이들의 취향에 맞는 쇼핑몰 서비스도 제공 중이다. 음악 전문채널 m.net도 두루넷과 함께 실시간 인터넷 방송 서비스를 제공하고 있으며, 부천·김포지역 케이블TV 방송사(SO)인 드림시티 케이블은 SK텔레콤과 함께 1999년 11월부터 초고속 인터넷 서비스 사업을 시작했다.

이와 같이 통신사업자의 전송망과 방송사의 콘텐츠를 유기적으로 통합하면, 다양한 멀티미디어 서비스를 제공할 수 있을 뿐만 아니라, 기존의 시장지배력을 유지할 수 있는 장점이 있다. 또 중복되는 분야의 자원공유, 인력교류 등을 통해 시너지 효과를 거둘 수 있기 때문에 이러한 제휴 추세는 더욱 강화될 전망이다.

2 │ 인터넷 방송 — 독점으로부터의 해방, 문화 다양화 첨병

누구나 프로그램을 쉽게 제작해 방송할 수 있는 인터넷 방송은

TV가 아닌 인터넷 홈페이지를 통해 프로그램을 송출하는 새로운 개념의 방송이다. 기존 방송매체에서 접하기 힘든 다양한 콘텐츠를 제공하고 있는 것도 인터넷 방송의 인기비결이다. 인터넷 방송은 사실상 검열을 받지 않기 때문에 일본음악이나 전위적인 언더그라운드 음악도 쉽게 들을 수 있다. 「대학로소극장탐방」이나 「인디영화소개」 등 소수의 매니아를 대상으로 한 프로그램도 찾아볼 수 있다. 인터넷 방송은 또 제작비가 저렴하고, 표현의 자유가 보장되기 때문에 다양한 개성연출이 가능해 좋은 반응을 얻고 있다. 개인이 방송국의 국장 또는 사장이 되어 자신의 방송용 홈페이지를 제작하고, 그 안에 리얼비디오(www.real.com) 같은 방송 소프트웨어를 설치해 인터넷을 통해 방송을 내보내면 되는 등 기존 방송에 비하면, 비교도 안 될 정도로 간단하다. 이러한 제작 편리성과 문화공간에 대한 욕구 등이 어우러져 새로운 문화공간으로 인터넷이 이용되고 있는 것이다. 인터넷 방송의 수익원은 일반 방송과 마찬가지로 광고에 주로 의존하고 있다.

그 동안 제한된 방송 채널만을 갖고 있던 국내 시청자들에게 인터넷 방송은 다양한 욕구를 충족시킬 수 있는 새로운 기회를 제공해줄 것이다. 이미 많은 인터넷 방송국이 등장했으며(약 350여 개, 2000년 4월 기준) 자본과 경쟁력을 갖춘 중견기업들이 신규로 인터넷 방송을 준비 중이기도 하다. 기존의 느린 전송속도로는 인터넷 방송을 제대로 즐길 수 없기 때문에, 인터넷 방송이 활성화되기 위해서는 무엇보다도 전송속도의 확대가 필요하다. 또 기존의 방송사와는 차별화되는 다양한 분야의 영상물 제작을 통해 특수 계층을 시청자로 끌어들이는 전략 등이 필요할 것이다.

3 인터넷 방송의 문제점

인터넷 방송의 많은 장점에도 불구하고 현재 국내 인터넷 방송은 여러 가지 문제점을 안고 있다. 무엇보다도, 아직까지 데이터 전송 속도가 느려 수시로 화면이 멈추고 화질도 나쁘다는 단점을 갖고 있다. 이 밖에도 인터넷 방송에 대한 법제화 등의 제도마련이 시급하다는 점도 지적되고 있다.

현재 인터넷 방송은 지상파 방송사나 케이블TV 방송사들의 「선택」이 아니라 「필수」로 자리잡아가고 있지만, 인터넷 방송이 진정한 의미의 방송매체로 자리잡기 위해선 아직도 갈 길이 멀다. 대부분 인터넷 방송이 일반인을 대상으로 서비스되기보다는 네티즌을 대상으로 실험적인 수준에 그치고 있으며, 네티즌 중에서도 고속 통신회선 접속이 가능한 일부 계층들에게만 효율적으로 이용이 가능한 상황이다. 특히 특정 이벤트를 실시간으로 중계할 경우 전송량이 폭증해 방송으로서의 기능을 사실상 상실하는 사례도 비일비재하다. 여기에다 인터넷 방송에 관한 제반 제도 및 규제정책은 아직도 정비된 상태가 아니다. 국내에서는 인터넷 방송의 개념 정의와 관련해 아직도 논란이 일고 있다. 한동안 통합방송법에 인터넷 방송을 주문형 비디오(VOD)나 전광판 방송과 마찬가지로 「유사방송」의 범주에 넣자는 의견도 있었으나, 현재 정부 여당의 새 방송법은 인터넷 방송에 관한 별도의 규정을 두고 있지 않다. 방송법상 인터넷 방송사업자는 정식 방송사업자가 아닌 것이다.

물론 인터넷 방송 사업자로서는 방송법의 범주에 들어가지 않는 것이 오히려 사업을 추진하는 데 편리할 수도 있다. 「방송」보다는 「부가 서비스」의 일종으로 봐야 한다는 논리다. 인터넷 방송에 대한 개념 정의는 저작권 측면에서도 아주 중요하다. 업계 일각에서는 인터넷 방송이 일반 방송 서비스와는 달리 다수의 시청자에게 동시 다발적으로 프로그램을 뿌려주는 것이 아니란 점에서, 방송이란 개념보다는 「전송」이란 개념에서 이해하고 있다. 상당수 인터넷 방송사들은 자신들의 서버에 프로그램을 올려놓고 네티즌들이 자신의 필요에 따라 다운로드할 수 있도록 하고 있다. 이 같은 측면에서 저작권법에 「전송권」 개념을 신설해야 한다는 주장도 나오고 있다. 그러나 인터넷 방송을 추진 중인 상당수 사업자들은 자신들이 일반 방송사와 마찬가지로 방송사업자로서의 권리를 향유할 수 있어야 한다는 주장이다. 인터넷 방송사업자들이 방송사업자로서의 지위를 확보해야만 취재 및 제작활동이 훨씬 자유롭고 권위도 선다는 판단이 크게 작용하고 있기 때문이다. 그러나 방송사업자로 인정받기 위해서는 상응한 심의 규제를 받아야 하는 게 국내 방송계의 현실이다. 앞으로 지상파 방송에 공급되는 프로그램들이 인터넷 방송을 통해 제공되거나 지상파 방송사들이 인터넷 방송용 프로그램을 제작·보급할 경우 심의제도를 어떻게 운영해야 할지가 빨리 결정되어야 한다. 방송계에서는 기존의 지상파 방송과 인터넷 방송의 프로그램 심의기준을 동일한 잣대로 재는 것은 새로운 매체 환경에 적합지 않다는 지적을 하고 있다.

4 │ 음반산업, 인터넷 영화, MP3 ─ 「태풍의 눈」

1999년 국내 음반시장 규모는 5,000억 원선. 업계에서는 2002년경이면 전체 음반시장의 4~5%, 2004년에는 10% 정도를 인터넷 분야가 차지할 것으로 전망하고 있다. MP3(MPEG3)가 음반산업의

「태풍의 눈」이 되고 있는 것이다. MP3란 일종의 오디오 파일 압축 기술로, CD 못지않은 음질을 재생할 수 있다. MP3 파일을 이용하면 인터넷 등 통신망을 통해 원하는 곡만 사서 들을 수 있다. 일각에서는 LP가 CD로 대체되었듯이, CD는 MP3에 주도권을 내줄 것이란 전망까지 내놓고 있다. 세계음반산업협회(MBI)는 5년 내에 인터넷 음반시장의 규모가 40억 달러에 이를 것으로 예측하고 있다. 영국의 시장조사기관인 MTI는 2005년경이면 전체 인터넷 음반판매 중 다운로드 판매가 15% 정도를 차지할 것으로 예측하고 있다. 타워, 카멜롯 등 대형도매상과 유니버설, 소니, 워너 브러더스 등 메이저 음반회사들은 앞다퉈 인터넷 음반점을 개설했고, 1999년 안에 다운로드 방식의 디지털 음반판매를 시작할 예정이다. MP3는 MP3 플레이어, 보안장치 개발 등 관련 제조업 분야를 활성화시키는 데도 큰 몫을 하고 있다. MP3 플레이어 개발의 선두주자라 할 수 있는 새한정보통신, 다이아몬드 멀티미디어뿐 아니라 삼성전자, LG전자 등 국내 주요 가전업체들이 시장에 뛰어들고 있다. 테크넷, 씨노스테크 등 벤처기업들도 다기능 MP3 플레이어를 선보이고 있다. 이와 함께 디지털 음악 불법복제 문제를 해결할 수 있는 보안 시스템 개발사업도 신규사업 분야로 떠오르고 있다.

한편 영상·음향 압축기술과 고속 인터넷 접속기술 발전에 따라 인터넷 영화 분야도 성장하고 있다. 미국에서는 사이트사운드 (www.sightsound.com), 아이필름(www.ifilm.com) 등 인터넷 전용 영화관이 〈퀀텀 프로젝트〉, 〈파산〉 등 인터넷 전용 작품을 내놨다. 국내에도 씨네파크(www.cinepark.com), 네오무비(www.neomovie.com), 마구리(www.maguri.com) 등 인터넷 전용 극장 사이트가 활동 중이다. 선두업체 씨네파크는 회원 4만여 명을 확보했고, 영화 20편을 감상할 수 있는 1만 원짜리 쿠폰을 4,000여 명에게 판매했다. 또 한국영화 〈댄스댄스〉를 극장과 동시 개봉하기도 했다. 무료영화 사이트인 네오무비는 영화 〈카라〉를 극장과 동시에 올렸고, 〈뱀파이어 블루〉를 직접 제작했다. 하나로통신은 1999년 4월 〈오스틴 파워〉를 극장 개봉과 동시에 자사 홈페이지 하나넷(home.hananet.net)에서 상영한 바 있다.

5 정보통신업체 – 음반업체 제휴 활발

인터넷 기반 사업영역에서는 음반업계도 여느 산업 분야와 마찬가지로 이업종 간 전략적 제휴가 활발하다. 국내 정보통신업체와 음반업체 간에 제휴 바람이 불고 있는 것이다. 음반업계는 풍부한 콘텐츠(음원)를 제공하고 정보통신업계는 불법복제 방지 등 디지털 음악 기술을 맡는 제휴관계가 형성되고 있다. 이 같은 흐름은 MP3 파일과 MP3 플레이어로 대표되는 디지털 음악시장이 움트기 시작하면서 음반산업에 정보통신기술이 필요하다는 인식에서 비롯되고 있다. 음반업계와 정보통신업계의 제휴는 선택이 아닌 필수인 것이다. MP3 플레이어가 보급되고 음악이 온라인으로 유통되기 시작할 때만 해도 음반업체들은 떨떠름한 반응을 보였다. 불법복제가 만연하는데다 음원권에 대한 대가가 제대로 보장되지 않았기 때문이다. 15개 디지털 음악 서비스 업체가 PC통신을 통한 MP3 파일 판매를 중단하게 된 것도 이런 배경에서였다. 그러나 대세는 디지털이 음반시장을 지배하는 쪽으로 기울고 있다.

세계 대형 음반사의 움직임이 이를 보여준다. BMG 엔터테인먼트, EMI 레코디드 뮤직, 소니 뮤직엔터테인먼트, 유니버설뮤직, 워너 뮤직 등은 인터넷을 통한 음악 서비스 시장에 이미 뛰어들었다. 단순히 음원제공자 위치에서 벗어나 대부분 지분참여 형태로 이들 서비스 업체와 관계를 맺고 있다. 소니는 1999년에 디지털 음악시대의 서막을 알리는 사건을 일으켰다. 이 회사에 소속된 세계적인 팝가수 머라이어 캐리가 자신의 신곡을 인터넷으로 발표한 것이다. 이 신곡 앨범은 크리스마스 시즌에 음반으로 판매되었다.

한국의 음반업계도 이 같은 흐름을 거부할 수 없는 대세로 받아들이기 시작한 것이다.

국내 메이저 음반회사인 대영에이브이는 삼성전자 출신의 MP3 연구인력들이 만든 미디어랩을 최근 인수합병했다. 이 회사는 인수합병 시너지 효과를 최대한 발휘해 1999년부터 인터넷을 통해 MP3 파일을 판매하고 있으며, 인터넷 라디오 방송도 제공해 디지털 음악시장을 선점한다는 전략을 세우고 있다. 잭스키스, 핑클 등이 소속된 DSP엔터테인먼트 등 10개 음반사의 음원권을 확보한 이 회사는 국내에서 가장 많은 곡을 디지털로 서비스할 전망이다. 음반과 교육용 비디오 등을 만들어온 웅진미디어는 인터넷 음악 판매회사인 큐브라인을 설립하면서 아트앤사이언스 및 인하대학교의 지능미디어 연구실과 제휴를 맺었다. 큐브라인은 앞으로 기획과 마케팅을, 아트앤사이언스는 사이버 캐릭터와 웹디자인을, 인하대학교는 기술부문을 맡아 국내 최고의 인터넷 음악판매 회사로 성장한다는 전략이다. MP3 플레이어를 제조하는 건잠머리컴퓨터와 인터넷광고업체인 골드뱅크커뮤니케이션즈는 인터넷뮤직을 공동 설립했다. 5개 음반사와 제휴를 맺고 있는 인터넷뮤직은 모회사인 건잠머리에서 만든 MP3 플레이어로만 음악을 감상할 수 있도록 할 예정이다. 디지털 음악업체인 리퀴드오디오의 한국 합작법인인 리퀴드오

MP3 플레이어

MP3란 동영상압축해제기술 관련단체인 MPEG이 정한, 아날로그 음향을 디지털 형태로 바꿀 때 적용하는 압축방식이다. CD에 담긴 3분짜리 디지털 음악 파일의 크기는 약 30메가바이트(MB)이지만, MP3 파일로 압축하면 그 10분의 1인 3MB로 줄어든다. 때문에 PC통신과 인터넷 사이트에 음악을 올리고 내려받을 때 MP3 기술이 널리 쓰이고 있다. 이 기술을 채택해 PC를 통해 내려받은 음악을 담고 재생할 수 있는 기기가 MP3 플레이어다.

디오코리아는 룰라, 디바 등이 뭉친 인기그룹 브로스의 음원을 소유한 크림레코드와 최근 제휴를 맺었다. 리퀴드측은 음반사가 디지털 음악을 마음놓고 판매할 수 있게 불법복제방지 기술 등을 제공한다. 나눔기술은 도레미레코드와 제휴를 맺고 인터넷 음악유통업체 IMD를 설립했다. IMD는 도레미를 비롯해 국내 10개 음반사에서 음원제조와 유통관리 업무를 위탁받아 디지털 음악 서비스를 제공할 계획이다.

유망기업 SBS인터넷(http://www.sbs.co.kr)

1999년 8월 서울방송에서 인터넷 사업부문이 독립해 분사한 SBS인터넷은 별도법인 설립과 함께 하나로통신과 제휴를 맺고, 드라마·쇼·시사 프로그램을 중심으로 인터넷 방송을 전개하고 있다. 국내 인터넷 방송시장에 공중파 방송국 중 가장 발빠르게 움직이고 있는 신규업체다.

SBS인터넷은 회사 설립 후 관련업체와의 적극적인 제휴를 통해 인터넷 방송 선점을 위한 노력을 기울이고 있다. 1999년 12월에는 음악전문 케이블TV m.net와 전략적 제휴를 맺고, m.net (www.mnet27.com)으로부터 동영상 뮤직비디오를 공급받아, SBS 인터넷 방송 엔터테인먼트 코너에서 방송하고 있다. 두 회사는 이 밖에도 경쟁력 있는 사이트의 링크 서비스, 공동 이벤트 기획, 멀티미디어 콘텐츠 공동개발 등에서도 협력을 확대하기로 했다. 1999년 11월에는 삼성물산과 전략적 제휴를 맺고, 인터넷 사업에 대한 포괄적인 상호협력 관계를 구축하는 한편, 서로가 보유한 강점을 활용해 인터넷 방송, 전자상거래, 사이버 교육 등의 분야에서 공동사업을 펼치기로 했다. 같은 해 11월 프로데이타시스템과는 게임 포털 서비스 분야에서 제휴를 맺는 등 사업 확대에 박차를 가하고 있다.

이 밖에도 SBS인터넷은 최근 여러 업체들과 다양한 제휴관계를 맺고, 사업영역을 다각화하고 있다. 인터넷 TV 개발업체인 (주)클릭TV와 제휴를 맺고, 인터넷TV를 통해서도 각 프로그램을 시청자에게 제공할 수 있도록 했다. 교육전문 사이트인 (주)사이버 에듀타운과는 SBS 대학수능 사이버 모의고사 사이트(http://sunung. sbs.co.kr)를 공동으로 개설했으며, 인터넷을 통해 VOD 서비스를 제공 중인 씨네로닷컴과는 영화 VOD 서비스를 SBS인터넷을 통해 제공하기로 했다.

SBS인터넷이 설립 이후 짧은 기간에 이와 같이 다양한 제휴관계를 맺고 있는 것은 SBS인터넷의 사업전략과 높은 인지도 때문으로, 광고수입만으로는 높은 수익을 기대할 수 없다는 SBS인터넷의 인식과 SBS인터넷의 높은 브랜드 인지도를 마케팅에 활용하려는 기타 업체들과의 이해관계가 맞았기 때문으로 분석된다.

SBS인터넷은 사업영역을 인터넷 방송과 전자상거래, 의료 포털

및 비자캐시 사업 동참 등으로 크게 구분하고 있다. 이를 위해 다른 인터넷 방송과 차별화된 본격적인 멀티미디어 전문 포털 사이트를 표방하고 있다. 단순한 엔터테인먼트 정보제공뿐 아니라, 방송과 연계된 전자상거래 서비스까지 원스톱 솔루션을 제공한다는 계획이다. 즉 단순한 인터넷 방송에 그치지 않고, 의료 포털에서 전자상거래에 이르는 다양한 서비스를 통해 인터넷 비즈니스 전문 기업으로 성장한다는 전략이다. 우선 모회사인 SBS의 자원을 최대한 활용해 멀티미디어 콘텐츠를 다양화하고, 엔터테인먼트와 스포츠 부문에 초점을 맞춰 인터넷 방송 서비스를 강화하는 한편, 현재 재방송 위주의 VOD 서비스를 넘어 24시간 생방송 및 인터넷만을 위한 자체 프로그램 제작에도 역점을 둔다는 계획이다.

제2부 국내 전자상거래 어디까지 왔나

　SBS인터넷은 1999년 8월 설립 후 인터넷 방송 및 전자상거래 특화기업을 표방하고 있으며, 2000년 초에는 쇼핑몰 등도 선보일 계획이다. SBS인터넷은 공중파 방송국이 갖고 있는 다양한 멀티미디어 콘텐츠, 공중파 방송경험 등과 인터넷 매체특성을 감안한 다양한 프로그램 개발능력 및 브랜드 인지도 등에서 일단 여타 인터넷 방송국에 비해 앞서고 있는 것으로 평가되며, 인터넷 방송시장 확대와 함께 성장이 기대되는 유망기업이다.

전세계적으로 앞으로 10년 안에 종이로 된 항공권이 사라질 전망이다. 국제항공운송협회(IATA)는 미국 IBM사와 함께 세계 각국의 항공사들을 하나로 묶는 전자티켓 네트워크 구축을 추진하고 있다. 국내 항공사인 대한항공과 아시아나항공도 이 같은 추세에 발맞춰 이 프로젝트에 참여할 계획이다. 전자티켓이란 전화·통신망 등을 통해 항공권을 예약한 후 빈 손으로 공항에 나가 신용카드를 자동 티켓기에 넣거나 예약번호만으로 탑승권을 자동으로 발급받는 보이지 않는 항공권이다. 결제는 신용카드로 하고 영수증은 후에 팩스나 우편을 통해 받게 된다. 이 네트워크가 보편화되면 한 번 이상 항공기를 갈아타며 여행을 하는 사람들도 전자티켓으로 편리하게 탑승절차를 밟고 환승할 수 있다. 또 예약을 하고 티켓을 찾으러 가는 불편이 사라지는 등 편리한 점이 많다.

국제항공운송협회는 오는 2010년께 전세계 항공티켓의 대부분이 전자티켓으로 대체될 것으로 전망하고 있다. 특히, 미국에서는

80% 이상이 종래의 종이비행기표에서 전자티켓으로 바뀔 것으로 보고 있다. 전자티켓을 처음 도입한 유나이티드항공은 이미 티켓의 50% 이상을 전자티켓으로 발급하고 있고 미국 전체 항공기 티켓 중 3분의 1이 전자티켓으로 전환됐다. 전자티켓이 확산되면 우선 항공사가 큰 이익을 보게 된다. 종이티켓의 발급비용이 평균 8달러이지만, 전자티켓은 1~2달러에 불과하기 때문이다. 그러나 문제점도 있다. 우선 고객들이 「증표」가 없어 불안해한다는 것. 대한항공 측은 『손에 표를 가지고 있어야만 안심이 되는 한국인들의 정서를 감안할 때 전자티켓이 어느 정도 성공할지는 의문』이라며 『세계적 추세인 전자티켓 네트워크에 참여는 하겠지만 결정은 신중히 할 것』이라고 밝히고 있다.

이와 같이 전자티켓에 대한 국내 항공업계의 시각은 다소 소극적이다. 국내의 경우 외국과는 달리 항공기 탑승문화가 일반화되어 있지 않다는 점과 높은 예약 부도율(약 20%), 국내 항공사의 독점적 위치 등을 감안할 때 이해되는 측면도 있으나, 세계 항공업계의 대세가 이미 전자티켓으로 옮겨가고 있고 인터넷을 통한 경쟁의 글로벌화를 감안할 때 좀더 공격적인 인터넷 활용이 필요할 것으로 보인다.

1 │ 국내 항공업계의 대응

『인터넷을 통해 비행기표를 사세요. 원하는 때에 원하는 장소로 무료 배달해드립니다.』 대한항공(www.koreanair.co.kr)은 1999년 창립 30주년을 맞아 인터넷에서 항공권 구매는 물론 대금결제, 배달까지 해주는 전자상거래 서비스를 시작했다. 대한항공 홈페이지에서「스케줄 및 예약」을 클릭하고 화면 안내대로 필요사항을 입력하면 된다. 입력내용 중에는 대한항공이 발급하는 카드인「스카이패스」의 회원번호도 포함돼 있다. 이 카드가 있어야 이용자격이 생기는 셈. 구매가 끝나면 신용카드나 무통장입금으로 운임을 내고 항공권을 택배로 받을지 출발 당일 공항에서 찾을지를 선택한다. 신용카드의 경우 회원번호, 비밀번호를 입력하면 인터넷상에서 운임이 즉석 결제된다. 택배를 신청하면 5일 이내에 원하는 장소로 배달해준다. 1999년에는 일본과 중국 직항노선, 동남아시아, 유럽노선에 한정했으나 2000년 상반기부터는 전 국제선으로 확대할 예정이다.

또한 인터넷을 통한 글로벌 영업환경 구축에도 본격 나서고 있다. 세계 어디에서나 인터넷 사이트를 통해 전 구간 항공권을 살 수 있는「글로벌 인터넷 항공권 판매시스템」을 2000년 상반기까지 구축, 하반기부터 운용할 계획이다. 이 회사는 이를 위해 100만 달러(12억 원)를 투자해 최첨단 기능을 갖춘 부킹(예약) 엔진을 개발 중이다. 1999년 4월 세계적인 항공예약 시스템(CRS) 업체인 아마데우스와 기술 및 자본제휴를 맺고 예약기능을 개선하고 있다. 대한항공은 현재 국내선 및 한국발 일본, 중국노선 승객과 미주지역 사이트에서 미주 출발 승객에 한해 인터넷을 통해 항공권을 팔고 있다.

이 밖에 이 회사는 상용우대고객인 스카이패스 회원 600만 명과 인터넷 이용 등록회원 22만 명을 대상으로 비수기 부진노선에 대한 판촉을 강화하는 등 인터넷 마케팅을 강화하고 있다. 대한항공은 1999년 상반기 여덟 차례에 걸쳐 17만 명에게 전자우편 판촉을 벌여 15%의 판매반응률을 기록할 정도로 인터넷 마케팅에서 효과를 보고 있어 인터넷 마케팅 활용에 대해서는 적극적인 자세를 보이고 있다. 대한항공은 항공권 예약판매는 물론 호텔, 렌터카, 여행정보, 여행보험 등 여행관련 정보를 총망라하는 여행 포털 사이트를 2000년 중 구축한다는 목표를 세우고 1999년 5월부터 인터넷을 통해 개인이 희망하는 개별여행정보를 제공해주는 개인별 여행맞춤 서비스인 「마이 페이지」를 운용, 이용자들로부터 큰 호응을 얻고 있다.

2 외국 사례

『세이버와 항공사 가운데 하나만 선택해야 한다면 차라리 항공사를 팔겠다.』 아메리칸항공(American Airlines : AA) 사장을 지낸 로버트 크랜델이 재임 당시 했던 말이다. 미국 최대 항공회사 최고경영자의 고백 치고는 매우 충격적이다. 세이버(Semi-Automated Business Research Environment : SABRE)는 인터넷을 이용한 AA의 종합 여행예매 시스템이다. 겉으로만 보면 단순한 인터넷 사이트인 세이버가 오히려 수백 대의 항공기보다 더 많은 부가가치를 만들어내고 있다는 표현이다.

이 시스템은 고객이 인터넷을 통해 항공권 구입에서부터 호텔, 렌터카 예약, 각종 여행상품 구매 등을 한꺼번에 처리할 수 있게 해준다. 요즘은 AA의 여객운송 수입에 맞먹는 추가수입을 올려주고 있다. 세이버는 전세계 70여 국가, 3만 개 여행사를 거미줄처럼 묶어놓고 있다. 인터넷망을 통해서다. 여행객은 PC만 있으면 언제 어디에서나 이 망에 들어가 400여 항공사, 50여 렌터카 업체 체인, 3만 9,000여 호텔과 접촉해 바로 예약할 수 있다. AA는 이 시스템을 무기로 미국 항공여객시장 점유율 1위 자리를 굳건히 지키고 있다.

세이버는 인터넷과 결합되면서 폭발적인 잠재력을 발휘했다. 어

느 누구든 집이나 사무실에서 PC를 통해 AA의 인터넷 홈페이지
(www.aa.com)에 접속, 항공여행과 관련된 모든 정보를 얻고 예약
을 할 수 있게 된 것이다. 당장 AA의 예매센터 일이 절반 이하로 줄
었다. 과거 이 회사 예매센터에 걸려오는 전화의 대부분은 항공권
구매보다 비행시간이나 잔여좌석을 조회하는 문의였으나 문의전화
가 대폭 감소했다. 누구든 홈페이지에 들어가면 비행시간 스케줄이
어떻게 짜여졌는지, 남은 좌석은 얼마나 되는지, 항공권 가격은 얼
마인지 한눈에 알 수 있게 된 데 따른 것이다. 항공권 판매비용도
크게 줄었다. 이 회사 고객의 10% 이상이 인터넷과 PC통신으로 발
급받은 전자티켓을 사용하고 있다. 전자티켓은 고객이 이 회사 홈
페이지에 들어가 예약을 하고 그 결과를 출력한 형태로 발급된다.
항공사와 고객이 항공권을 직접 팔고 사게 됨으로써 부대비용을 지
출할 필요가 없어진 것이다.『발매대행 수수료, 마케팅 및 광고비
용, 인건비, 통합예약센터 운영비 등 AA가 지출한 부대비용은 예전
에 연간 120억 달러에 이르렀습니다. 세이버는 이 비용을 대폭 줄
였습니다. 여행사를 거쳐 항공권을 팔게 되면 관련 비용만 평균 8
달러를 추가로 지출해야 했으나 전자티켓이 도입되면서 그 비용은
1달러로 줄었습니다.』(존 새뮤얼 온라인 마케팅 담당이사)

　구슬이 서말이라도 꿰어야 보배다. 세이버의 이 같은 효과도 고
객들이 적극 활용하지 않으면 무용지물이다. 정보시스템 담당 하퍼
부사장은 그래서『고객이 종전의 종이티켓보다 발권비용이 싼 전자
티켓을 쓰도록 유도하는 것이 최대 과제』라고 말한다. AA는 이를
위해 고객이 인터넷에서 전자티켓으로 예매할 경우 마일리지 보너
스 서비스를 제공하고 있다. 하퍼 부사장은『이제 고객들은 인터넷
에서 직접 항공권을 예매하고 원하는 좌석을 선택하며 신용카드로

결제하는 전자티켓 시스템에 매력을 느끼고 있다』고 귀띔했다.

세이버는 항공여객산업 정보 시스템의 모델이 됐다. 유나이티드 에어라인을 비롯해 델타, 텍사스항공 등 유수 항공사들이 세이버를 모델로 예약 시스템을 구축했다. 국내 항공사들도 이 시스템을 표본으로 삼을 정도다. AA는 세이버를 활용해 추가 수입원을 창출했다. 언제 어디에서 누구나 접속할 수 있는 인터넷망의 특성을 살려 여객기의 남은 좌석을 인터넷 경매에 붙이는 사업에 나섰다. 『주말까지 자리가 남은 항공편을 이용하는 고객에겐 특별할인 서비스가 제공됩니다.』AA가 제공하는 넷세이버 서비스에 가입한 고객은 매주 이 같은 내용으로 특별할인 요금목록이 첨부된 전자우편을 받는다. AA는 매주 월요일과 화요일에 주간 예매실적을 확인하고 예매율이 저조한 항공편을 가려낸다. 그리고 100만 명이 넘는 넷세이버 가입자를 대상으로 전자우편을 발송한다. 이 같은 인터넷 경매방식으로 가입자는 운이 좋을 경우 원하는 항공권을 절반 이하 가격에 살 수 있게 된다. 회사측은 항공편의 공석률을 20% 이상 줄이는 성과를 거두고 있다. 『항공사가 탑승 고객 수를 아무리 정확히 예측한다고 해도 팔리지 않는 자리가 남게 마련입니다. 인터넷이 그 문제를 해결했습니다.』(하퍼 부사장) 넷세이버 프로그램은 이미 연간 1억 달러의 추가 수입을 올려주는 황금알을 낳는 거위가 됐다. AA는 인터넷 시대의 기업이 어떻게 변신해야 하는지를 보여주고 있다.

③ 사이버 여행사

국내 사이버 여행사는 항공업계에 비해 발빠르게 움직이고 있다. 인터넷 공간을 적극적으로 활용하려는 모습이 기존 여행사뿐 아니라, 사이버 전문여행사에서도 나오고 있다.

『집에서 직접 항공권을 싸게 구입하고 푸짐한 경품도 받고.』요즘 알뜰파들은 국내·외를 여행하려 할 때 여행사를 먼저 찾지 않는다. 우선 컴퓨터 앞에 앉는다. 그리고 여행사들이 운영하는 인터넷 홈페이지로 들어간다. 여행사들은 저마다 인터넷 사이트를 개설하고는 고객들에게 항공권 할인 등 파격적인 혜택을 주고 있다. 이곳에는 여행에 필요한 모든 정보가 담겨 있다. 대부분의 국내 여행사 인터넷 홈페이지는 국내·외 항공권 할인판매, 호텔·콘도 예약, 패키지·테마·배낭여행 등의 상품 판매와 관광소식, 여행안내, 렌터카 알선 서비스 등을 제공하고 있다.

인터넷을 통하면 각 여행사나 항공사를 직접 찾는 것보다 항공권을 싸게 구입할 수 있다. 항공권 이용료를 정상요금의 30%까지 할인해주는 여행사도 있다. 특히 신혼여행을 하려는 사람이나 노인, 어린이들에게는 파격적인 할인 혜택을 주는 여행사들이 많다.

여행 당일보다 앞서 예약할수록 할인율이 높아진다. 인터넷을 이용하면 집에서 항공권을 바로 예약할 수 있다는 장점도 있다. 여행 준비를 하는 데 걸리는 시간을 크게 줄일 수 있는 것이다. 인터넷으로 예약하면 보통 여행사들은 2~3일 안에 항공권을 우송해주고 있다. 여행지에 대한 상세한 정보도 얻을 수 있다. 각국의 호텔이나 주요 관광지, 렌터카 회사 등의 연락처나 위치, 이용요금, 특징 등 상세한 정보를 제공하고 있다. 해외여행을 할 때 필요한 비자나 여권발급 업무를 대행해주는 여행사도 늘고 있다. 리워드 에어마트 같은 여행사는 일정 금액 이상이 누적된 고객에게는 비자나 여권발급을 무료로 대행해주는 서비스도 제공하고 있다.

특정 국가에 대한 여행 토털 서비스를 제공하는 업체도 눈에 띄게 증가하고 있다. 이들 여행사는 세계 각국에 대한 여행 서비스를 제공하는 업체보다 훨씬 다양한 여행정보를 제공하고 있다. 예컨대, 비엔엠 세계여행이라는 여행사는 몽골에 대한 상세한 여행정보를 특화해 고객들을 끌어들이고 있다. 이 여행사는 인터넷을 통해 여행지에 대한 정보는 물론, 몽골에서 최근 일어나고 있는 각종 사회문제나 현안들을 상세히 소개하고 있다. 해외의 주요 호텔이나 열차 이용권에 대한 할인 서비스도 인터넷 여행사에서 누릴 수 있는 장점이다. 월드투어의 경우 일부 해외 호텔에 대해서는 정상 숙박료의 70%까지 할인해주는 혜택을 주고 있다. 서울항공여행사 등은 유럽 여행시 필요한 열차 이용권인 유로패스와 유레일패스 등을 상당폭 할인해주는 서비스를 제공하고 있다.

이와 같이 국내 사이버 여행업계는 여러 업체들이 경쟁을 벌이고 있으며, 어느 업체도 확실한 우위를 점하고 있지 못한 것이 현실이다. 국내 전자상거래의 빠른 발전속도를 감안할 때 1~2년 안에 대형 사이버 여행사의 출현이 예상된다. 또 국내 항공사인 대한항공과 아시아나항공의 여행 포털로의 변신도 기대되는 부분이다.

유망기업 3W투어(http://www.worldtour.co.kr)

국내 첫 인터넷 여행사이자 관광벤처기업 1호인 3W투어는 사이버 여행업이 21세기 최고 유망사업임을 확신하고, 1998년 3월 「월드투어(www.worldtour.co.kr)」 사이트를 개설한 이후 현재 회원수가 약 15만 명에 달하고 있다.

1999년 6월 이후 매달 100%의 매출성장을 거듭하고 있다. 3W투어의 이 같은 급성장은 여느 인터넷 여행사들과 달리 방대한 데이

터베이스를 보유하고 차별화된 서비스를 제공하는 덕택이다. 사이트를 개설하기 전 6개월 동안 전 직원이 꼬박 매달려 3,000쪽 분량의 데이터베이스를 구축했다. 이후 네티즌들의 취향에 맞는 서비스를 끊임없이 제공하고 있다. 기본적으로 △ 항공권·호텔 예약, △ 각종 여행상품 제공, △ 주문형 맞춤여행 서비스(최단시간 안에 가장 싼 가격으로 고객이 원하는 최적의 여행상품 제공), △ 여행정보 무료 전자우편 서비스, △ 최저요금 보상제도(3W투어 여행상품이 다른 여행사 상품보다 비쌀 경우 차액을 고객에게 되돌려줌) 등 특화된 서비스를 실시하고 있다.

이 밖에도 3W투어는 사이버 비즈니스가 성공하기 위해서는 사람들이 많이 모일 수 있는 「공동체」를 만드는 것이 중요하다고 판단, 각종 이벤트 행사를 마련하는 「프리투어」(www.freetour.co.kr) 사이트를 오픈했다. 프리투어는 인터넷 광고와 사이버 여행을 결합한 사이트다. 즉 네티즌이 광고화면을 클릭하면 적립금이 쌓여 어느 정도 이상이 되면 콘서트, 스포츠, 여행 등 무료 이벤트에 참여할 수 있다. 현재 회원 수는 5만여 명으로 하루 평균 7,000여 명이 접속한다. 월드투어에서 제공하는 여행정보까지 이용할 수 있어 원스톱 서비스를 받을 수 있다. 3W투어는 외국인을 위한 한국관광사이트(www.welcometocorea.com)와 결혼정보(www.daksclub.co.kr) 사이트도 운영하고 있다. 3W투어의 1999년 추정매출액은 100억 원인데, 2000년에는 500억 원까지 늘려 잡고 있다. 이를 위해 전국 14곳에 지점을 세우고 전세계 40여 개 국가에 글로벌 네트워크를 구축한다는 계획이다. 3W투어는 이미 20여 개 인터넷 여행사들과 업무제휴를 추진 중에 있다. 최근에는 미국 GRS사와 아시아 지역에 대한 온라인 실시간 예약독점 서비스 계약을 맺었다. 이 계약을 통해 국내에서도 인터넷을 통한 호텔·콘도·항공 등의 실시간 예약 서비스가 가능해진 것이다. GRS는 웹기반 온라인 실시간 예약 시스템「GRS」를 개발한 회사다.

3W투어는 일반 소비자 대상 영업뿐만 아니라, 소규모 여행사를 대상으로 하는 BtoB형태의 여행상품 판매자인「홀 세일러(wholesaler)」시장에도 진출했다. 영업활동도 기존의 사이버 여행상품 판매업뿐 아니라, 오프라인으로 확대할 계획이다. 사이버 공간에서 출발해 오프라인으로 사업영역을 확대해가는 비즈니스 모델을 적용하겠다는 것이다.

3W투어는 2000년 4월 개장이 예정된 제3 증권거래소 시장에 진출한 뒤, 유상증자 등을 거쳐 2000년 말에는 코스닥에 상장할 예정이다.

 # 서비스 다각화, 속도전쟁

국내 통신업계는 국내 인터넷 사용자 급증에 따라 ISP업체 간의 경쟁이 심화되고 있다. 막대한 초기 투자비로 대부분의 ISP업체들이 적자를 면치 못하고 있다. 그러나 국내 인터넷 접속 시장잠재력이 무궁무진하다는 점 때문에 경쟁이 더욱 치열해지고 있다. 또 다른 특징으로는 새로운 고속 인터넷 접속 서비스가 속속 도입됨에 따라 업체 간의 경쟁뿐만 아니라, 이들 접속 서비스 시스템 간의 경쟁도 치열하다는 점이다.

1 | 인터넷 수요

인터넷 이용자 수는 1998년 말 300여만 명에서 1999년 말에는 630만 명을 넘어섰으며, 2001년에는 전 인구의 4분의 1인 1,200만 명이 인터넷을 즐길 전망이다. 이와 같이 인터넷 이용자가 급증하면서 국내 ISP(Internet service provider) 업체 수가 40개를 넘어서고 있다. 국내에서 활동 중인 ISP업체는 크게 세 가지로 분류된다. 첫째는 기업이나 개인을 대상으로 인터넷 접속 서비스를 제공하는 일반 ISP업체로 한국통신, 데이콤, 아이네트 등이 여기에 속한다. 두번째는 초고속 ISP업체들로, 일반 ISP업체보다 인터넷 서비스 속도가 빠르다. ADSL이나 케이블망을 이용해 고속 인터넷 접속 서비스를 제공하는 업체인 하나로통신, 두루넷, 드림라인, SK텔레콤 등이 여기에 속한다. 세번째는 소규모 ISP업체들이다. 한솔텔레콤, 제이씨현시스템, 디지털임팩트 등이 이 범주에 든다.

국내 인터넷 접속 · 온라인 서비스 업체는 한국통신, 데이콤, 삼성SDS, SK텔레콤이 대표적이다. 한국통신은 코넷, 데이콤은 보라넷과 천리안을 운영하고 있고, 삼성SDS는 유니텔, SK텔레콤은 넷츠고 서비스를 제공하고 있다. 이 밖에 하나로통신, 한국통신하이텔, 드림라인, 두루넷, 나우콤 등이 있다. 현재 선두 업체들은 통신망을 확보하고 있는 한국통신과 데이콤으로, 나머지 업체들이 이들을 맹추격 중에 있다.

인터넷을 기반으로 한 IT 혁명은 국내에서도 이미 시작됐다. 국내 ISP의 공중회선 이용자는 1996년 말 9만 명, 1997년 말 32만 명, 1998년 상반기에는 49만 명으로 늘어났다. ISP와 직접 전용선을 연결해 쓰는 이용자는 8,400여 곳에 달하고 있다. 전용선을 이용하는 곳은 대기업, 대학, 공공기관 등이다. 구역 내 통신망(LAN)을 통해 인터넷에 접근하는 방식이 활용되고 있다.

현재까지는 ISP업체들 대부분이 적자를 면치 못하고 있다. 또한 PC통신 서비스를 병행하고 있는 데이콤(천리안), 한국통신(한국통신하이텔) 등이 여타 기업에 비해 유리한 위치를 점하고 있다. 그러나 이들 PC통신업체 역시 경쟁에 직면하고 있다. 기존의 PC통신

인구가 빠르게 인터넷으로 이동하고 있기 때문이다. 따라서 이들 선두업체에게는 유리한 위치를 활용해 어떻게 인터넷에서 경쟁우위를 점하는가가 관건이 될 것이다.

2 │ 초고속통신망 ─ 전송속도가 핵심

『IT혁명은 초고속 통신망에서 시작된다.』새로운 고부가가치를 창출하는 정보기술이 아무리 앞섰더라도 낙후된 통신망으로는 100%의 효과를 거둘 수 없다. 초고속 통신망은 정보처리시간을 단축해 필요한 정보가 적절한 형태로 가공돼 필요한 곳으로 즉시 전달될 수 있게 한다. 현재 국내에서 추진 중인 초고속통신망 구축사업은 정부와 공공기관이 이용하는 초고속 국가망과 일반 국민 및 민간업체들이 사용하는 초고속 공중망(가입자망)으로 크게 구분된다. 오는 2010년까지 정부와 민간이 모두 31조 9,000억 원을 투자하는 초대형 프로젝트다. 초고속 국가망은 이미 1단계 사업(1995~97년)이 끝나, 오는 2002년까지 2단계 사업이 진행될 예정이다. 3단계는 2003~10년으로 돼 있다.

최근 들어 인터넷 이용이 크게 확산되면서 일반이용자와 민간업체의 통신을 빠른 속도로 뒷받침하기 위한 초고속 가입자망 구축이 활발히 추진되고 있다. 기존 전화회선에 첨단 모뎀이나 교환기를 붙여 통신속도를 높이는 초고속교환기(ATM)와 디지털 가입자망(ADSL), 종합정보통신망(ISDN)부터 회선 자체를 고도화한 케이블망, 주파수를 이용한 무선 케이블망과 무선가입자망(WLL)까지 다양한 가입자망이 잇따라 등장하고 있다. 이에 따라 인터넷 등을 지금보다 100배나 빠르게 이용할 수 있고, 예전에는 상상하기도 힘들었던 영상전화, 영상회의 및 주문형 비디오(VOD), 동영상 송수신 같은 첨단 통신 서비스를 이용할 수 있게 되는 등 초고속 통신 서비스 시대가 성큼 다가오고 있다.

케이블망

케이블 TV망과 가정용(FTTH) 및 기업용(FTTO) 광케이블망을 통해 쌍방향으로 방송과 통신 서비스를 동시에 제공하는 가입자망이다. 최고 10Mbps의 초고속으로 데이터를 주고받을 수 있어 인터넷과 PC통신은 물론 원격교육, 영상회의, VOD 등의 멀티미디어 통신 서비스를 초고속으로 이용할 수 있다. 케이블TV망을 이용한 통신 서비스는 이미 두루넷과 하나로통신이 제공하고 있으며, 광케이블망 통신 서비스는 1999년 4월부터 하나로통신이 상용화했다. 광케이블망은 설치비용이 크게 낮아지고 있어 2000년에는 100회선 이상을 1km 이상 설치할 경우 구리선을 설치할 때보다 오히려 비용이 적게 들 전망이다. 이에 따라 대규모 아파트 단지 입구까지 광케이블을 깔고 단지 내에서 각 가정까지는 기존의 동선을 이용하는 방식으로 가입자망을 구축할 수 있게 돼 앞으로는 일반 가정에서도 최대 55Mbps의 속도로 통신 서비스를 이용할 수 있게 될 전망이다.

ADSL

데이터를 디지털 방식으로 바꿔 기존 전화선으로 음성전화와 함께 고속 데이터 통신 서비스를 제공할 수 있게 한 가입자망이다. 통신속도는 전화국에서 가입자방향(하향)이 1.5~8Mbps로 지금보다 최대 100배나 빠르다. 정보처리량이 많지 않은 가입자에서 전화국 방향(상향)은 기존 전화회선보다 10배 이상 빠른 최대 640Kbps에

달한다. 이 서비스는 한국통신과 하나로통신이 1999년부터 상용화
했다. 2000년부터는 따로 장비를 설치하지 않아도 음성과 데이터를
구분해 처리할 수 있는 기술이 개발돼 상용화된다. 정보통신부는
1999년부터 2001년까지 1,000만 회선 규모의 반전자교환기를
128Kbps 속도로 인터넷을 이용할 수 있는 디지털 교환기로 교체하
는 등 가입자망 고도화에 적극 나설 계획이다.

ISDN

일반 전화회선을 통해 전화와 인터넷, PC통신 등을 빠른 속도로
이용할 수 있는 것이 종합정보통신망(ISDN)이다. ISDN은 회선 하
나가 일반 전화회선 두 개에 해당되기 때문에 여러 가지 통신 서비
스를 동시에 이용할 수 있는 장점을 갖고 있다. 전송속도도 최대
128Kbps로 일반 전화회선보다 두 배 이상 빠르다. 고속, 고품질의
정보를 디지털 신호로 주고받기 때문에 잡음이 없고 음의 손실이
적다는 장점도 있다. 이 같은 ISDN 서비스가 앞으로는 더욱 다양해
진다. 일반 전화회선보다 통신속도가 여섯 배 이상 빠른 기업용 묶
음 서비스와 따로 다이얼을 누르지 않고도 인터넷에 항상 접속할
수 있는 상시접속 서비스(always on dynamic ISDN : AO/DI) 등이
새로 운영된다. ISDN 묶음 서비스는 교환기 내부에 별도 장치(1-
MUX)를 장착, 기업용으로 제공되는 30개 회선을 여섯 개 회선씩
묶어 통신속도를 384Kbps로 높인 것이다. 상시접속 서비스는 두
개의 회선으로 구성된 ISDN망의 특성을 이용해 이용자가 전화, 팩
스 등을 이용하다가 끊어도 다른 회선을 교환기와 항상 연결해둠으
로써 별도로 다이얼을 누르지 않고도 인터넷을 이용할 수 있게 한
서비스다. 채널이 세 개이기 때문에 용량이 적은 데이터를 내려받

다가 대용량 데이터 수신으로 전환할 때 통신을 끊고 따로 접속할
필요가 없어 통신비와 시간을 절약할 수 있다.

위성통신

지구 위에 떠 있는 위성은 이제 중계방송 같은 단순한 통신중계
에서 한 걸음 더 나아가 음성통화, 문자 및 영상 데이터 송수신 등
멀티미디어 통신의 기본망으로 확대되는 추세다. 인터넷도 위성망
과 접속되면서 점차 초고속화하고 있다. 이에 따라 지구상에서 통
신 사각지대는 더 이상 찾아보기 힘들어지고 있다. 시간과 장소의
제한을 받지 않고 언제 어디에서든 멀티미디어 통신을 마음대로 이
용할 수 있는 「꿈의 통신시대」가 열리고 있는 것이다. 현재 가장 빠
르게 진척되고 있는 위성통신은 위성휴대통신(GMPCS)이다. 위성
을 기본 통신망으로 하는 GMPCS는 전세계 모든 지역을 연결해 지
구촌을 「광속 생활권」으로 통합할 전망이다. 이 서비스는 지구 상
공 1,000~1만km 정도에 쏘아올린 수십 개의 위성을 이동전화 기
지국처럼 이용해 소형 휴대단말기로 지구상 어디와도 통신할 수 있
게 하는 것이다. GMPCS는 1998년 말 저궤도 위성을 이용한 이리
듐 서비스가 전세계에서 동시에 처음으로 운영에 들어간 데 이어
1999년 6월에는 글로벌스타, 2000년 3월에는 ICO가 각각 서비스를
시작하는 등 점차 본격화되고 있다.

•이리듐 : 780km 상공에 쏘아올린 72개 위성(예비위성 6개 포
함)을 통신망으로 구성해 세계 150여 국가를 대상으로 운영되고 있
다. 미국 모토롤라 주관으로 15개국 20여 업체가 참여하고 있으며
모두 45억 달러가 투자됐다. 국내에서는 SK텔레콤이 참여해 북한

을 포함한 한반도 전역을 관할하는 서비스를 제공하고 있다. 현재 음성통화와 무선호출 서비스, 데이터 및 팩스 송수신 서비스 등이 이용가능하다. 노트북 등과 연결해 문자 및 영상 데이터 송수신은 물론 PC통신과 인터넷도 이용할 수 있게 된다. 국내에서는 일반 이동전화처럼 지상 지구국을 통해 통신하게 된다. 전파가 닿지 않는 불통지역에 들어갔을 때는 자동으로 위성과 연결돼 통신이 이뤄진다. 외국에 나가서는 현지 이동전화 시스템에 맞추기 위해 소형 가입자정보 카드(SIM카드)를 단말기에 끼워 사용하게 된다. 편리한 만큼 요금은 비싼 편이다. 기본료 7만 5,000원에 분당 통화료가 국내는 1.48달러, 해외는 4~6달러(평균 4.54달러)다.

• 글로벌스타 : 총 29억 2,000만 달러를 투입, 지상 1,114km의 궤도에 48개 위성을 쏘아올려 운영되는 서비스다. 미국 로럴 퀄컴사가 주축이 돼 추진 중이며 시분할 다중접속방식(TDMA)인 이리듐과는 달리 부호분할 다중접속방식(CDMA)을 채택하고 있다. 1999년 6월부터 시범 서비스에 들어가 10월부터 본격적으로 상용화되었다. 국내에서는 데이콤이 참여하고 있다. 데이콤은 한반도 전역과 중국의 만주·연변, 일본 일부 지역을 대상으로 서비스를 운영할 계획이다. 요금은 이리듐의 5분의 1 정도로 예상된다. 위성궤도가 이리듐보다 높아 필요한 위성 수가 줄어들고 투자비도 적게 들어 요금을 낮출 수 있는 것이다.

• ICO : 영국 ICO가 주도하는 서비스로 모두 30억 달러를 투입해 1만 390km의 비교적 높은 중궤도에 12개의 위성(예비위성 2개 포함)을 쏘아올려 운영된다. 서비스는 2000년 3월부터로 다소 늦지만, 51개국 70여 업체가 참여하고 있고 미국 TRW가 추진해왔던 오디세이 사업을 흡수하는 등 활기를 띠고 있다. 국내에서는 사업권

을 가진 한국통신 외에 한국통신과 서비스 제공 계약을 체결한 삼성전자 및 신세기통신이 참여하고 있다. 저궤도 위성보다 천천히 돌기 때문에 안정성이 높은 것이 장점이다. 한국통신은 분당 통화 요금이 평균 2달러 안팎으로 호텔에서 사용하는 전화요금보다 낮을 것이라고 설명했다.

3 │ 케이블TV망 이용한 초고속 인터넷 서비스 경쟁 치열

케이블TV망을 활용한 초고속 인터넷 서비스는 기존 유선보다 최고 150배 빠른 10Mbps급의 속도로 인터넷을 사용할 수 있다. 국내에서도 케이블TV망을 이용한 초고속 인터넷 서비스 경쟁이 치열해지고 있다.

SK텔레콤은 부천·김포지역 케이블TV 사업자와 손잡고 1999년 12월부터 초고속 인터넷 서비스를 제공하고 있다. SK텔레콤은 우선 부천·김포지역에서 「드림넷츠고」라는 브랜드로 초고속 인터넷 서비스를 제공하고 있다. 이 회사는 2000년까지 추가로 15개 이상의 케이블TV 사업자와 제휴, 10만 명 이상의 가입자를 확보할 계획이다. SK텔레콤의 신규시장 진출로 케이블TV망을 이용한 초고속 인터넷 서비스는 선발업체인 두루넷과 하나로통신, 드림라인 간의 4파전 양상을 띠게 된 것이다. 현재 이 분야 선두주자는 두루넷. 이 회사는 이미 1998년 7월부터 서비스를 시작해 지금까지 모두 15만여 명의 가입자를 확보했다. 서비스 지역도 전국 7개 지역 45개 시·구로 가장 광범위하다. 선발업체인 두루넷의 강점은 축적된 기술 및 서비스 노하우와 다양한 멀티미디어 콘텐츠의 결합이다. 두루넷은 2000년까지는 호남·충청지역에서도 서비스를 제공할 계획이다. 1999년 4월부터 서비스를 시작한 하나로통신은 지금까지 4만 5,000여 명의 가입자를 유치했다. 서비스가 가능한 지역은 서울·대전·대구·광주 등 전국 13개 시·구다. 이 회사는 대도시는 디지털 가입자회선(ADSL) 서비스 위주로, ADSL이 못 미치는 중소도시에서는 케이블TV망을 이용한 인터넷 서비스를 제공하고 있다. 드림라인은 1999년 9월부터 서비스에 들어가 그 동안 1만 2,000여 명의 가입자를 끌어들였다. 이 회사는 2000년 상반기까지 서비스 지역을 현재 대도시 중심에서 전국 중소도시로 넓힐 계획이다. 초고속 인터넷 서비스는 일반 가정 및 소규모 사무실 등을 중심으로 수요가 급증해 국내 가입자 수가 2000년에는 100만 명에서 2002년에는 200만 명까지 늘어날 것으로 예측된다.

4 | 기존업체의 대응

국내 대부분의 인터넷 서비스 통신업체들이 현재 투자초기단계로 적자를 면치 못하고 있으나 단순 접속 서비스에서 출발, 점차 종합적인 솔루션을 제공함으로써 수익확대를 꾀할 수 있을 것으로 기대된다. 이러한 수익확대를 목적으로 국내 대형 통신업체들은 인터넷 홈페이지를 강화해나가고 있다. 자사의 홈페이지를 포털 사이트로 활용해 다양한 부가 서비스를 개발함으로써 수익성 개선에 힘쓰고 있는 것이다.

한국통신이 1999년 9월 7일 개설한 인터넷 포털 사이트인 「한미르(www.hanmir.com)」가 2개월도 안 돼 가입회원 30만 명을 돌파했다. 이는 포털 사이트로서 기존 통신업체의 위력을 보여주는 예가 될 것이다. 한국통신 이외에도 하나로통신 데이콤, 한국통신 하이텔 등 대부분의 ISP업체들이 자사의 홈페이지를 포털 사이트로 키우기 위해 경쟁을 벌이고 있다. 이 중 가장 유리한 위치에 있는 업체들은 PC통신업체들로 각 사별로 200여만 명에 달하는 기존의 사용자들을 자사 홈페이지에 끌어들이기는 어렵지 않을 것이기 때문이다. 또 PC통신을 통해 축적된 우수한 콘텐츠 등도 이들 업체의 경쟁력을 강화시키는 요인으로 작용할 것이다.

PC통신업체 이외의 통신업체들은 우수한 콘텐츠를 확보하기 위해 다양한 제휴관계를 적극적으로 활용함으로써 인터넷 사업영역을 확대해갈 것으로 예상된다.

5 무선 인터넷 시장 선점경쟁

인터넷이 PC에서 해방되고 있다. 사무실이나 집 안에서 컴퓨터 앞에 앉아야만 가능했던 웹서핑을 이제는 길거리나 야외에서도 할 수 있다. 무선으로 인터넷을 이용할 수 있도록 해주는 각종 단말기와 통신기술이 속속 개발되고 있기 때문이다. 인터넷을 무선으로 원활하게 이용하려면 단말기, 접속 프로그램, 네트워크 인프라 등을 갖춰야 한다. 세계 각국은 차세대 황금시장으로 여겨지는 무선 인터넷 시장을 선점하기 위해 다양한 기술을 내놓고 있다. 하드웨어 측면에서는 무게와 크기를 줄이는 게 관건이다. 노트북PC를 더욱 작게 만들거나 아예 전용 단말기를 만드는 두 방향으로 진행되고 있다. 미국의 3Com(www.3com.com)은 손바닥만한 크기의 팜톱컴퓨터 시리즈를 잇달아 발표하고 있다. 신제품인 팜VII은 28Kbps의 속도로 인터넷에 접속, 웹페이지를 팜톱컴퓨터에 맞도록 재포맷해주는 웹클리핑 기술을 채택했다. 국내에서도 LG전자

(www.lge.co.kr)가 모빌리안을 만드는 등 휴대용 PC개발에 박차를 가하고 있다. 마이크로소프트(www.microsoft.com)가 무선전화기를 이용해 인터넷에 접속하는 소프트웨어 개발을 추진하는 등 PC 외의 전용 단말기를 만들려는 노력도 주목할 만하다.

개인휴대정보단말기(PDA) 역시 이러한 노력의 산물이다. PDA는 위성중계망을 포함한 유무선통신망을 통해 어디에서나 멀티미디어 데이터를 주고받는 첨단 통신기기다. 이 밖에 시계처럼 손목에 차는 초소형 PC나 주머니 속에 넣고 다니다가 간단하게 전자우편을 보낼 수 있는 포켓 메일 등 기발한 아이디어 단말기도 선보이고 있다. 무선통신으로는 아직까지 고속 데이터 전송이 불가능하다는 현실을 감안해 HDML처럼 별도의 사이트를 구축하거나 웹사이트를 축소해서 보여주는 컨버전 기술도 지속적으로 연구되고 있다.

위성을 이용한 통신기술도 선보이고 있다. 한국통신(www.kt.co.kr)은 무궁화위성을 통해 인터넷을 전화선보다 최대 20배 빠른 1Mbps의 고속으로 이용할 수 있는 서비스를 개발, 1999년 5월부터 상용화하고 있다. 그러나 무선 인터넷은 기술적인 측면 못지않게 더욱 어려운 난관이 있다는 게 전문가들의 지적이다. 무선 인터넷은 아직까지 PC만한 고품질의 인터넷 서비스를 제공하지는 못한다. 문제는 네티즌들이 이를 별도의 부가 서비스로 인식하지 않고 PC와 같은 수준을 요구한다는 점이다. 이른바 기대치가 너무 높다는 것이다.

유망기업 ┃ 하나로통신(http://www.hanarotel.co.kr)

1999년부터 본격적으로 불붙기 시작한 초고속 인터넷 접속 서비스 시장에서 최근 가장 주목받고 있는 기업이 하나로통신이다. 하나로통신이 인터넷에 관련된 서비스를 종합적으로 제공하는 종합 인터넷 회사로 변신하고 있기 때문이다. 하나로통신은 시내전화와 인터넷 접속 서비스가 주축이었던 기존 사업구조를 ADSL 등의 초고속 인터넷망을 기반으로 한 종합 인터넷 사업 위주로 전환했다. 2000년도 3대 중점경영 목표를 △ 초고속 인터넷 시장 선도업체, △ 멀티미디어 콘텐츠 및 e비즈니스 사업, △ 차세대 영상이동통신인 IMT-2000 사업권 획득 및 신기술개발 등으로 정하고, 인터넷 분야에서는 「나는 ADSL」 등의 기존 초고속 인터넷 접속 서비스와 전사적 자원관리(ERP) 등 고가의 기업용 소프트웨어를 임대하는 어플리케이션 호스팅 등의 부가 서비스, 전자상거래·인터넷 방송·종합 포털 사업 등 응용 서비스를 3대 전략사업으로 육성할 방침이다.

특히 기업용 서버와 통신장비 등의 운영과 관리를 대행해주는 인터넷 데이터센터 등의 부가 서비스를 강화하기 위해 「e비즈니스」 분야의 세계적인 기업인 미국 휴렛팩커드로부터 프로젝트 파이낸싱 방식으로 1억 달러를 유치했다. 하나로통신은 이 자금으로 2000년 5월부터 인터넷 데이터센터, 어플리케이션 호스팅, 웹호스팅, 인터넷 트래픽 교환센터, 벤처보육센터 등으로 구성된 국내 최대규모의 인터넷 종합통신센터를 개설해 운영할 계획이다.

인터넷 응용 서비스 분야에서는 △ 사이버 금융 및 경매 등의 전자상거래, △ 인터넷 방송, △ 쌍방향 인터넷 교육, △ 웹투폰, △ 리눅스 포털 사업을 포함한 종합 포털 서비스 등 10개 프로젝트를 선정해 집중 육성할 계획이다. 사업 첫해인 2000년에는 우선 100억 원 정도의 기금을 마련해 검색·영상처리·접속·보안·전자상거

래 · 게임 · 커뮤니티 등의 분야에 투자할 계획이다.

아시아 지역 금융 권위지인 〈아시아 머니〉는 2000년 1월호에서, 하나로통신을 「1999년 국내 최고의 신생기업」으로 선정했다. 초고속 인터넷 기반의 시내전화회사인 하나로통신을 한국 내 최고의 신생기업(Best New Company)으로 선정한 것이다. 〈아시아 머니〉에 따르면 『하나로통신은 한국에서 1999년부터 시작된 초고속 인터넷 접속 서비스 분야에서 ADSL서비스를 제공하여 이 분야의 선도기업으로 평가받고 있으며, 경쟁사가 저속의 ISDN서비스에 주력하는 동안 성장성이 큰 고속 서비스에 주력해오고 있다』고 분석하고 있다. 이와 같이 하나로통신은 1999년 4월 시내전화 서비스를 개시한 신생 통신업체지만, 초고속 인터넷과 음성전화를 동시에 이용할 수 있는 통신 서비스로 인터넷 붐을 일으킨 주역의 하나가 되었다. 특히 ADSL기술을 이용한 통신 서비스를 상용화함으로써, 가입자망

고도화와 인터넷 이용 활성화에 선도적인 역할을 한 것이다. 이를 통해 최대 통신속도가 128Kbps에 불과한 ISDN에 의존해왔던 국내 데이터 통신망을 1Mbps 이상으로 끌어올려 멀티미디어 통신을 가능하게 하는 데 결정적인 공헌을 했다. 「나는 ADSL」은 이 회사의 대표적인 통신상품이다. 음성통신보다 데이터 통신에 비중을 둔 하나로통신의 출범으로 국내 인터넷의 초고속화 경쟁이 본격화하고 있는 것이다.

1999년 말 기준 국내 초고속 인터넷 서비스 가입자 수는 약 60여만 명으로 1년 동안 10배 이상 급증했으나, 망 구축 등 서비스는 가입자 증가를 따라가지 못하고 있는 실정이다. 이와 같은 서비스 지체현상은 하나로통신뿐만 아니라, 국내 통신사업자 모두에게 해결해야 할 과제라 하겠다. 인터넷의 초고속화와 함께 성장하고 있는 하나로통신의 성장성은 잠재력 면에서 무한한 것으로 평가되나, 이러한 통신 서비스의 질 개선 노력과 좀더 적극적인 투자 노력이 뒤따라야 후발 통신사업자의 약점을 딛고, 점점 치열해지고 있는 초고속 인터넷 접속 서비스 시장에서 경쟁우위를 점할 수 있을 것으로 보인다.

 「사이버 대학」—새로운 교육 패러다임

　콘텐츠 마련이 어렵지 않으면서도 효능은 매우 클 것으로 여겨지는 인터넷 사업부문이 바로 교육정보화를 앞세운 원격교육이다. 우리나라에서는 아직 이용 실적이 미미하나 과외공부의 열풍을 상기할 때 사업영역은 무궁무진하다고 할 만하다.

　21세기 교육방식인 사이버(가상) 대학이 새로운 교육 패러다임으로 떠오르고 있다. 가상대학은 인터넷 등 통신망을 활용해 멀리 떨어져 있는 교수와 학생을 연결해 교육하는 시스템이다. 수강신청에서 과제물 제출, 시험, 학사행정 등도 모두 온라인으로 처리된다. 학생과 교수는 각자의 집이나 사무실 등 편한 곳에서 강의하고 수업을 받을 수 있다.

　이 같은 사이버 대학은 미국 「웨스턴 가상대학」을 비롯해 IBM의 「글로벌 캠퍼스」, 영국의 「온라인교수학습(TLO)」, 유럽연합의 「멀티미디어 원격학교(MIS)」, 독일 메르세데스벤츠의 「AKUBIS」 등이 대표적이다. 특히 「글로벌 캠퍼스」에는 전세계 30여 대학이 회원으로 참여하고 있다. 미국 켄트 주립대학, 랜슬리어 대학, 인디애나 주립대학, 웨이크 포리스트 대학 등도 사이버 캠퍼스를 운영하고 있다.

이에 비하면 국내의 사이버 대학 수준은 초보단계이지만 많은 대학들이 관심을 갖고 참여하고 있다. 현재 국내에서 운영되는 가상대학만 10여 개가 넘는다. 국내 가상대학은 여러 대학들이 연합해 운영하는 컨소시엄 형태와 특정 대학이 단독으로 운영하는 형태가 있다. 컨소시엄 형태로는 「열린 사이버대학」과 「한반도 가상대학」, 부산과 울산지역 대학들로 구성된 「부울 가상대학」 등이 대표적이다. 서울대와 서강대 등은 자체적으로 가상대학을 운영하고 있다. 「열린 사이버대학」은 고려대를 비롯해 성균관대 · 강릉대 · 공주대 · 제주대 등 12개 대학이 컨소시엄으로 참여, 1998년 2학기부터 사이버 강의를 시작했다. 「한반도 가상대학」은 한림대 · 숭실대 · 서울여대 등 5개 대학이 공동으로 운영하고 있다. 또 원광대 · 호서대 · 연세대 등은 「한국대학가상교육연합」으로, 한양대 · 광운대 · 경희대 등은 「한국가상대학연합」으로 각각 사이버 대학에 참여하고 있다. 한국과학기술원은 대덕 본원과 서울 홍릉 분원을 VOD로 연결해 가상대학 시스템을 구축해놓은 상태다.

방송대는 「사이버 대학의 메카」로 통한다. 국내 대학 중 방송대는 세계 10대 원격대학의 하나로 꼽히고 있으며 방송대 홈페이지(www.knou.ac.kr)는 외국에서 가장 빈번하게 접속하는 사이트다. 1999년 8월에는 국가로부터 정보통신 사이버 대학으로 선정돼 정보통신 사이버대학협의회 회장대학까지 맡고 있다. 2000년 초부터는 자체 홈페이지를 통해 인터넷을 이용, 정보통신관련 교육과정을 강의할 예정이다. 또한 이 대학은 LG정보통신, (주)한빛네트와 공동으로 1999년 9월 「한국사이버 에듀빌」을 개설해 기존 대학의 평생교육과정을 인터넷을 통해 이수하게 함으로써 전문직 인사로부터 각종 자격증 취득을 준비하는 사람에 이르기까지 시간을 경제적으로 활용해 필요한 공부를 할 수 있도록 돕고 있다.

1 │ 국내 사이버 대학 설립 임박

국내의 경우 지금까지는 일부 강의에 인터넷과 PC통신을 운영한 대학은 있으나, 모든 강의를 사이버 수업만으로 운영하고 학위를 주는 대학은 없었다. 그러나 2000년부터 시행되는 개정법에 따르면 사이버 전문대학 설립이 가능해질 것으로 보인다. 교육부는 이를 위해 일정 규모 이상의 운동장과 건물, 교수확보 기준을 충족해야 했던 대학설립 규정을 좀더 완화한 별도의 「사이버대학설립 및 운영규정」을 1999년 하반기에 마련해 시행에 들어갈 예정이다. 사이버대학 특성상 강의 장소가 필요없고, 데이터베이스 서버와 통신망 등 간단한 설비만 갖추면 수업이 가능하기 때문이다. 벌써부터 일부 대학교수와 정보통신 전문가들은 발빠르게 사이버 대학 설립준비작업에 나서고 있다. 현재 일부 강의에 사이버 프로그램을 시범운영 중인 대학은 교육부 인가를 받은 5개 기관, 19개 대학을 포함해 모두 79개에 이른다. 교육부는 이들 중 상당수가 법령이 마련되는 대로 사이버 대학 설립에 뛰어들 것으로 전망하고 있다.

실제로 고려대, 성균관대, 강릉대 등 국내 12개 대학과 삼성SDS, 중앙일보사가 참여하고 있는 열린대학교육협의회는 독립적인 가상대학 설립을 추진해 2000년 중에 설립인가를 받고 빠르면 2001년 학생을 모집할 계획을 갖고 있다. 지금까지 국내에서는 각 대학들이 수업의 보조수단으로 운영하는 가상대학이 70여 개 만들어졌으

나, 모든 강의와 학사행정이 사이버 공간에서 이루어지는 독립 가
상대학은 기존 교육법과 어긋나는 부분이 있다는 이유 등으로 설립
이 미뤄져 왔었다.

2 | 가상교육시장 전망

원격교육 시대가 열리면서 사이버 에듀테인먼트 시장도 달아오
르고 있다. 사이버 에듀테인먼트란 가상현실을 이용한 교육과 오락
을 뜻한다. 이를 뒷받침하는 핵심요소는 바로 멀티미디어 콘텐츠
다. 양방향 통신을 바탕으로 한 영화·애니메이션·게임 등 영상물
과 가상교육용 소프트웨어 등이 모두 포함된다. 시장규모도 엄청나
다. 캐릭터 상품을 포함한 디지털 애니메이션 시장은 이미 전세계
적으로 3,000억 달러 정도에 이르는 것으로 추산된다.

조만간 미국 극장영화 매출액을 뛰어넘을 것이란 전망도 나오고
있다. 시장이 커지면서 시장을 선점하기 위한 업체들의 움직임도
활발하다.

멀티미디어 사이버 교육 시스템 개발업체인 아이빌소프트는 탄
생한 지 갓 1년을 넘겼지만 야심찬 발걸음을 내딛고 있다. 성균관
대 황대준 교수와 공동으로 인터넷 기반의 원격교육 시스템인 「e스
터디 애니타임」 등의 가상교육 솔루션을 개발했다. 이 제품은 이미
미국 세계무역센터(WTC)가 추진 중인 사이버 대학(WTCU)의 기
본 시스템으로 선정돼 10만 달러어치의 공급계약을 맺기도 했다.
가상교육시장은 매년 200% 이상 급성장하고 있지만 아직은 미국에
서도 경쟁이 본격화되지 않았다. 미국 등 선진국의 사이버 교육 시
스템도 대부분 전자우편을 이용하는 단계인 데 반해, 아이빌소프트

제품은 인터넷 환경에서 텍스트는 물론 오디오와 비디오 교안을 주고받을 수 있는 강점을 지니고 있다. 그만큼 「사실상의 표준」을 장악해 국제 표준화를 주도할 가능성이 높은 분야다.

3 K-12

K-12는 유치원(kindergarten)에서 12학년(우리의 경우 고3) 학생들을 인터넷으로 연결해 교육하려는 미국의 정보교육 프로젝트 이름이다. 사이버 세상이 몰고 온 교육혁명인 온라인 교육을 대표하는 말이다. 민간주도로 미국 내 약 14만 개 학교들을 인터넷으로 연결, 범국민적인 교육정보화를 이루고자 하는 「넷데이(Net Day)」 운동도 같은 맥락의 움직임이다. 인터넷은 시간과 공간을 초월하는 가상교육을 가능케 하고 있다. 미국 최대의 사이버 대학인 피닉스 대학(www.uophx.edu)은 온라인 강의를 통해 이미 48만 5,000명의 졸업생을 배출했다.

국내 교육기관들도 원격강의에 높은 관심을 갖고 적극적으로 추진 중이다. 온라인 교육은 특히 평생교육의 활성화에 크게 기여할 것으로 전망된다. 네트워크만 갖추면 누구든지 저렴한 비용으로 새로운 지식을 손쉽게 습득할 수 있기 때문이다. 21세기에는 다양하고 수준 높은 교육 콘텐츠 개발이 필요할 것이다.

4 사이버 교육의 문제점

한 조사기관이 최근 네티즌들을 대상으로 실시한 설문조사에 따르면 네티즌 10명 중 4명이 「학교에 가지 않고 통신이나 인터넷을 통해 교육받는 세상」을 희망하고 있는 것으로 나타났다. 이 같은 응답은 연령이 낮을수록 높아 10대의 경우 2명 중 1명꼴로 사이버 공간을 이용한 교육을 선호하는 것으로 조사됐다. 언제 어디에서나 원하기만 하면 누구나 자신에게 맞는 맞춤형 교육을 받을 수 있는 시대가 열리고 있는 것이다. 그러나 사이버 교육이 본격적으로 정착되기 위해서는 아직도 넘어야 할 산이 많다. 사이버 교육 서비스 제공을 위한 법제도 정비는 물론, 다양한 멀티미디어 교재개발과 더 쉽게 사용할 수 있는 저작도구의 개발, 수강생들의 활발한 참여 등 짚고 넘어가야 할 문제가 산적해 있는 것이다.

사이버 교육이 안고 있는 문제점에 대해 미국의 한 보고서는 지금의 가상대학(사이버 교육)은 경제적인 차이로 인한 계층 간의 갈등을 가속화시키고 있다고 주장한다. 예를 들어, 연 7만 달러 정도의 소득을 가진 계층의 4분의 3은 가상교육을 받기에 충분한 환경을 가지고 있지만, 연 2만 달러 내외 소득의 가정 중 4분의 1은 이러한 새로운 환경에 전혀 대처할 수 없는 상태에 처해 있다는 것이다. 이와 함께 지금의 가상대학은 입학해 중도 탈락하는 수가 보통의 대학을 그만두는 경우보다 스무 배 이상 많다는 것이다. 이러한 문제점 등을 고려할 때, 가상대학(사이버 교육)은 당분간 정규교육의 보조수단으로 이용하는 것이 바람직하다는 주장도 설득력 있게 들린다.

5 기업의 사이버 교육 도입사례

국내 기업들도 사이버 교육을 적극적으로 도입하고 있다. 현대는 금융과 유통을 비롯한 서비스업 계열사를 대상으로 마케팅, 회계 등 2~3개 사이버 과목을 시범 개설한 뒤 2000년부터 강좌 수를 7~8개로 늘릴 계획이다. 지난 1995년부터 사이버 교육을 실시하고 있는 삼성은 1999년 사내 직원들을 대상으로 하는 「사이버 유니버시티」에 115개 과정을 개설했다. 이 과정을 통해 1999년에는 6만 명, 2000년 말까지는 15만 명의 직원들에게 교육을 실시할 계획이다.

LG도 1998년 7월 사이버 교육 시스템을 개설하고 1,000명을 교육시켰으며 1999년에는 교육대상을 2,000명으로 늘렸다. 이 밖에 SK그룹이 「SK런플러스」란 가상교육 시스템을 구축해놓고 있으며, 금호와 한화그룹 등도 사이버 교육을 적극 도입하고 있다.

이처럼 인터넷을 이용한 사이버 교육이 각광을 받고 있는 것은 많은 사람들이 한데 모여 똑같은 지식을 전달받는 집합식 교육의 문제점을 극복하는 대안으로 떠오르고 있기 때문이다. 또 사이버 교육은 수강생들의 수준이나 관심에 맞게 수업을 진행할 수 있는 장점도 있다. 뿐만 아니라 멀티미디어 기술의 급속한 발전 덕분에 사이버 교육은 텍스트뿐만 아니라 동영상과 음성 등 다양한 자료를 활용함으로써 교육효과를 극대화할 수 있다. 인터넷 이용자가 늘어남에 따라 사이버 교육에 대한 욕구도 높아지고 있는 것이다.

가상교육 | SK런플러스

SK그룹이 「SK런플러스(LearnPLUS+)」를 구축한 것은 1999년 3월이다. SK는 당시 직원교육도 인터넷을 활용해야 한다고 보고 교육과정 지원 시스템, 업무수행 지원 시스템, 전자교실 등 세 가지 기능을 갖춘 가상교육공간을 설계했다.

SK그룹의 SK런플러스는 인터넷상에 구축된 가상교육공간이다. 특정 분야를 하나의 교육과정으로 만들어 직원들에게 가르치거나 업무에 필요한 지식이나 정보를 실시간으로 제공하는 기능을 한다. 미국의 경우 컴퓨터나 정보통신을 매개로 한 사내교육이 전체의 19%를 차지하고 있다. 특히 대기업은 41%가 통신을 이용한 가상교육공간을 운영하고 있다. 이러한 추세는 최근 크게 확산돼 1999년 말에는 92%로 높아질 것이라고 한다. 사이버 교육이 일반화되는 셈이다.

SK런플러스는 몇 가지 특성을 갖고 있다.

첫째, 집합교육과 인터넷 교육을 병행하고 있다는 사실이다. 가상공간 교육의 장점은 연수원을 직접 찾지 않고도 학습이 가능하다는 점. 그러나 SK는 집합교육이 번거로움만 초래하는 게 아니라 플러스 요인도 있다고 판단하고 있다. 따라서 집합교육 전후에 인터넷 교육을 배치해 현업에 지장을 주지 않으면서 교육효과를 극대화하는 전략을 펴고 있다.

두번째는 업무수행 지원 시스템이다. 예를 들어, 신입사원이 자기 혼자 5단계에 걸쳐 일을 처리해야 한다고 가정하자. 선배나 자료를 통해 알려고 한다면 대단한 노력이 필요하다. 그렇다고 결과가 좋으리라는 보장도 없다. 이럴 때 단계별로 가장 적합한 사례나 기법, 관련자료 등을 제시하면 큰 성과를 거둘 것이다. 주유소를 설치하는 방법도 그 중 하나. 프로세스별 인허가절차나 자금소요, 필요한 기간 등에 관한 내용을 자세히 설명하면 큰 성과를 거둘 수 있다는 주장이다.

세번째 특징은 콘텐츠다. 기존에 알려진 지식과 경험을 토대로 SK 내에서 고유하게 축적됐지만 공유되지 않고 있는 것들을 콘텐

츠로 만든다는 것이다. SK는 인터넷 연수원에 개설된 과목에 대해
서는 그룹 내 전문가들의 노하우를 데이터베이스화한다는 계획을
갖고 있다.

『제5의 매체 인터넷 광고시장을 선점하라.』 2000년 국내 광고회사들의 사업목표를 나타내는 말이다. 국내 광고회사들은 급성장하는 인터넷 광고시장을 잡기 위해 조직개편 및 외국기업과의 제휴 등을 서두르고 있다.

이처럼 인터넷 광고시장이 급속히 성장하고 있는 이유는, 인터넷이 기존의 광고가 지니고 있던 한계를 극복하고 광고의 새로운 가능성을 열어주고 있기 때문이다. 인터넷이 일반화하기 전까지만 해도 광고는 일방적으로 보여주는 것이었다. 이용자가 시선을 고정시키고 있는 짧은 시간 안에 보여주고 싶은 모든 것을 표현해야 했다.

그러나 인터넷이 대중화하면서 광고는 새로운 전기를 맞고 있다. TV와 신문처럼 한정된 시간과 지면으로 인해 고민할 필요가 없기 때문이다. 인터넷을 통해 제품에 대한 상세한 정보는 물론 활용방법과 주의사항 등을 얼마든지 제공할 수도 있다. 지금까지는 불가능했던 타깃 마케팅이 가능하다는 것도 인터넷 광고의 큰 장점이다.

이에 반해 방대한 정보를 제공하기 위해 어떻게 고객을 끌어들이느냐 하는 것이 점점 더 중요해지고 있다. 더 많은 고객들과 지속적인 관계를 맺고 즐겁게 회사의 웹사이트에 찾아오도록 해야 하는 것이다. 이 때문에 업체들은 단순히 자사 제품의 장점만을 일방적으로 설명하는 것에서 벗어나 상품과 관련된 다양한 서비스를 제공하는 식으로 인터넷 광고의 범위를 넓혀가는 추세다.

최근 인터넷 광고는 광고한 상품을 판매로 연결시키는 전자상거래의 장으로 영역을 확대해가고 있다. 웹사이트와의 연계를 통해 상품홍보와 데이터베이스 마케팅, 직접 판매는 물론 사후 서비스까지 한꺼번에 지원하는 것이다. 최근 많은 배너 광고가 인터넷 웹사이트와 직접 연결되어 광고를 보는 것과 동시에 구매까지 할 수 있도록 지원하고 있다

그러나 인터넷 광고가 정착되려면 사이버 중심의 새로운 마케팅이 도입돼야 할 것이다. 이를 위해서는 사이버 공간에서 형성되는 소비자 행동에 대한 철저한 분석은 물론이고, 새로운 비즈니스 유형을 창출하기 위한 광고기법의 개발도 시급한 과제가 될 것이다.

1 │ 국내 인터넷 광고시장

인터넷이나 PC통신과 같은 온라인 통신 광고에 대한 국내 소비자들의 관심이 급속히 커지고 있다. 전파매체 광고에 대한 관심은 낮아진 반면 신문광고에 대한 관심은 커졌다. 국내조사에 따르면 소비자들은 인터넷 광고에 대해 1998년에는 9.7%만 관심을 갖는다고 답했다. 그러나 1999년에는 이 비율이 15.5%로 치솟았다. 이러한 추세를 반영하듯 1999년 국내 인터넷 광고시장은 1998년보다

170% 증가한 370억 원, PC통신 시장까지 합할 경우 600억 원 정도로 성장했다.

현재 국내 인터넷 광고시장은 3~4개 대형 광고사가 주도하고 있다. 2000년 국내 인터넷 사용자는 1,000만 명에 달할 것으로 예상된다. 인터넷 광고시장은 700억 원대로 1999년에 비해 100% 이상 증가할 것으로 보인다. 1999년의 경우 인터넷 이용자 수는 600만 명에 달했다.

광고 형태별로는 배너 광고가 56%로 가장 높은 비율을 보였으나 과거 90%에 달했던 점유율에 비해서는 점차 비중이 낮아지고 있으며 제휴 광고가 30%, 사이트 접속시 등장하는 팝업 광고가 5%, 전자우편을 이용한 광고는 1%에 그쳤다.

2 외국사와의 제휴 활발

LG애드, 제일기획, 금강기획 등 광고업계 선두업체들은 최근 인터넷 전문인력을 대거 스카우트하고 외국업체와의 제휴도 적극 추진하고 있다. 오리콤, 휘닉스커뮤니케이션, 동방기획 등 후발 업체들은 잇따라 인터넷 광고팀을 신설하거나 준비 중이다. 인터넷 광고시장(온라인 기준)에서 1위를 달리는 LG애드는 지난 1995년 발족한 멀티미디어팀을 대폭 확충, 인터넷 광고의 크리에이티브 신기술을 개발 중이다. 외국회사와 업무제휴도 확대할 계획이다. 제일기획은 단순한 광고회사에서 벗어나 인터넷 관련 사업을 병행하는 회사를 지향하고 있다. 이 회사는 30명선인 인터넷 사업팀을 45명으로 확대하고 외국 인터넷 기업과의 전략적 제휴를 서두르고 있다. 2000년 인터넷 광고 매출목표는 170억 원으로 전년도에 비해

70% 늘려 잡았다. 영국 CCG사로 경영권이 넘어간 금강기획은 1995년 발족한 뉴미디어사업팀을 1998년 인터랙티브팀으로 개칭, 조직을 확대하고 있다. 이 회사는 세계 3위 인터넷 전문기업인 리얼미디어사와 미디어 업무제휴를 추진 중이다. 또 현대자동차의 해외 딜러망을 활용해 글로벌 네트워크 시스템을 구축하고 있다. 대홍기획은 2000년 1월 6일자로 인터랙티브팀을 별도 법인으로 분사화, 관련 사업을 대폭 확대하고 나섰다. 휘닉스컴은 2000년 1월 1일 6명으로 구성된 인터넷 사업팀을 발족, 본격적으로 비즈니스를 시작했다.

이와 같이 국내 대부분의 광고전문기업들이 외국기업과의 제휴 또는 인터넷 광고영업을 강화하는 것은 무엇보다도 인터넷 광고시장의 잠재력이 무궁무진하기 때문이다. 광고는 소비자가 있는 곳을 따라가게 돼 있어 인터넷 사용인구가 증가하는 한 광고시장의 외형도 급팽창할 것이기 때문이다. 또한 외국기업의 선진 광고기법과 마케팅 기법을 국내 시장에 적용해 경쟁에서 우위를 점하기 위한 시도이기도 하다.

3 | 기대되는 인터넷 광고기법의 선진화 — 맞춤형 인터넷 광고 서비스

2000년부터는 국내 광고업계 선두업체들이 외국사와 제휴해 본격적으로 인터넷 광고사업을 추진함에 따라 국내 인터넷 광고 역시 기업들의 이벤트 중심 형태에서 벗어나 실제로 온라인을 통해 소비자들의 상품주문을 유도하는 형태로 바뀔 것으로 예상된다. 매체 거점화를 위한 장기 광고계약 및 스폰서십 형태가 일반화되고 광고기법은 보상형, 다단계식, 이메일, 푸시형 등으로 다양해질 것이다.

　　인터넷을 검색할 때 자주 찾는 단어와 관련된 배너 광고만을 보여주는 맞춤형 인터넷 광고는 국내에서 1999년에 처음 선보였다. 예를 들어, 「컴퓨터」를 주로 검색하는 사용자에게는 삼성전자의 컴퓨터 광고를, 「스포츠」라는 단어를 자주 쓰는 경우에는 나이키 광고를 보여주는 방식이다. 인터넷 검색 서비스 업체 알타 포털(www.altavista.co.kr)은 미국 최대의 인터넷 광고업체 더블클릭의 「다트」 시스템을 활용해 맞춤형 광고 서비스에 나섰고, 심마니(www.simmani.co.kr)도 미국 넷그래버티의 인터넷 광고 솔루션 「애드서버」를 도입해 타깃 광고를 시작할 예정이다. 알타 포털이 이용하는 다트 시스템은 사용자가 인터넷 사이트에서 어떤 항목을 검색했는가를 추적해 서버에 저장, 나중에 사용자가 다시 사이트에 들어왔을 때 저장된 과거 사용기록을 분석해 관련된 광고를 보여준다. 다트 시스템을 이용하면 특정 지역에서 접속하는 사용자에 따라 다른 광고를 보내는 것도 가능하다. 미국 알타비스타는 이미 이 같은 기능을 활용해 한국에서 접속하는 사용자에게는 한글로 된 배너광고를 보여주고 있다. 심마니가 도입키로 한 「애드서버」는 검색어에 따른 맞춤광고 외에 광고노출 횟수를 조절할 수 있다. 사용자 1인당 광고노출 횟수를 4~5회로 제한, 같은 사람에게 광고가 중복돼 보이는 것을 최소화할 수 있다. 이 회사는 또 기존의 단순한 이미지 파일 광고방식에서 탈피해 동영상 등 다양한 멀티미디어를 활용한 광고를 보여줄 계획이다. 애드서버 시스템을 활용하면 광고주가 정확한 광고노출 횟수와 클릭 비율을 실시간으로 직접 확인하는 것도 가능하다.

　　최근 미국에서는 인라이브, 블루 스트릭스, EC다이렉트 등 인터넷 광고업체들이 각각 「트루매치」, 「E배너」, 「E컨덕터」 같은 첨단

기법의 광고를 선보이고 있다. 이에 비해 국내 광고업계는 아직까지 배너 광고에 의존하는 상태다. 따라서 국내 인터넷 산업이 좀더 빠르게 성장하기 위해서는 수익의 가장 큰 비중을 차지하는 인터넷 광고부문에 대한 선진기술 도입이 시급한 실정이다.

그 동안 인터넷 광고의 대명사는 배너였다. 지난 1995년경 핫와이어드를 비롯, 선도적인 인터넷 미디어 회사들이 유행시킨 배너 광고는 홈페이지 상단 부분에 위치한 길쭉한 직사각형을 클릭하면 광고주의 웹사이트로 이동하도록 설계돼 있었다. 이 같은 배너는 초기에 볼보, 클럽메드(세계 최대의 휴양전문회사) 같은 유명기업들이 관심을 보이면서 인터넷 광고로 각광받기 시작했다. 그러나 최근 들어 배너 광고의 효과에 회의적인 여론조사가 잇따라 발표되면서 전문가들 사이에 인터넷 광고가 새로운 방향으로 진화해야 한다는 의견이 나왔다. 이 같은 분위기를 타고 등장한 신생업체들이 바로 인라이브을 비롯한 제2세대 광고업체들로서, 이들은 이른바 「리치미디어」라는 이름의 첨단기법 광고를 선보이고 있다. 리치미디어란 단순한 텍스트나 이미지가 아니라 마치 TV CF처럼 비디오, 오디오, 사진, 애니메이션 등을 합친 멀티미디어 형태의 인터넷 광고를 말한다. 특히 케이블 인터넷 업체인 익사이트앳홈의 자회사인 인라이브은 얼마 전부터 「트루매치」로 큰 반향을 불러일으키고 있다. 트루매치는 자바언어와 매크로미디어의 첨단기술을 접합시켜 개발된 광고상품. 네티즌이 클릭하는 순간 파일 전체가 다운로드되는 것이 아니라 시작 부분만을 보여주고 나머지 부분은 멀티미디어가 재생되는 동안 자연스럽게 흘려보내는 스트리밍 기술로 제작된다. 트루매치는 또한 고객의 모뎀 접속속도에 따라 다양한 버전의 광고를 선택적으로 스트리밍하는 기술과 광고를 단방향이 아니라 고객이 반응할 수 있는 양방향으로 보여주는 기술을 도입했다. 예를 들어, 자동차 광고를 클릭하면 해당 자동차가 줌인되면서 360°로 회전한다든가 음악이 흘러나오면서 오디오 퀴즈 문제가 튀어나오고 늘씬한 커버 걸을 클릭하면 패션쇼가 시작되는 식이다. 이와 관련, 한 시장조사는 배너 광고와 비교할 때 리치미디어의 재접속률이 22%, 클릭률이 35% 이상 높은 것으로 집계했다. 또 10명 중 7명이 리치미디어의 광고효과가 TV 못지않다고 지적했으며 9명은 프린트 광고와 같다고 응답했다.

4 미국 인터넷 광고시장

미국 인터넷 광고시장은 1년 새 두 배로 커졌다. 인터넷 광고 조사기관인 인터넷 애드버타이징 뷰로(www.iab.net)는 1999년 1/4분기 미국의 인터넷 광고시장 규모가 6억 9,300만 달러로 전년도 같은 기간(3억 5,100만 달러)보다 두 배 가까이나 늘었다고 밝혔다. IAB는 1999년 미국의 인터넷 광고시장 규모가 30억 달러를 웃돈 것으로 추산했다. 부문별로는 소비재(27%), 금융 서비스(21%), 컴퓨터관련 광고(20%), 소매·우편판매 서비스(13%), 뉴미디어(8%) 순인 것으로 조사됐다. IAB는 또 이들 광고의 주요 인터넷 사이트에 대한 집중 현상이 여전한 것으로 분석하고 있다. 한편 세계 인터넷 광고시장 규모는 1998년 12억 달러에서 2003년에는 150억 달러로 늘어날 것으로 전망된다. 이 중 미국이 100억 달러로 가장 많고 이어 유럽 28억 달러, 아시아가 12억 5,000만 달러에 이를 것으로 예상된다.

　인터넷 광고기법의 선진화로 인터넷의 장점을 살린 다양한 광고가 만들어질 것이며 인터넷 광고효과도 확대될 것이다. 이에 따라 인터넷 광고시장에 대한 수요 역시 현재보다는 빠르게 증가할 것으로 예상된다.

　기존의 광고수익 상위업체들인 인터넷 포털 사이트 이외에도 신문·잡지·방송 등 오프라인 광고경험을 갖고 있는 다양한 매체의 기업들이 인터넷 광고시장에 뛰어듦에 따라 인터넷 광고시장 활성화의 계기도 될 것이다. 이들은 광고영업과 광고기법에 대한 노하우를 나름대로 갖고 있기 때문에 인터넷 광고시장에서도 힘을 발휘할 전망이다.

　이와 함께 고속 인터넷 접속 서비스의 확대 등 인터넷 접속속도 개선과 첨단 광고기법의 결합으로 인터넷 광고효과에 대한 많은 부정적인 시각들을 불식시키며 본격적인 인터넷 광고시대가 열릴 것이다.

　광고기법 면에서는 인터넷 광고기법의 고급화로 점점 더 오프라인 광고업체들의 광고기법이 중요해질 것이다. 초기 배너 광고 형태일 때는 그래픽, 로고 등을 인터넷 서비스 업체에서 제작했지만 광고기법의 첨단화로 전문 광고업체들의 영향력이 커질 것이다.

정부의 보건행정이 「광속」으로 변하는 의료환경을 따라가지 못하고 있다. 사이버 병원과 사이버 약국을 「의료기관」으로 인정하지 않고 있기 때문이다. 이 때문에 의사들은 인터넷을 통한 건강상담을 「불법」으로 하고 있으며 사이버 약국은 모두 문을 닫았다. 변화를 따라잡지 못하는 낡은 법규 때문에 국내 사이버 의료, 제약업은 난관에 봉착해 있다.

보건복지부는 1999년 인터넷에 「아파요 인터넷병원(www.apayo.com)」이라는 사이버 병원을 개설하고 건강상담을 한 의사를 경찰에 고발했다. 보건복지부는 『현행 의료법과 약사법에는 병의원이나 약국을 개설해야만 의료행위를 할 수 있게 돼 있다』며 아파요 인터넷병원의 경우 병원을 개설하지 않고 의료행위를 해 관련 법률을 위반했다고 고발 이유를 설명했다. 식품의약청은 또 1999년 8월 사이버 약국들을 일률적으로 단속했다. 식품의약청은 『사이버 약국을 폐쇄하지 않으면 모두 고발하겠다』고 밝혀 사이버 약국들은 모두 문을 닫았다. 1999년 당시만 해도 여드름 등 피부질환을 전문적으로 상담하던 십자약국(www.delphy.co.kr)과 알레르기성 질환약을 취급하던 정강원약국(www.medicine.korea best.com/jkw), 송설약국(www.hans.co.kr) 등 20여 개의 사이버 약국이 성업 중이었다. 정부가 지금처럼「콘크리트 건물」이 있는 병원과 약국에만 사이버 의료행위를 인정한다면 국내 언론기관들이 펼치고 있는 인터넷 건강상담도 모두 불법행위가 된다. 구체적인 치료행위가 없는 고객 서비스마저도「불법행위」가 되는 것이다. 선진국에서는 이미 유망산업으로 성장 중인 사이버 의료·제약업이 국내에서는 성장 자체가 불가능한 것이다. 현행 국내 규정은 약사의 사이버 약국 개설은 허용하지만, 이를 통한 의약품 판매는 금지하고 있다. 그러나 의약분업이 실시되면 일반의약품 판매는 허용할 예정이다.

선진국에서는 이미 사이버 공간을 통한 건강상담이나 치료가 보편화돼 있다. 의약품만을 전문적으로 취급하는 사이버 약국은 이미 대형산업으로 성장해 있다. 월그린스(www.walgreens.com)나 CVS(www.cvs.com) 등이 대표적이다.

이와 같은 이유로 국내에는 전문적인 사이버 병원이나 약국이 없는 실정이지만 건강정보 사이트는 다수 개설되어 있다. 이들 건강정보 사이트를 활용하면 초진 정도는 받을 수 있다. 인터넷에 문을 연 사이버 병원(건강정보 사이트에 가깝다)들이 간단한 의료상담을 해주고 있기 때문이다.

1 │ 건강정보 사이트 — 사이버 병원의 전진기지

국내 대부분의 사이버 병원에서는 의료상담뿐 아니라 병명별 검색기능도 갖추고 있다. 병명을 입력하면 병의 원인과 증상, 치료방법 등을 소개한다. 또 병원에 따라 한방과 양방을 구분해놓은 곳도 있고 전문의를 소개하거나 건강 생활정보, 건강 쇼핑몰을 개설해놓은 곳도 있어 활용하기에 따라 다양한 의학정보를 얻을 수 있다.

인터넷 종합병원인 「웹하스피탈」은 기본적으로 의료상담 서비스를 제공하며 질병·의학상식·정보 등을 서비스하고 있다. 질병과 의학상식은 병명을 입력하면 손쉽게 검색할 수 있고 학회지 등에 소개된 전문 논문도 볼 수 있다. 또 가정의학, 골절, 백혈병, 이비인후과 웹클리닉을 운영하면서 스트레스, 흡연 등 건강 체크 리스트도 수록해놓았다.

한방종합병원을 표방하고 있는 사이버 병원 「헬스피아」는 일반 사이버 병원보다 다양한 정보를 제공하는 것이 특징이다. 헬스피아에서 운영하는 건강상담실은 회원제로 운영된다. 회원으로 등록하면 전자우편을 통해 간단한 건강상담을 받을 수 있다. 회원은 전자우편 주소만 있으면 등록할 수 있다. 이 밖에 한방 주치의와 한방 클리닉 코너를 마련해놓고 있다. 또 한방을 중심으로 건강 쇼핑몰을 운영하고 있어 한약과 건강식품을 온라인으로 구입할 수 있으며 건강생활정보도 제공하고 있다.

한방과 양방 의학정보를 동시에 제공하는 「메디칼 가이드」는 질환별 치료방법 및 민간요법을 소개하고 있으며 전문분야 및 지역별 병원안내 정보도 이 곳에서 찾아볼 수 있다. 또 질병에 관련된 각종 자료 등 전문 의료정보 서비스도 제공하고 있다.

사이버 병원 「굿닥터」는 지역별 병원검색 및 병원응급실 전화번호 등을 제공하고 있어 급하게 병원을 찾아야 할 때 편리하다. 의료상담과 일반인을 위한 의학상식은 물론 의료인을 위한 학회 및 관련 사이트도 링크돼 있다.

　이 밖에 「닥터 클리닉」은 치과, 성형외과, 남성건강, 피부과, 부부한방 등 특수 분야의 온라인 상담을 해주고 있으며 건강샘, 종합 의료정보 시스템 등도 온라인 의료상담과 신체 각 부분 질병 체크를 할 수 있는 사이버 병원이다.

2 의약분업 ― 사이버 의료 · 제약업 성장 토대

　1999년 11월 충북대 의대교수 30명을 주축으로 대한의사협회 소속 의사와 약사 등 의료인들이 출범시킨 「메드밴」은 의료정보화 사업을 주요 사업영역으로 하는 벤처기업이다. 메드밴이 최초로 뛰어든 사업 분야는 2000년 7월로 예정된 의약분업을 겨냥한 「처방전달 시스템」의 개발로서, 이미 특허출원을 마쳤다. 처방전달 시스템은 의사의 처방을 골목약국까지 컴퓨터 전자우편으로 전달해 의약분업에 따라 환자들이 처방전을 들고 약국을 찾아야 하는 번거로움을 덜어주기 위한 장치다. 약국에서도 의료보험청구 등에 필요한 데이터를 재입력하는 번거로움을 피할 수 있고 처방전의 오인해독 등도 미연에 방지할 수 있는 장점을 갖고 있다. 의약분업이 실시되고 있는 일본의 경우도 아직까지 환자들이 병원에서 받은 처방전을 팩스로 약국에 보내고 있는 현실인 점을 감안하면 처방전달 시스템은 매우 획기적인 것으로 의약분업의 실시와 동시에 각광받을 전망이다. 회사측은 시스템 가동 1년 내 의료기관의 30~40%, 약국의 90% 이상을 회원으로 확보할 수 있을 것으로 전망하고 있다. 통신망에 광고를 유치해 의료기기나 약품의 전자상거래를 시도하고 나아가 의약품 공동구매, 의료기록의 데이터베이스화를 통한 전자정보화 사업에도 손을 뻗친다는 구상이다.

이 밖에도 SK상사가 인터넷을 기반으로 연간 시장규모 4조 원에 이르는 의약품 및 의료용품 유통사업에 진출했다. SK상사는 의료 정보 분야 벤처기업인 「비트 컴퓨터」 및 「메디다스」, 「전능메디칼」 등과 제휴해 병원과 약국에 약품과 의료장비를 공급하는 인터넷 상 거래사업을 1999년 10월부터 시작했다. 이 사업은 약국과 병원이 제약회사와 의료기기 제조회사의 상품정보를 SK전산망으로 조회, 주문한 뒤 신용카드 등으로 대금을 결제하면 운송업체를 통해 상품 이 배달되는 방식으로 운영된다. SK는 미국의 전자상거래업체인 GEIS와 물류 시스템을 구축하기 위한 계약을 체결해 병원과 약국, SK상사, 제약 및 의료기기업체를 연결하는 전산망을 갖출 계획이 다. SK는 앞으로 5년 내 1만여 개 이상의 병원 및 약국과 제휴해 연 간 1조 원 이상의 매출을 올려 시장점유율을 20% 이상 끌어올릴 방 침이다. 이 회사는 이를 위해 제품 배달을 맡을 운송업체 2~3곳과 협상을 진행 중이며, 물류망이 갖춰지지 않은 지역에 물류센터를 신축하는 방안도 검토 중이다. 의료유통시장은 제약업체마다 직거 래망을 운영, 중복 과잉투자로 인한 비효율이 심해 네트워크가 구 축되면 물류비 등 30%가량의 비용을 절감할 수 있을 것으로 SK는 전망하고 있다. 이 회사 관계자는 『전자상거래를 통할 경우 약국마 다 심한 차이를 보이는 의약품 가격이 안정될 뿐만 아니라 거래과 정도 투명해져 소비자가 저렴하고 편리한 방식으로 의약품을 공급 받게 될 것』이라고 말했다. SK는 이와 함께 2000년부터 실시되는 의약분업에 대비, 지역병원과 약국을 묶는 의료 체인사업을 추진해 환자가 집에서 진료와 동시에 의약품을 제공받을 수 있는 「홈케어 (home care)」 사업도 추진할 계획이라고 밝혔다. 또 민간의료보험

서비스 사업도 실시해 건강과 정보통신을 결합한 헬스케어 산업을
미래전략사업으로 육성할 방침이다.

3 원격진료 시스템 구축 중

원격진료는 환자가 직접 병원에 오지 않고 인터넷을 통해 진료를
받을 수 있는 미래 지향적인 의료 서비스로 정보통신부가 국책사업
으로 지원하고 있다. 현재 국내 정보통신업체들이 병원측과 공동으
로 원격진료 시스템 구축에 앞다퉈 나서고 있다. 당장 현실화하기
에는 많은 문제점이 있으나 초고속통신망 등의 통신 인프라가 갖춰
지면 언제든 실용화·사업화하기 위해서다.

LG정보통신은 첨단 원격진료 및 의료정보 시스템, 병원행정 시
스템 등을 통합한 초고속 의료망을 인천 길병원에 구축해 1999년 5
월부터 운영에 들어갔다. 이 시스템을 통해 의사는 자신의 집에서
컴퓨터를 이용해 환자의 X-레이, 컴퓨터 단층촬영화상 등을 초고
속으로 받아보며 진료할 수 있다. 또 인터넷과도 연결돼 의사가 집
에서 환자에 대한 각종 의료정보를 받아보고 진료와 처방을 할 수
있다. 특히 의료 영상자료 및 데이터의 전송속도를 기존의 의료 데
이터 처리속도에 비해 100배 빠른 1기가bps급으로 높였다. 길병원
에 갖춰지는 이 같은 의료정보망은 인터넷과도 연결된다. 유사시
의사가 집에 있는 컴퓨터로 병원 통신망에 접속, 환자에 대한 각종
의료정보를 받아보고 진료와 처방을 할 수 있도록 하기 위한 것이
다. 이와 함께 병원 건물에 LAN이 구축된다. 이에 따라 의사가 병
원 안에서 진료할 때도 노트북을 이용해 환자에 대한 정보를 입력
하거나 바로 검색하는 게 가능하다. LG정보통신은 현재 개발 중인

스마트폰을 이용해 환자의 고유번호만 입력하면 어디에서든 해당 환자의 의료정보를 찾아볼 수 있는 시스템도 구축할 계획이다.

이 밖에도 의료정보 소프트웨어 개발업체인 메디다스가 1999년부터 분당 한국통신 본사에 의료센터를 설치해 원격진료 시범 서비스를 하고 있다.

국내 원격진료사업은 아직까지 시범 서비스 단계지만 고속통신망의 보급과 함께 멀지 않은 장래에 현실화될 것으로 전망된다.

유망기업 | 메디다스(http://www.medidas.co.kr)

메디다스는 의료 분야의 전산화를 위한 소프트웨어를 전문적으로 개발하는 벤처기업이다. 이 회사가 개발한 병원용 소프트웨어 「의사랑」은 전국 3,000여 개의 병원에서 사용될 정도로 인기가 높다. 오는 2000년 7월부터 시행될 예정인 의약분업으로 처방전달 시스템이 필요해져 전자의무기록 소프트웨어의 수요가 대폭 늘어나 경영사정이 크게 좋아질 것으로 전망되고 있다. 이 회사는 2000년부터 소프트웨어 중심의 매출 구조를 인터넷 쪽으로 전환해나갈 방침이다. 이를 위해 현재 주릭 및 SK상사와 진행 중인 의약품과 의료용품의 전자상거래를 2000년 초부터 본격화할 계획이다. 주릭과 SK상사는 수주 · 배송 · 재고관리 · 수금 등 물류부문을 담당하고, 메디다스는 관련 소프트웨어와 의사랑 사용자와의 네트워크를 제공하게 된다. 주릭은 세계 125개 제약회사와 5만 5,000여 개 병원 · 약국 · 도매상과 거래하는 독일계 다국적 기업이다. 현재 운영 중인 건강정보 사이트 건강샘(www.healthkorea.net) 서비스의 유료화도 추진할 계획이다. 의료정보를 광고, 쇼핑몰, 보험상품 등과

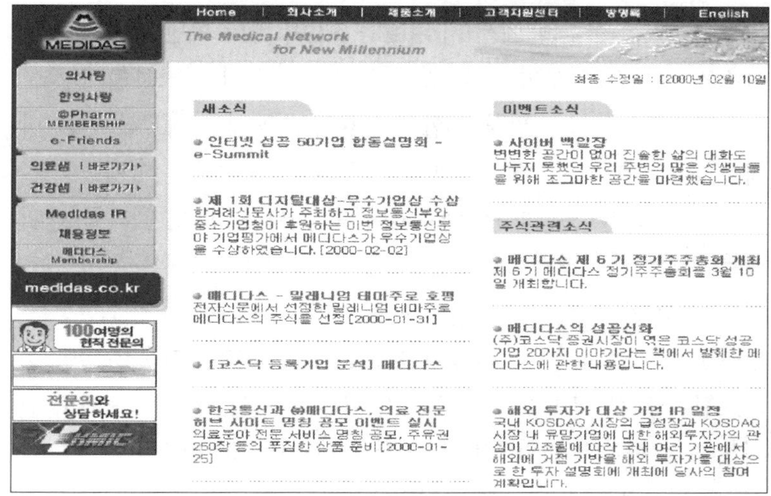

연계한 마케팅 활동에도 나설 예정이다. 중국의 관영 의료기관지인 〈건강보〉와 인터넷 서비스 구축 사업협상도 진행 중이다.

1999년 9, 10월 유무상증자를 실시해, 12월에는 자본금이 22억 원에서 67억 9,000만 원으로 늘어났다. 매출액도 1998년보다 50% 가까이 늘어난 150억 원에 이를 것으로 예상된다. 2000년에는 의료 정보화 사업과 인터넷 사업의 호조로 매출이 200억 원에 달할 것으로 회사측은 내다보고 있다.

의료정보업체인 메디다스는 여느 인터넷 업체와 마찬가지로, 업무제휴를 통해 시장지배력을 강화하고 있다. 최근 한국통신(의료정보 네트워크 공유), 주릭(의약품 전자상거래 협조), 디지틀조선, 네띠앙(이상 의료 콘텐츠 제공) 등 5개사와 잇따라 정보교환 계약을 체결했다.

특히 한국통신과 공동으로 개설할 예정인 의료전문 사이트 「KT 의료샘(가칭)」은 국내에서 가장 많은 3만여 명의 회원을 가진 메디 다스의 의료정보 사이트 「의료샘」과 한국통신의 의료보험 전자문 서교환(EDI) 서비스 망을 통합해 의료정보 포털 사이트를 만들 방 침이다. 메디다스는 KT의료샘의 소프트웨어와 콘텐츠 마케팅을 맡 고, 한국통신은 통신망 등 하드웨어를 공급해 시너지 효과를 높인 다는 계획이다. 2000년 1월 중 개설 예정인 KT의료샘은 우선 의료 인 대상의 △ 의료 뉴스, 웹진(webzine), 칼럼, △ 의료보험정보, △ 인터넷 의료교육, △ 의료기관 웹호스팅, △ 의료전문 쇼핑몰 등 의료관련 토털 서비스를 제공하고, 하반기부터는 일반인에게도 원 격진료 등 사이버 병원 서비스를 확대 제공할 예정이다.

1999년 9월 국내 처음으로 인터넷을 통한 기업설명회(IR)를 열기 도 한 메디다스는 인터넷 활용에 그만큼 익숙해져 있는 젊은 기업 이다. 사업초기 의료 분야 소프트웨어가 중심이었던 메디다스는 1999년부터 인터넷을 활용한 네트워크 영업과 전자상거래를 본격 적으로 도입하고 있다. 이러한 사업다각화의 원천은, 무엇보다도 의료계에 특화된 정보를 구축하고 있으며 이를 네트워크화할 수 있 는 힘이 있다는 점이다. 국내 의료정보화를 선도하고 있는 메디다 스의 제2의 도약이 기대되는 것은 이처럼 인터넷 활용기술과 특화 된 시스템을 이미 보유하고 있다는 점 때문일 것이다.

포 털 토종과 외국기업의 힘겨루기

『사이버 공간을 먼저 장악하라.』

황금시장으로 떠오른 사이버 공간에 고객을 끌어들이기 위한 국내외 인터넷 서비스 업체들의 시장 쟁탈전이 치열해지고 있다. 1999년 라이코스, 아마존 MSN(마이크로소프트) 등 세계적인 포털 사이트들이 잇따라 국내 시장에 진출한 데 이어 아메리카온라인(AOL), 투포세븐(인터넷 광고업체) 등도 거점 마련에 나서고 있다. 이 같은 외국 인터넷 서비스 업체들의 공세에 맞서 신비로, 네이버 등 국내 토종 포털 사이트들도 고객 서비스를 대폭 강화하는 등 적극적인 시장방어 태세에 들어갔다.

포털 사이트는 인터넷에 접속해 가장 먼저 연결되는 곳으로 인터넷에 들어가는 「관문」을 뜻한다. 즉 이용자가 가장 먼저 방문하거나 자주 찾는 홈페이지를 일컫는 말이다.

포털 사이트는 접속빈도가 가장 높아 광고효과가 매우 크며, 전자상거래 등 인터넷 비즈니스에서 성공을 보장한다. 이러한 포털 사이트의 성장과정이 곧 인터넷 비즈니스의 발전사라고 해도 과언이 아닐 정도로 초기 인터넷 비즈니스의 성장에 많은 기여를 한 것이 사실이다.

포털 사이트는 무엇보다도 방문 횟수가 중요한 경쟁력이기 때문에 중소 규모의 인터넷 사업자보다는 대형 인터넷 사업자들을 중심으로 경쟁이 심화되고 있는 것이 현실이다.

인터넷 도입 초기에는 야후로 대표되는 검색 엔진들이 대표적인 포털 사이트였다면 최근에는 웹브라우저 업체, 커뮤니티(가상공동체), PC통신업체, 접속 서비스 업체, 대형 쇼핑몰 등이 본격적으로 경쟁에 뛰어들었다.

국내 인터넷 포털 사이트는 야후, 알타비스타에 이어 1999년 라이코스 등 세계 5대 검색 엔진 중 세 개가 이미 국내에 진출하는 등 경쟁이 더욱 치열해지고 있다.

1 │ 외국 인터넷 서비스 업체의 국내 시장공략

1999년 아마존과 라이코스가 국내에 진출했다. 야후와 알타비스타는 이미 국내 이용자들에게 한글정보 서비스를 제공하고 있다. 마이크로소프트의 MSN사이트는 한글 콘텐츠 서비스에 나서고 있다. 미국에서 접속순위 10위 안에 드는 초대형 인터넷 사이트 중 여섯 개가 국내에 들어온 셈이다.

아마존은 이미 삼성인터넷 쇼핑몰에 서점을 개설해 운영에 들어갔다. 라이코스는 미래산업과 합작으로 라이코스코리아를 설립, 1999년 6월부터 서비스 중이다. 해외 포털 서비스 업체들의 잇따른 국내 진출은 국내 인터넷 이용자들에게 훨씬 다양한 서비스를 제공할 수 있는 긍정적인 측면도 있다. 그러나 막강한 자본력과 높은 브랜드 인지도, 선진 마케팅 기법으로 무장한 해외 업체들의 진출로 국내 인터넷 서비스 업체들이 크게 위협받고 있다. 미국 상무부도 1999년에 발표한 보고서에서 한국 인터넷 서비스 업체들이 브랜드 인지도, 노하우, 자금력 등이 취약해 미국 인터넷 업체들의 시장공략에 고전을 면치 못할 것이라고 지적했다.

2 | 토종 포털 사이트들의 방어전략

국내 포털 사이트인 다음, 네띠앙, 신비로, 네이버 등은 외국 사이트에 비해 아직 초보 단계에 머물고 있다. 해외 유명 포털 사이트의 국내 시장진출은 광고를 주된 수입원으로 하는 국내 업체에 큰 타격을 입힐 수 있다. 국내 서비스 업체들은 외국 포털 사이트들이 한글 콘텐츠 확보에 어려움을 겪고 있다는 점에 희망을 걸고 있다. 국내 인터넷 이용자의 취향을 감안한 맞춤 서비스와 외국업체들에게 취약한 「커뮤니티」 서비스로 차별화한다는 전략이다. 150만 명의 이용자를 확보한 다음커뮤니케이션의 한메일넷은 회원별로 맞춤정보를 제공하는 새로운 콘텐츠 서비스 「섹션」을 추가했다. 무료 홈페이지 서비스인 「마이홈」을 비롯해 사용자가 직접 동호회를 만들 수 있는 「한메일넷 카페」 등도 선보였다. 삼성SDS의 네이버도 개인 맞춤 서비스인 「마이 네이버」를 통해 주식, 부동산 정보 등과 전자우편, 무선호출 서비스 등을 제공하고 있다. 한컴네트의 네띠앙은 무료 전자우편, 무료 홈페이지와 함께 동호회 등 커뮤니티 서비스를 강화하고 있다.

3 태풍의 핵 PC통신

앞으로 PC통신이 인터넷 시장에서 돌풍을 일으킬 가능성이 높다. 현재 PC통신 이용자는 600만 명 수준으로 인터넷 서비스를 무료로 이용하고 있다. 인터넷 포털 사이트들의 각종 서비스는 이미 PC통신들이 제공하고 있는 것으로 PC통신업체들이 이들 서비스를 인터넷 공간으로 끌어오면 경쟁력이 충분히 있기 때문이다. 하이텔·천리안·유니텔·나우누리 등은 이미 인터넷 홈페이지에서 PC통신 기능을 이용할 수 있도록 했다. 인터넷 전문가들은 외국 포털 사이트들이 국내 현실에 맞는 콘텐츠 개발이나 동호회 등 커뮤니티 부문에는 매우 취약하다고 지적하고 있다. 따라서 이 부분을 공략해 다양한 서비스를 개발하면 해외업체와의 경쟁에서 뒤지지 않을 것이라는 분석이다.

4 인터넷 시장의 화두는 포털

인터넷 포털 시장을 차지하기 위한 경쟁이 매우 치열하게 전개되고 있다. 이를 위한 기업 간 활발한 제휴는 최근의 인터넷을 설명하는 또 하나의 용어로 등장하고 있다. 국내의 경우에도 외국계 검색엔진뿐만 아니라 통신업체까지 가세해 경쟁이 본격화하는 양상이다. 인터넷 포털 사이트는 곧 인터넷 시장의 지배를 뜻한다. 대형 인터넷 서비스 업체들이 모두 군침을 흘리는 이유가 여기에 있다.

국내 포털 시장은 신규참여하는 대형 ISP 업체의 영향력 확대가 예상된다. 한국통신, 하나로통신이 여기에 해당된다. 또한 국내 PC통신업체들의 사업영역 확대 역시 주목할 만하다.

이러한 종합 포털 사이트 이외에도 분야별 전문 포털 사이트들의 성장가능성 역시 매우 높은 것이 사실이다. 쇼핑몰의 경우와 마찬가지로 전문 분야의 포털 사이트가 속속 등장함으로써 시장을 분할할 것으로 예상된다. 예를 들어, 하나로통신이 추진 중인 사이버 타운 등은 지역정보 포털로서의 가능성이 있으며 시장성 역시 매우 크다 할 수 있다. 또한 국내 비즈니스 포털로서, 경제지들의 역할 역시 기대되는 대목이다.

현재 국내 최고의 포털 사이트인 「커뮤니티」 사이트들의 타분야로의 사업확대 역시 예상된다. 그 동안 확보한 회원을 바탕으로 다양한 사업영역으로 진출할 것으로 보인다.

인터넷의 특성상 이들 포털 사이트 경쟁은 어느 한 업체의 일방적인 승리로 끝나지 않을 것이며 시장을 균점하는 양상으로 진행될 것이다

유망기업 다음커뮤니케이션(http://www.daum.net)

다음커뮤니케이션은 1999년 한햇동안 숱한 기록을 세웠다. 우선 1999년 12월 16일 코스닥 시장에서 주당 가격이 18만 5,000원(액면가 500원)으로 새롬기술을 제치고 주가 1위에 등극했다. 코스닥 신규등록 이후 연속 상한가 기록도 갱신했다. 등록 후 20여 일 동안 상한가 행진을 이어가 이전까지 17일 동안 상한가를 기록한 인터파크를 2위로 밀어냈다. 이에 앞서 신주공모 당시 경쟁률이 186.44 대 1을 기록해 화제가 됐다. 1999년 기준 가입회원이 500만 명을 돌파해 국내 인터넷 업체는 물론, 아시아 업체 중에서 최대 회원을 보유하고 있다. 다음커뮤니케이션은 530만 회원을 보유하고 있는

국내 토종 포털 서비스 업체다. 포털 서비스는 인터넷 사용자가 가장 먼저 찾는 관문이란 뜻으로 전자우편에서 인터넷 쇼핑, 콘텐츠, 커뮤니티 서비스 등 네티즌이 원하는 모든 서비스를 제공하고 있다. 인터넷상에서 벌어지는 포털 경쟁은 회원확보 경쟁을 뜻한다. 다음은 국내 인터넷 인구 700만 명 중에서 75%에 해당하는 회원을 확보하고 있는 셈이다.

1997년 국내 최초로 무료 전자우편 「한메일넷」으로 서비스를 시작한 다음은 현재 3만 7,000여 개의 동호회와 전자 쇼핑몰을 운영 중이다. 금융·증권·뉴스·경매 등 20여 종에 달하는 방대한 콘텐츠와 사용자 중심의 서비스 개발로 하루 180만 명의 네티즌이 방문하고 있다. 또 자체 개발한 대용량 전자우편 처리기술을 토대로 국내는 물론 스페인·이탈리아 등 5개국에서 전자우편 서비스를 제공하고 있다. 이 중 스페인(www.mixmail.com)에서는 회원이 120만 명을 돌파, 자국 내에서 최고의 전자우편 서비스로 부상했다. 이에 따라 서비스 해외수출을 통해 1999년 12억 원의 수익을 거둘 것으로 예상된다.

무엇보다도 다음의 강점은 탄탄한 국내외 제휴관계에 있다. 세계 3위 미디어 그룹인 「베텔스만」, 세계 2위 인터넷 광고대행사 「24/7 미디어」, 국내 ISP인 「데이콤」 및 「미래에셋」 등에서 자본을 유치했거나 전략적 제휴를 맺고 있다. 2000년에는 35%의 지분을 확보하고 있는 인터넷 광고대행사 「24/7미디어코리아」의 사업을 강화해 시너지 효과를 노리고 있다. 이를 통해 주먹구구식으로 운영되는 국내 인터넷 광고시장을 평정하겠다는 야심찬 계획을 갖고 있다.

1999년 다음의 매출액 구성은 광고 50%, 전자우편 호스팅 사업 25%, 소프트웨어 개발사업 25%로 구성되어 있다. 2000년에는 광고와 소프트웨어 개발 매출비중이 큰 폭으로 늘어날 것이란 게 다음측의 설명이다.

포털 서비스 최강자의 위치를 굳히기 위해 2000년 상반기까지 전자상거래 부문을 전면 개편하고, 수익기반을 확대할 방침이다. 또 무료 전자우편 서비스를 기반으로, 통합 메시징 시스템을 구축하고 콘텐츠도 대폭 강화할 계획이다. 그 동안 신규고객 영입에 주력했지만 기존고객 이탈을 방지하고, 신규고객 확보를 함께 추진하겠다는 전략이다.

다음커뮤니케이션 관계자는 『지금과 같은 증가추세라면 2001년까지 연평균 280%의 매출증가율과 390%의 영업이익증가율이 기대된다』고 밝히고 있다. 2000년에는 200억 원 매출달성을 목표로

잡고 있다. 이 같은 목표달성은 다음이 급변하는 인터넷 시장상황에서 얼마나 기민하게 대응하느냐에 따라 달라질 것이다. 경쟁이 심하고 새로운 기술과 아이디어로 인터넷 사업에 뛰어드는 경쟁업체가 하루에도 수십 개씩 등장하고 있기 때문이다.

아웃소싱업 인터넷 비즈니스의 열린 공간

인터넷이 산업계에 몰고 온 가장 큰 변화로는 인터넷 쇼핑몰에 의한 유통업의 변혁과 아웃소싱의 활성화를 들 수 있다. 인터넷 비즈니스 환경의 최대 특징은 글로벌 아웃소싱을 손쉽게 해준다는 점이다. 기업들은 최소한의 자원투입으로도 전세계 시장에 대응이 가능하게 돼 아웃소싱이 현재보다 더욱 활발하게 일어날 전망이다. 이러한 아웃소싱의 일반화는 제조업에서부터 서비스업에 이르기까지 다양한 규모의 전문사업 분야의 등장을 의미한다.

인터넷 관련 업체는 크게 접속 서비스와 솔루션 업체, 장비업체, 전자상거래와 포털 서비스 업체 등으로 나눌 수 있다. 인터넷 시장의 폭발적 성장에 따라 소프트웨어·솔루션 및 장비관련 업체들의 성장이 먼저 이루어지고 있다. 인터넷 사업이 발전하기 위해서는 속도·보안·결제·인증 등의 장애가 해소되어야만 하는데, 국내 코스닥 시장의 활황으로 대규모 자금을 조달한 업체들이 시설투자 확대에 적극적으로 나서고 있기 때문이다. 인터넷 솔루션 업체들이 국내 전산부문 아웃소싱 시장의 성장을 주도하고 있다.

1 국내 인터넷 아웃소싱업 현황

국내 인터넷 솔루션 시장이 크게 성장하고 있다. 인터넷 솔루션은 인터넷의 인프라를 건설하는 도구에 해당된다. 인터넷 쇼핑몰을 만들거나 시스템 보안을 위해 필요한 소프트웨어들을 통틀어 인터넷 솔루션이라고 부른다. 최근 인터넷 솔루션은 인터넷 발달과정에서 하나의 흐름으로 자리잡고 있다. 인터넷 솔루션은 크게 보안 솔루션과 전자상거래(EC) 솔루션으로 나눌 수 있다. 보안 솔루션은 해커의 침입으로부터 시스템을 지키기 위해 사용하는 소프트웨어다. 최근 인터넷 뱅킹, 인터넷 주식거래 등의 서비스가 본격적으로 선보이면서 보안 솔루션의 수요가 크게 증가했다. 보안 솔루션 시장은 지난 1998년 컴퓨터 바이러스 백신 소프트웨어를 제외하고 100억 원대였으나 1999년에는 300억 원 규모로 크게 성장했다. 2000년에는 인터넷 사용인구가 폭발적으로 증가하면서 더욱 큰 폭의 성장이 예상된다. 전자상거래 솔루션에는 인터넷 쇼핑몰을 구축하는 머천트 솔루션과 온라인 결제를 처리하는 전자결제 솔루션이 포함된다. 전자상거래 시장이 본격적으로 성장하면서 전자상거래 솔루션도 활기를 띠고 있다. 1999년부터 인터넷 쇼핑몰을 임대하는 방식의 전자상거래 솔루션도 큰 인기를 얻고 있다. 전자상거래 솔루션 시장은 1999년에만 세 배 정도 성장했으며, 이 같은 추세는 2000년에도 이어질 것으로 보인다.

2 │ 인터넷 관련 국내 아웃소싱업의 변화

국내 인터넷 관련 아웃소싱업 중 인터넷 전자상거래 활성화의 가장 큰 수혜 분야는 인터넷 솔루션 업체와 운송을 담당하는 물류업체를 꼽을 수 있다. 현재 인터넷으로 인해 새롭게 성장하고 있는 국내 아웃소싱업의 대표주자는 역시 인터넷 솔루션 업체들이다. 이들 인터넷 솔루션 업체의 사업영역이 사업초기와는 다르게 변모하고 있다. 상점(머천트) 솔루션 분야의 제품전략이 기존 개발자에서 운영자 중심으로 바뀌고 솔루션 개발·공급에서 토털 서비스 제공으로 전략이 크게 바뀌고 있다. 우선 인터넷 쇼핑몰의 핵심요소인 머천트 솔루션은 기존 개발자 중심의「코딩 기반 패키지」에서 고객지향적인「툴 및 사업 모델(템플릿) 기반 패키지」로 옮아가는 중이다.

이 같은 흐름은 일단 마이크로소프트(MS)·브로드비전·인터숍 등 해외 소프트웨어 벤더들이 주도하고 있으며 국내에서도 서서히 고개를 들고 있다. 대표적인 업체들이 이네트정보통신·데이콤인터파크·파이언소프트 등 상점 솔루션 전문 벤처기업들이다. 실제로 최근 들어 이들 업체가 선보이고 있는 패키지 솔루션은 기술적 지식이 부족한 일반인도 쉽게 쇼핑몰을 구축할 수 있도록 제품을 차별화하고 있다. 또한 이들 제품은 각 상점의 특성을 감안해 구미에 맞는 다양한 메뉴 프로그램은 물론, 마케팅·홍보·판매정보관리 등 백오피스 업무에 대한 지원도 가능하다.

최근 전자상거래 솔루션 개발업체들의 변화 중 중요한 현상은 서비스 제공업체로 변화하는 양상이다. 예를 들어, 상점 분야에서는 기존 패키지 공급에서 상점 구축·운영은 물론, 지불대행에 이르기까지 전 부문에 걸친 대 상점 서비스 개념으로 전환하고 있는 것이다. 특히 「커머스21」이라는 패키지 제품을 이네트정보통신과 공동 출시한 데이콤인터파크는 적극적으로 이 분야를 개척하고 있다. 데 이콤인터파크는 일반인도 비용이나 관리부담 없이 손쉽게 쇼핑몰 을 구축·운영할 수 있도록 다양한 사업 모델을 제시하고 있다. 예 를 들면 기존 「몰오브몰」에 개별 점포가 입점하더라도 지불·정 산·회원정보 등을 통합관리하는 방식, 또는 서버·회선 등을 포함 한 전체 쇼핑몰 사업의 운영을 대행하는 방식이다. 전자상거래 보 안 솔루션 개발업체로 출발한 이니텍도 이 같은 전략변화와 궤를 같이하고 있다. 이니텍은 자체 개발한 인증기관(CA)·암호비도확 장 게이트웨이를 기반으로 전자상거래 지불 분야의 대행 서비스 시 장을 뚫고 있다. 이를 위해 최근 이니텍정보서비스라는 자회사를 설립하고 향후 전자상거래관련 보안 분야는 서비스 개념으로 변화 할 것이라는 확신을 분명히 나타내고 있다. 한 마디로 전자상거래 분야에서도 「아웃소싱」 서비스 개념이 도출되고 있는 것이다. 이 같은 전략변화는 인터넷 쇼핑몰의 저변이 대폭 확대될 조짐을 보이 면서 이제는 누구나 소규모 자본으로 뛰어들 수 있는 분야로 성숙 하고 있기 때문이다.

유망기업 | 이네트(http://www.e-net.co.kr)

이네트는 1996년 8월 설립된 전자상거래 솔루션 전문업체로, 인 터넷 쇼핑몰 구축 전문기업이다. 설립 이후 같은 해 9월 국내 최초 의 쇼핑몰인 데이콤 인터파크를 구축한 것을 시작으로, 골드뱅크 쇼핑몰, 대홍기획의 롯데인터넷 백화점 및 헬로우서울, 하이텔 쇼 핑몰, 뉴코아, 사이버테크노마트, 우체국 전자상거래 등 국내 유수의 쇼핑몰을 구축했다. 특히 1999년 정보통신부 우체국 전자상거래 시스템 입찰에서 오라클 등 외국의 유명업체를 물리치고 수주에 성공해 주목을 받고 있다. 시장에서는 이네트의 기술력과 제품력을 인정하고 있으며, 이것이 이네트가 1위로 평가되는 가장 큰 요인이다. 1998년 상점 구축용 패키지인 「커머스21」 출시를 계기로 약 50여 개의 쇼핑몰을 구축하는 등 본격적으로 전자상거래 솔루션 업계를 선도하고 있다. 특히 최근에는 외국 대형업체가 구축한 사이트를 재구축하는 등 전자상거래 업계에서 기술력을 인정받고 있다. 이네트는 이 같은 실적에 힘입어 1999년 매출액이 전년 대비 10배 이상 늘어난 47억 1,000만 원을 달성했으며, 당기순이익은 12억 8,600만 원이었다. 현재 주력상품인 EC 솔루션 「커머스21」은 국내 시장점유율 60%로 1위의 자리를 점하고 있다

이네트는 지금까지 기업과 개인 간(BtoC) 시장을 주요 시장으로 공략했으나, 최근에는 기업 간(BtoB) 전자상거래 시장으로 사업영역을 확대해가고 있다. 이를 위해 백오피스를 대폭 강화한 자바 언어 기반의 커머스21 3.0버전을 개발해 출시하고 있다. 이네트는 세계시장 공략에도 적극적인데, 미국 현지법인과 일본 현지법인을 각각 운영하고 있다.

전자상거래·보안관련 소프트웨어는 전자상거래 활성화와 함께 시장이 크게 성장하고 있지만 높은 전문기술이 필요하고, 민간기업이나 공공기관을 상대하기 때문에 진입장벽이 높은 편이다. 따라서 기존의 구축 경험이 무엇보다도 중요한 사업밑천이 되는 분야로, 이러한 점에서 이네트는 여느 경쟁업체보다 한 발 앞서 있는 것이 현실이다.

이네트가 개발한 「커머스 21」은 단순한 쇼핑몰 구축 솔루션이 아

니다. 인터넷 마케팅을 겨냥해 만든 프로그램으로, 고객의 방문을 유도하고 한 번 온 고객은 다시 찾게 만드는 종합 솔루션인 셈이다. 고객과의 1 대 1 마케팅이 가능하고 운영자가 손쉽게 전자상점을 관리할 수 있는 다양한 기능을 제공하며 안정적인 시스템을 지원해주는 장점이 있다. 상품의 진열·구입·검색 등을 자동화하는 소프트웨어로, 오라클, 마이크로소프트, IBM 등 외국업체 제품과 경쟁하면서, 시장점유율 1위를 차지하고 있는 점이 더욱 평가할 만한 대목이다.

이네트의 국내 대형 사이트 수주는 한국IBM, MS, 오라클 등 해외 IT업체들을 제치고 얻어낸 결과물이라는 점에서, 국내 전자상거래 솔루션 시장의 성장가능성과 함께 국내 솔루션업체(IT)의 발전 가능성을 보여주는 것이다.

머천트 서버로 불리는 쇼핑몰 소프트웨어는 전자상거래를 원하

는 업체들이 사이버 공간에 상점을 만들고 운영할 수 있도록 공간
과 작업도구를 제공하는 소프트웨어다. 이 분야의 국내 시장규모는
약 500억 원 정도로, 외국업체들의 참여도 활발하며, 경쟁도 치열
한 실정이다. 최근 전자상거래 사용인구가 많아짐에 따라 시스템의
안정성이 가장 중요한 현안으로 떠오르고 있는 시점에서, 이네트의
「커머스21」은 주문, 발주, 사용자 데이터베이스 등 뛰어난 백오피
스 기능과 함께 안정성을 갖추고 있어 경쟁력이 뛰어난 것으로 분
석된다.

또한 이네트가 설립 초기인 1996년 9월~97년 9월까지 1년 간 데
이콤 인터파크 쇼핑몰을 위탁운영한 경험을 갖고 있는 점은 전자상
거래 솔루션 개발에 필요한 쇼핑몰 운용 노하우 등을 축적하는 데
있어서, 경쟁업체보다 우위를 점할 수 있는 토대가 된 것으로 보이
며, 경쟁업체의 제품보다 우수한 안정성과 마케팅 능력을 보유하고
있는 것이 이를 반증한다고 하겠다.

특히 최근 출시한 커머스21 3.0버전은 운영체제와 관계없이 사용
할 수 있는, 국제 표준언어인 자바로 만들어진 것이 특징으로, 이네
트가 세계시장을 겨냥해 개발한 제품이다. 세계시장에서 이네트의
활약이 기대되는 것은 이 때문이다. 국내 IT업체가 세계시장에서
보일 활약을 기대해본다.

제3부

인터넷 지구촌 신흥갑부 ― 「빛의 속도」로 돈을 번다

　　인터넷은 무한한 가능성을 지닌 꿈의 무대다. 아이디어 하나만으로 세계적 갑부 대열에 올라선 이들을 무수히 배출해냈다. 지금도 많은 사람들이 「성공」을 꿈꾸며 인터넷에 도전하고 있다. 인터넷을 통해 신흥갑부로 등장한 사람들과 그들의 성공 스토리는 우리에게도 시사하는 점이 크다.

　　「인터넷 억만장자」들이 대거 탄생하고 있다.

　　컴퓨터와 아이디어로 중무장한 30대 안팎의 청년 억만장자들이다. 이들이 빌리어네어의 반열에 등극하는 기간은 짧으면 몇 개월, 길어야 2~3년이다. 갑부의 대명사 존 록펠러가 25년 만에 1억 달러를 모은 것에 비하면 「빛의 속도」로 돈을 벌고 있다.

　　1999년 미국의 경제전문지 〈포브스〉는 미국 400대 갑부 중 억만장자는 189명이며, 이 중 젊은 억만장자들이 상당수를 차지하고 있다고 보도했다.

　　세계 최초의 인터넷 경매회사 「e베이」의 창립자 겸 회장인 피에르 오미디아르(32)는 회사창립 4년 만에 억만장자가 됐다. 애인에게 잘 보이기 위해 사탕 박스를 사겠다는 인터넷 광고를 냈는데, 팔겠다고 나선 사람이 수천 명에 이르는 것을 보고 사업 아이디어를 얻었다. 인터넷 서점 아마존의 창설자인 제프리 베조스(35)도 1994년 사업을 시작한 지 3년 만에 억만장자가 됐으며 현재 그 재산을 57억 달러로 불렸다. 미국 경제전문지 〈비즈니스 위크〉는 e베이와 아마존이 21세기 전자상거래(EC) 시장을 지배할 것이라는 전망을 내놓기도 했다.

　　델 컴퓨터의 마이클 델 회장은 34세의 나이에 214억 9,000만 달러로 미국의 40세 미만 청년 갑부 중 1위를 차지했다. 인터넷에는 창설자만이 억만장자가 되라는 법도 없다. 기술력과 창의력만으로 억만장자가 된 젊은이도 수두룩하다. 인터넷 검색 엔진 개발업체인 「잉크토미」의 최고기술책임자 폴 고티에는 고작 26세 나이에 4억 2,000만 달러에 이르는 부자가 됐다.

마이크로소프트(MS)의 창업자 빌 게이츠(43)는 청년 억만장자의 효시. 그의 재산은 1999년 기준 1,000억 달러로 세계 1위다. 옥스퍼드 영어사전 최신판(www.oed.com)은 그를 「세계 최초로 조(兆)대의 재산을 모을 사업가」라고 정의하고 있다.

야후의 제리 양, 데이비드 필로 공동회장 등은 오미디아르, 베조스 등에 앞서 억만장자 대열에 올라선 인물들이다.

이들이 30~40대 초반의 젊은 나이에 억만장자가 된 데는 인터넷과 아이디어, 그리고 빠르게 확산되는 「전자경제(e-economy)」가 뒷받침이 됐다. 이들의 경영방식은 고정관념을 단호히 거부하며 수요·공급의 법칙 따위에도 아랑곳하지 않는다.

『아웃풋(산출)은 인풋(투입)에 비례한다』는 원리가 이들에게는 경제 서적의 머리말에 불과하다. 이들에게는 아이디어가 곧 기획이며, 회사매출과 개인연봉으로 이어진다는 e경제원론이 시장논리다.

이들은 속도경영을 중시한다. 빌 게이츠는《빌 게이츠@생각의 속도》라는 저서에서 『향후 경영은 정보관리와 경영속도가 지배한다』고 강조하기도 했다. 또한 이들은 전세계 소비자들의 소비 패턴을 근본적으로 바꾸는 것은 물론 인식체계, 가치관 등에도 일대 변화를 가져온 프런티어로 평가되고 있다.

오미디아르는 『인터넷의 등장으로 시장에 적용되던 각종 원칙은 이제 먹혀들지 않는다. 원가나 가격, 물류 개념도 완전히 파괴되고 있다』고 강조한다.

피에르 오미디아르 e베이 회장

e베이 사이트(www.ebay.com)는 곧잘 다운이 된다. 한꺼번에 너무 많은 네티즌들이 방문하는 사례가 잦기 때문이다. 인터넷 경매 사상 한 획을 그은 것으로 평가되는 홈런왕 맥과이어의 70호 홈런볼 경매 때도 다운이 될 뻔했다. 경매 실황을 보기 위해 700만 명에 이르는 네티즌들이 동시에 e베이 홈페이지에 접속했기 때문이다. 수많은 일화를 낳았던 이 경매에서 70호 홈런볼은 300만 달러에 낙찰됐다. 홈런볼 경매행사를 계기로 경매전문 사이트 e베이의 권위와 명성은 더욱 높아지게 됐다.

인터넷 뉴스그룹 「시넷(CNET)」은 『이번 이벤트의 최대 수혜자는 e베이』라며 『창립자 피에르 오미디아르가 마침내 아메리칸 드림을 이뤄냈다』고 보도했다.

오미디아르는 어린시절 늘 외토리였다. 수줍은 성격에 언어능력이 뒤져 어느 누구도 관심을 보이지 않았다. 더구나 소르본 대학 교수로 재직하다 존스 홉킨스 대학으로 옮긴 부친을 따라온 미국이란 나라는 내성적인 성격의 12세 소년에게 낯설기만 했다. 친구가 없는 아들을 걱정한 어머니는 외로움을 달래라는 뜻으로 38달러짜리 중고 컴퓨터를 사줬다. 낡아빠진 컴퓨터는 곧 소년의 둘도 없는 친구가 됐다.

그러나 수줍기만 했던 오미디아르의 성격 이면에는 무서울 정도의 집중력이 있었다. 이는 연구하고 사색하는 습관으로 이어져 나중에 e베이 사업을 일으키는 데 큰 역할을 했다.

『두드러진 특징은 없었지만, 오미디아르는 하나의 주제에 열심히 매달리는 성격의 학생이었다. 말도 별로 없었고, 말썽 한 번 부린 적이 없었는데 이제 와서 큰 사고를 친 것 같다. 오미디아르가 이렇게 성공하리라고는 정말 생각지 못했다.』중학교 은사였던 매트 크루거 선생은 오미디아르를 이같이 평하며 그의 성공에 놀라움을 표시한다.

터프츠 대학(컴퓨터공학 전공, 1988년 졸업) 시절에도 그는 평범했다는 게 주변 인물들의 한결같은 평이다. 『수많은 학생들을 컴퓨터 업계에 진출시켰다. 하지만 그가 어떤 회사에 취직했는지 생각조차 나지 않을 정도로 보통 학생이었던 것으로 기억된다.』(데이비드 크룸 터프츠 공대 교수)

e베이가 나스닥에 상장된 것은 1998년 9월 24일.

애인(현재 부인)에게 선물하려 인터넷 벼룩시장에 사탕 상자를 사겠다는 광고를 띄우자 수천 명이 몰려든 데서 아이디어를 얻어 회사를 세운 지 꼭 3년 만이다. CNN은 이 날『e베이 주식이 공모가 18달러에서 상장 첫날 47.38달러로 치솟았다. 오미디아르는 자산 61억 달러의 「벼락부자(accidental billionare)」가 됐다』고 보도했다. 주식의 30%를 갖고 있는 그는 이 날 하루에만 2억 7,410만 달러라는 돈을 벌어들였다. 경제전문지 〈비즈니스 위크〉도 1999년 초 「최고경영자 톱 25인」 명단을 발표하며 그를 21세기 「e비지니스의 선두주자」로 추천했다. 소비자들의 소비 패턴을 근본적으로 바꿨으며, 인터넷 경매를 하나의 산업으로 정착시켰다는 찬사도 곁들였다.

오미디아르 성공의 또 다른 비결은 『e베이에는 사고가 없다』는 신뢰감을 수요자들에게 확고하게 심어준 데 있다. e베이 사이트에서 발생한 경매 사기사고가 1만 건당 1건에 불과한 것이 이를 입증한다. 최대 거래량을 자랑하는 e베이 사이트에서 사기사고가 거의 없다시피 한 것은 오미디아르의 탐구정신에서 비롯됐다.

『오미디아르는 설계자 편이 아니라 수요자 편에서 생각할 줄 아는 재능을 가졌다. 프로그램을 개발하면 수십 번이고 뜯어고쳐 컴퓨터를 잘 모르는 일반인도 프로그램을 쉽게 사용할 수 있게 한다.』 애플 컴퓨터에서 프로그램 설계자로 같이 일했던 동료이자, e베이 창사 멤버인 제프 스콜(33)이 내린 오미디아르에 대한 평가다.

돈은 오미디아르에게 단순히 부의 상징이 아니다. 재정독립이라는 더욱 큰 의미를 갖는다. 1999년 3월 말 해외사업을 강화하기 위해 「아메리카 온라인(AOL)」의 공용망을 사용키로 계약할 때 일이다. 오미디아르는 제휴비용 7,500만 달러 전액을 사재로 충당했다. 미국 증권거래위원회(SEC)도 이를 의심했다. 그러나 조사결과 이 돈은 오미디아르 자신이 소유한 3,760만 주 중 79만 주를 처분한 것으로 밝혀졌다.

일상생활에서도 돈에 대한 철학은 그대로 적용된다. 오미디아르에겐 개인 사무실이 없다. 자동차도 다른 사람이 2년 동안 사용하던 중고차일 뿐이다.

오미디아르가 처음부터 성공을 보장받은 것은 아니었다. 창업 초기인 1995년 9월~96년 3월까지는 영업실적이 전무했다. 한 달에 300달러씩 드는 랜통신망 임대료와 빵값을 벌기 위해 낮에는 다른 컴퓨터 회사에서 아르바이트를 하기도 했다. 아르바이트를 그만둔 것은 1996년 7월께. 웹사이트 운영체계를 끊임없이 개선한 결과 4월 이후 경매건수가 늘기 시작했다. 5월에 처음으로 1,000건을 돌파했고, 6월에는 1,500건으로 늘어났다. 덕분에 애인 위즐리(현재 부인)에게 스테이크를 사줄 여유도 생겼다.

경제비평가인 토머스 스탠리는 저서《억만장자가 되는 7가지 법칙》에서『오미디아르가 인터뷰 내용보다 사례금 100달러에 더 군침을 흘렸다』며 그의 단면을 소개하기도 했다.

화려하게 성공한 32세 억만장자는 앞으로 어떻게 바뀔까? 스탠리의 질문에 그는 이렇게 대답했다.『그대로다. 변할 게 없다. 온라인 경매를 위해 완벽하고 체계적인 웹사이트를 만드는 것, 그래서 수요자들이 안심하고 거래하는 것, 이제껏 내가 해온 일들이고 앞으로도 해야 할 일이다.』

e베이 분석

「e베이」는 지난 1995년 9월 세워진 세계 최초의 인터넷 경매업체다.

물건을 놓고 인터넷에 접속한 네티즌들이 한꺼번에 가격을 흥정하게 함으로써, 비싸게 팔고 싸게 살 수 있도록 한다는 아이디어로 출발했다. 이 아이디어는 공전의 히트를 쳤다. 가입회원만 210만여 명이며, 지금도 기하급수적으로 늘어나고 있다.

 e베이 사이트에서는 2,400여 종의 상품을 놓고, 하루 180만 건의 경매가 이뤄지며 이 중 80만 건의 거래가 성사된다. 1996년 11월의 하루평균 거래건수 1,500건에 비하면 무려 5만 3,333%나 늘어난 것이다. 고객은 e베이 사이트에 들어와 마우스 클릭 몇 번으로 간단히 물건을 사고 팔 수 있다.

 마치 주식을 거래하듯 판매자는 되도록 비싸게 팔려 하고, 구매자는 싸게 사려는 「윈-윈 전략」을 세울 수 있는 것도 e베이에 대한 수요자들의 흥미를 배가시켰다.

　오미디아르가 지평을 연「온라인 경매」는 21세기 e비즈니스의 총아로 자리를 잡아가고 있다. 인터넷 경매의 시장전망이 얼마나 밝은지는 인터넷 시장 분석기관인 키넌 비전이 1999년 발표한 연구보고서에서 선명히 드러난다. 이 보고서는『1998년 38억 달러였던 미국의 온라인 경매실적이 2002년에는 1,290억 달러까지 폭증할 것』으로 내다보고 있다.

　온라인 경매가 정착되면서 업체 간 이합집산도 잇따르고 있다. e베이만 해도 얼마 전에 해운회사인「메일박스」,「아이십」과 업무제휴를 맺었다. 하루 평균 80만 개에 이르는 경매물건을 좀더 신속하게 처리하기 위해서다. 이는 미국 전체의 개인 간 운송량의 5%를 점유하는 엄청난 물량이다. 인터넷 서점 운영업체인「아마존」도 1999년 4월 온라인 경매전문업체인「라이브비드」를 5,000만 달러에 합병하고, 경매시장 진출을 선언했다. 아마존은 이에 앞서 1999년 3월 온라인 경매센터를 개설했으며, 이 부분을 강화하기 위해 라이브비드를 인수한 것이다. 온라인 경매시장에는 중소업체들도 많다.「온세일」과「퍼스트옥션」등 중소 온라인 경매업체들은 컴퓨터 주변기기, 여행 티켓, 비행기 탑승권 등을 싼값에 대량 구매한 후 이를 비싼값에 파는 방법으로 짭짤한 수익을 올리고 있다.

　키넌 비전은 온라인 경매 참여자가 1998년의 300만 명에서 2003년께는 1,400만 명으로, 참여업체는 파생업소까지 포함해 5,000여 개로 늘어날 것으로 전망하고 있다.

　온라인 경매방식은 간단하다. 누구든 가장 높은 값을 부르는 사람에게 매입권이 주어진다. 모든 정보가 인터넷을 통해 실시간으로 소비자들 간에 공유된다는 점이 기존 경매방식과 가장 큰 차이점이다. 인터넷에 올라오는 품목도 다양하다. 중고자동차를 비롯해 하루 3만 점이 넘는 품목들이 인터넷을 통해 입찰된다. 사람의 콩팥이 온라인 경매에 올라 수백만 달러의 호가를 기록한 적도 있으며, 실리콘 밸리의 정보통신관련 전문가 12명이 자신들을 온라인 경매에 올려 화제가 되기도 했다.

거래가 이뤄진 후 물건값을 송금하고 물건을 배달하는 일은 당사자끼리 서로 처리한다. 홈페이지 문을 연 이후 시간이 지날수록 많은 사람들이 희귀한 상품을 들고 경매장으로 몰려든 것도 바로 이 때문이다. e베이 경매장에 들어서면 나폴레옹의 모자 깃털에서부터 19세기 러시아 우표, 존 스타인벡 사인 등 백화점이나 일반시장에서는 볼 수 없는 물건들이 무궁무진하다.

e베이가 하는 것이라곤 사이트를 관리하며 판매가격의 1.25~5%를 수수료로 챙기는 것뿐이다. 직원 수도 1999년 말 현재 138명에 불과하다.

1998년 9월 나스닥에 등록됐으며, 인터넷 관련 주식열풍을 몰고 오는 촉매제 역할을 했다. 1999년 8월 말 현재 주가는 158달러. 1999년 3월 2일 3 대 1의 비율로 액면분할된 것을 감안하면 상장된 지 1년도 안 돼 26배나 급등한 것이다. e베이는 작년 회기(1998년 4월~99년 3월 말)에 총 3,600만 달러어치의 영업이익과 590만 달러의 세전 수익을 올렸다.

인터넷 경매라는 새로운 사업 분야에서 e베이가 큰 성공을 거두자, 후발업체들도 속속 이 사업에 뛰어들고 있다. 소더비를 비롯한 재래식 경매업체들까지 e베이의 급성장에 위기감을 느끼고 줄줄이 인터넷 경매 사업부문을 신설했다. 인터넷 검색엔진 야후(yahoo.com)와 마이크로소프트네트워크(MSN)를 비롯한 대표적인 포털(인터넷의 바다로 나가는 문) 사이트들도 e베이를 모방하고 있다.

리스펀드닷컴(respond.com)처럼 e베이의 아이디어를 뒤집은 역발상에서 출발한 인터넷 경매업체도 등장하고 있다. e베이가 팔 사람이 물건 목록을 인터넷에 올리는 「공급자 중심」이라면, 리스펀드닷컴은 사고 싶은 물건을 올리는 「수요자 중심」이다.

그러나 후발 주자들이 e베이를 따라잡기는 현재로선 역부족이라는 것이 일반적인 평가다. e베이의 지명도가 워낙 높은데다 인기를 지키기 위해 이 회사가 엄청난 돈을 투자하며 마케팅의 고삐를 늦추지 않고 있기 때문이다.

제프리 베조스 아마존 사장

지난 1994년 미국 뉴욕 월스트리트의 이름난 투자회사 D.E.셔사 (D.E.Shaw&CO.)의 수석 부사장실. 한 젊은이가 메모지에 뭔가를 써 내려가고 있었다. 2년 전 스물여덟 살의 나이로 이 회사 수석 부사장 자리에 오른 제프리 베조스였다.

전자상거래 시장이 1년 동안 2,400%나 성장했다는 뉴스를 접한 그는 인터넷을 통해 판매할 만한 상품 목록을 생각하고 있는 중이었다. 『「레코드」, 「CD롬 타이틀」, 「꽃」, 「컴퓨터 소프트웨어」, 「책」, 「책이라…」』 갑자기 머릿속이 번쩍하면서 메모지에 상품명을 적던 그의 손이 멈췄다.

30분 뒤 그는 사표를 던지고 연봉 100만 달러짜리 직장을 떠났다. 그 길로 집으로 간 그는 아내와 함께 이삿짐을 싸 마이크로소프트사가 자리잡은 미국 서부의 시애틀을 향해 차를 몰았다. 얼마나 마음이 급했던지 이삿짐을 실은 트럭 운전사에게 정확히 어디에 짐을 내리라는 지시도 하지 않은 채였다. 아내가 시애틀까지 렌터카를 모는 동안 그는 뒷좌석에서 노트북으로 사업계획서를 짰다. 이들 부부가 차를 멈춘 곳은 시애틀이었다. 시애틀 교외에 집을 빌린 그는 그 집 창고에서 커대브러닷컴(Cadabra.com)이란 기업을 차렸다. 프로그래머 네 명과 함께 중고가구를 고쳐 만든 책상에서 밤낮으로 개발에 매달렸다. 한편으론 D.E.셔 시절 사귄 사람들에게 전화를 걸어 사업자금을 보태달라고 호소했다. 그의 능력을 믿었던 지인들은 선뜻 200만 달러를 모아줬다. 뉴욕에서 보낸 이삿짐이 도착한 것은 회사의 골격이 그럭저럭 세워진 뒤였다.

그리고 석 달쯤 후 그는 인터넷을 통해 책을 파는 기업을 출범시켰다. 출범 직후 이 회사는 아마존닷컴(amazon.com)으로 간판을 바꿔 달았다. 인터넷 서점이라는 영역을 개척한 아마존의 화려하지 않은 출발이었다. 하지만 4년이 지난 1999년 아마존은 시장가치 212억 달러(11월 4일 기준)에 달하는 세계 최대 인터넷 서점이 됐다.

이 회사 최대주주인 베조스는 재산 57억 달러를 돌파하며 손꼽히는 억만장자로 등극했다. 베조스는 지난 1986년 미국 프린스턴 대학을 졸업한 직후 피텔이란 작은 컴퓨터 회사를 세웠다. 그러나 영업이 신통찮아 2년 만에 집어치웠다. 대신 뱅커스 트러스트에 입사해 2,500억 달러에 이르는 자산을 효율적으로 운영할 수 있도록 지원하는 컴퓨터 프로그램 개발을 맡았다. 탁월한 능력을 인정받은 그는 1990년 2월 스물여섯 살 나이로 이 회사 최연소 부사장 자리에 올랐다. 이어 곧바로 투자회사 D.E.셔의 펀드 매니저로 변신했다. 이 곳에서도 혁혁한 성과를 거둬 스물여덟 살에 최연소 수석 부사장이 됐다.

베조스는 독특한 경영철학으로도 화제가 되고 있다. 시애틀시 2번가 콜럼비아 빌딩에 있는 아마존 본사에 근무하는 직원들은 헌 가구와 각목으로 만든 책상을 쓰고 있다. 베조스가 창업 직후 첫 직원을 채용한 뒤 가장 먼저 한 일이 창고에서 헌 문짝과 각목으로 책상을 만들어준 것이었다. 아마존 직원들은 지금도 그 때와 같은 형태의 책상을 쓰고 있다. 물론 지금은 베조스가 직접 만들지 않고 목공소에 주문하고 있다는 점은 다르지만…. 그는 『이 책상은 근검절약의 상징으로 아마존이 고객을 위해서만 돈을 지출한다는 사실을 확실히 하기 위한 것』이라고 말한다.

아마존 사무실 바닥의 카펫은 지저분하기 그지 없다. 벽도 얼룩이 덕지덕지 묻어 있다. 입주한 이래 한 번도 단장을 하지 않았기 때문이다. 한 푼이라도 아끼려는 베조스의 구두쇠 전략은 자기 자신에게도 예외가 아니다. 수십억 달러의 자산가이지만 직원들과 같은 책상을 쓴다. 차는 서민들이 타는 혼다 어코드를 몬다. 사는 곳도 시애틀 시내의 월세 아파트다.

베조스는 석 달에 한 번씩 시애틀 지역에서 근무하는 전 직원들을 소집해 회의를 연다. 그는 이 자리에서 『월스트리트는 잊어버려라』고 다그친다. 스톡 옵션으로 백만장자가 된 직원들이 주가 움직임에 신경을 쓰는 것에 대해 질책하는 것이다. 그는 『우리 중 누구도 당장 내일의 주가를 마음대로 할 수 없지만, 앞으로 5년 뒤의 주가에는 영향을 미칠 수 있다』며 『5년 뒤를 위해 어떻게 해야 할지 생각하라』고 닦달한다.

그는 직원들에게 매우 빡빡한 근무자세를 강요한다. 아마존에서 연장근무는 일상사다. 지저분해 보이는 근무환경, 복장에 대한 간섭도 별로 없어 언뜻 보면 느슨해보이지만, 생산성을 높이기 위한 유무형의 압력은 미국 어느 회사보다 강한 편이다.

그는 보안에 대한 집착이 강하다. 직원들에게는 기자들의 사소한 질문에도 절대로 대답하면 안 된다는 지침을 내려놓고 있다. 판매량이나 베스트셀러 순위 같은 「1급 정보」는 말할 것도 없고, 현재 직원 수조차 밝히는 것을 금지하고 있다. 조금이라도 경쟁자에게 도움이 될 수 있는 정보가 새나가는 것을 철저히 차단하겠다는 것이다.

세계 금융의 중심지 월스트리트에서도 장래가 촉망되던 금융 전문가로 하여금 사표를 내던지고, 새로운 일에 뛰어들도록 만든 힘은 무엇일까. 『80세가량이 돼 인생을 되돌아볼 때 20대에 월스트리트를 떠나지 않은 것은 후회하지 않을지 몰라도, 큰 기회를 놓친 것은 후회할 것 같아서』라는 것이 그의 답변이다.

아마존 분석

세계 최대 서점은 어디일까?

몇 년 전만 해도 답하기 쉬운 질문이었다. 미국에만 1,000개 매장을 갖고 있는 반스&노블(Barns&Noble)이 부동의 1위였다. 그러나 요즘엔 다르다. 주식시장 시가총액으로 따지면 인터넷 서점 아마존이 단연 으뜸이다. 아마존의 시장가치는 212억 달러로 일본 소니사와 비슷하다. 이에 비해 반스&노블은 28억 달러로 10분의 1 정도에 불과하다.

인터넷 책 시장 점유율도 아마존이 85%로 반스&노블을 압도하고 있다. 아마존 인터넷 홈페이지(www.amazon.com)에 접속하면 세계 어디에서든 책을 살 수 있다. 배편이나 항공편 등 원하는 방식으로 배달해준다. 아마존은 세계 어디에도 매장을 두고 있지 않다. 그런데도 취급하는 서적 종류가 300만 종에 달한다. 전세계 출판물

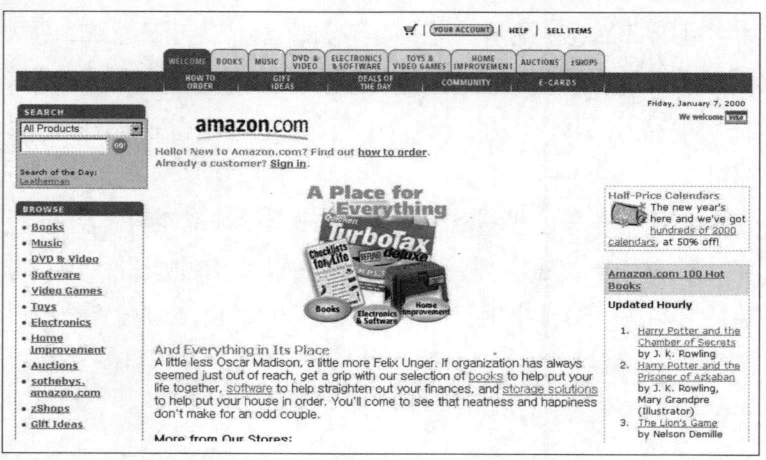

의 80% 이상을 커버한다. 반스&노블이 매장에 전시하는 서적은 고작 17만 종 정도다. 아마존은 최근 CD롬 타이틀과 꽃, 약까지 팔면서 인터넷 종합 쇼핑몰로서 면모를 갖춰가고 있다. 현재 아마존의 고객은 160여개 국 450만 명에 이른다. 한 번 이용한 고객 가운데 64%가 다시 찾아오고 있다. 경쟁사인 반스&노블의 경우 다시 방문하는 고객은 40% 정도에 그친다.

아마존은 1999년 4/4분기에 약 9,000만 달러의 적자를 기록할 것으로 보인다. 이 기간 매출은 6억 5,000만 달러로 전년도 같은 기간의 2억 2,000만 달러보다 세 배 가까이 많았다. 매출이 크게 늘었는데도 불구하고 적자를 벗어나지 못한 것은 인터넷 개인정보 서비스 사이트 「플래닛올」과 구인정보 사이트 「정리」 등을 사들이느라 2억 8,000만 달러를 지출했기 때문이다. 이 밖에도 CD 판매를 비롯한 신규사업에 마케팅 비용을 쏟아 붓고 있어 당분간은 적자를 면키 어렵다고 밝히고 있다.

아마존이 급성장한 데는 다른 인터넷 업체들과의 전략적 제휴가 큰 역할을 했다. 아마존은 2만 2,000개 사이트와 전략적 제휴를 맺고 자사 인지도를 높이고 있다. 특히 AOL이 인수한 넷스케이프와는 독점제휴 계약을 맺었다.

아마존의 성공은 기존 서점들이 영업행태를 근본적으로 바꾸는 파장도 몰고 왔다. 반스&노블은 아마존보다 2년 늦은 1997년 말 인터넷 서적판매 시장에 뛰어들었다. 독일 최대 서적판매상 베텔스만도 1999년부터 인터넷을 통한 서적판매에 나섰다. 이처럼 아마존에 기선을 제압당했던 기존 대형 서점들이 적극적으로 인터넷 책 판매시장에 뛰어들고는 있지만, 아직 아마존을 따라잡기에는 역부족이다. 온라인 서점으로서 아마존의 위치가 워낙 확고부동하기 때문이다.

온라인 서적유통은 1위 업체의 브랜드가 소비자들에게 깊게 각인되는 대표적인 분야다. 시장전문가들은 아마존의 장래에 대해『남은 것은 자신과의 싸움』이라고 말한다.

전자책시대 개막

온라인 서적유통이 급성장하고 있는 한편에선 전자책(e-book) 시대도 개막되고 있다. 전자책이란 책 내용을 디지털 파일로 만들어 전용 하드웨어로 읽을 수 있도록 한 것이다. 책을 디지털 파일로 만들면 음악 파일(MP3파일)처럼 인터넷을 통해 내려받아 볼 수 있다.

종이책보다 훨씬 간편하게 유통될 수 있다. 아직까지 통일된 이름은 없지만 전자책의 콘텐츠는 전자책(electronic book)이나 e북

　온라인 서점이란 인터넷이라는 가상공간에 문을 연 서점을 말한다. 온라인 서점도 카테고리를 나누거나, 베스트셀러를 한데 모아놓기는 기존 서점과 마찬가지다. 다만, 온라인 서점은 책꽂이에 책을 잔뜩 꽂아놓는 대신 컴퓨터 화면으로 책 목록을 보여준다.

　온라인 서점 이용자들은 인터넷을 통해 데이터베이스에서 책을 검색할 수 있기 때문에 기존 서점보다 훨씬 쉽게 원하는 책을 찾을 수 있다. 기존 서점이 전시할 수 있는 책 종류는 많아야 수십만 권. 이에 비해 공간의 제약을 받지 않는 온라인 서점은 책 목록을 무한히 확장할 수 있다. 신간을 매장에 전시할 때도 기존 서점은 시간이 꽤 필요하지만, 온라인 서점에서는 발간 즉시 목록을 올릴 수 있다.

　온라인 서점에서 책을 사려면 배달비를 고객이 부담해야 한다. 이 때문에 한두 권 살 때는 서점에 직접 가서 사는 것보다 비싸게 마련이다. 그러나 온라인 서점 대부분이 일반서적의 경우 30% 안팎, 전문서적은 5~10% 정도 할인판매하기 때문에 여러 권을 동시에 사면 훨씬 저렴하다. 서점까지 다녀오는 수고를 덜 수 있다는 점도 매력이다. 대신 책을 받으려면 적어도 3~4일에서 길게는 2주일 가까이 기다려야 한다. 온라인 서점에서의 책 주문은 원하는 책을 골라 책 제목 옆에 있는「장바구니에 담기」명령어를 더블클릭하는 것으로 시작한다. 원하는 책을 모두 장바구니에 넣었다면, 다음은 책값을 치러야 한다. 책값은 대개 신용카드로 결제한다. 온라인 서점 은행계좌로 송금을 요구하는 경우도 있다. 인터넷의 보안문제가 아직은 완벽하게 해결되지 않았기 때문이다. 택배로 받을지 우편으로 받을지에 따라 요금이 달라진다. 이름과 신용카드번호, 비밀번호, 책을 받을 주소 등을 입력하고 나서 엔터키를 치면 주문이 끝난다. 그리고 며칠 기다리면 책을 손에 넣을 수 있다.

　고객이 낸 주문은 인터넷을 타고 즉시 온라인 서점의 물류기지로 전해진다. 물류기지는 책을 조금이라도 빨리 고객에게 보내기 위해 만들어진 곳이다. 물류기지에 없는 책은 서점측의 의뢰로 출판사가 고객에게 직접 발송하는 경우도 있다.

　현재는 「아마존(amazon.com)」, 「반스&노블스(barnsandnobles.com)」, 「북스밀리언(booksmillion.com)」 등이 세계 3대 온라인 서점으로 꼽힌다. 온라인 서점이 전체 서적판매에서 차지하는 비중은 아직 5%에도 미치지 못한다. 하지만 다른 전자상거래 분야에 비해서는 높은 수준이다. 이는 책이 여느 상품과 달리 누가 팔든 제품의 질에 차이가 거의 없으며, 운송도중 파손될 위험도 낮기 때문이다. 시장 전문가들은 앞으로 몇 년 안에 온라인 서점이 전체 책 판매의 20% 이상을 차지할 것으로 보고 있다. 세계 최대 온라인 서점 아마존이 해마다 평균 300%가량씩 성장하고 있는 데 비해, 일반 서적시장은 5년째 제자리 걸음을 하고 있다는 게 그 근거다.

(e-book)으로, 하드웨어는 e북 리더(ebook reader)나 e리더(e-reader)로 부른다. 때론 콘텐츠와 하드웨어를 합쳐 전자책이라 일컫기도 한다. e북 리더는 문서 읽기에 편리한 작은 노트북 컴퓨터라고 생각하면 된다. 지금까지 나온 e북 리더는 거의 컴퓨터와 연결해 인터넷에서 콘텐츠를 내려받는다. e북 리더에는 책 수십 권 분량의 콘텐츠를 저장해놓고 읽을 수 있다. 현재 시장에 나온 e북 리더의 경우 노트북 컴퓨터와 같은 초박막액정표시장치(TFT-LCD)를 쓰기 때문에 어두운 곳에서도 읽을 수 있다. 필요할 때는 글자 크기를 조절해 볼 수 있다. 모르는 말은 내장된 사전에서 찾아가며 읽을 수도 있다. 종이책처럼 책갈피를 해놓거나 밑줄을 그을 수도 있다.

　지금까지 e북 리더를 개발한 회사들은 e북엠파이어닷컴(ebookempire.com)과 에브리북(everybk.com), 리브리우스(librius.com), 로켓북(rocketbook.com), 소프트북(softbook.com)

등 10개 남짓이다. 콘텐츠를 생산하는 전자책 출판사는 전세계적으로 100개가 넘는다. 이들은 인터넷이나 PC통신으로 전자책을 내려받을 수 있도록 서비스하고 있다. 책 한 권 분량을 인터넷에서 내려받는 데 드는 요금은 대략 20달러 안팎이다. 전자책의 발목을 잡고 있는 것은 비싼 하드웨어 값이다. e북 리더는 현재 평균 500달러선이며 1,000달러를 넘는 제품도 있다. 또 배터리 사용시간이 짧은 것도 해결해야 할 문제다.

빌 포터 E*트레이드 회장

『주식거래 중개인들을 해고하라.(Boot your broker.)』

지난 1996년 2월 미국의 경제전문지인 〈월스트리트 저널〉에 눈에 띄는 광고가 등장했다. 『이제부터는 비싼 주식중개 수수료를 지불하면서 당신의 재산을 축낼 필요가 없다』는 문구와 함께. 인터넷 주식중개업체인 E*트레이드는 그렇게 세상의 눈길을 끌기 시작했다.

그로부터 3년 후.

값싼 중개수수료를 트레이드 마크로 내건 E*트레이드는 첫 광고만큼이나 놀랄 만한 경영실적들을 쏟아내기 시작했다. 인터넷 최고의 주식중개업체, 베스트 인터넷 투자 사이트(www.etrade.com), 미국에서 잠비아까지 세계 119개국에 고객을 둔 회사, 미국에서 가장 빨리 성장하는 기업 순위 4위, 시가총액 57억 달러의 우량기업 등등. 간판을 내건 지 3년 만에 금융시장에서 가장 주목받는 기업이 된 E*트레이드를 설립한 사람이 빌 포터(71)다. 바로 그의 「선

견지명」이 E*트레이드를 가능케 했다.

포터는 대학에서 수학과 물리학을 전공했다. 증권과는 별 연관성이 없어보이는 그가 처음 온라인 주식투자에 관심을 갖게 된 것은 지난 1982년. 당시 주식투자에 취미를 갖고 있던 포터는 거래수수료가 100달러씩이나 한다는 게 대단한 불만이었다.『수수료를 어떻게 하면 내릴 수 있을까』하는 게 그의 주요 관심사였다. 그러다 당시까지만 해도 보급 초기단계였던 컴퓨터와 주식투자와의 「궁합」에 착안하게 됐다.『언젠가는 모두 PC를 갖게 될 것이고, 이것이 주식투자의 좋은 수단이 될 것』이라는 게 그의 결론이었다.

그는 즉시 작업에 착수했다. 1982년 당시 자신이 회장직에 있던 SRI인터내셔널에서 물러나 지인 몇명과 함께 E*트레이드의 전신 「트레이드 플러스」를 설립했다. 첫 업무는 주식거래과정을 전 자동화하는 것. 포터는 작업 착수 1년여 만에 미국 최초의 전자거래 시스템을 내놓았다. 전화선을 통해 주식거래를 할 수 있는 시스템이었다.

당시에는 획기적인 기술이었으나 불행히도 이 시스템은 빛을 보지 못했다. 시장 실용화 단계보다 무려 10년이나 앞서 있었기 때문이다. 온라인 거래는 지지부진했고, 특히 1987년 주식 대폭락 때 온라인 거래는 아예 멸종됐다. 그러다 1992년 미국 경제가 회복기에 접어들면서 점차 온라인 거래가 동면기를 벗어나기 시작했다. 이때가 트레이드 플러스의 중흥기다. 사업확장세 속에 포터는 1996년 3월 새 팀을 꾸렸다.

페덱스와 유수의 여론조사기관인 A.C.닐슨을 거친 크리스토스 코트사코스를 최고경영자로 영입했다. 코트사코스의 선도 아래 트레이드 플러스라는 사명도 E*트레이드로 바꾸고 영업기반도 PC통신에서 인터넷으로 옮겼다. 새 팀은 1996년 8월 드디어 인터넷을 기반으로 한 주식중개 서비스를 시작했다. 나스닥에 상장도 했다. E*트레이드 주식은 10.50달러에 상장된 후 천정부지로 뛰었다. 1998년 10월 이후 10배가 뛰었다. 1999년에는 두 차례나 주식을 분할해야 했을 정도다.

업계에 대한 E*트레이드의 영향력은 날로 커지고 있다. E*트레이드는 1992년 이후 1997년까지 무려 7차례나 수수료를 인하했다. 덕분에 1980년대 100달러 하던 수수료는 15달러까지 떨어졌다. 경쟁업체인 메릴린치나 골드만 삭스도 E*트레이드를 따라 가격을 내리고 있다. E*트레이드 창업자 포터는 이제 명예회장으로 한 발 물러나 있다. 쉬기 위해서가 아니다.

새 사업을 찾아나서기 위해서다. 맨손으로 시작해 10억 달러의 자산을 가진 「거부」가 됐지만 항상 새로운 시작을 준비하고 있다. 최근에는 「아키펠라고」라는 이름의 인터넷 증권거래소(ECN) 사업을 새로이 시작해 노익장을 과시하고 있다.

E*트레이드 분석

E*트레이드는 현재 기관투자가 고객만 119개국에서 254군데를 확보하고 있다. 이들은 모두 150억 달러의 예탁금을 적립해놓고 있다. 본사는 실리콘 밸리 팔로알토에 있으며 833명의 종업원이 포터와 함께 일하고 있다.

E*트레이드에서 거래를 시작하는 절차는 간단하다. 위탁증거금 1,000달러와 이름, 나이, 직업 등 개인신상 정보를 적어 보내면 된다. 이후 E*트레이드가 부여하는 비밀번호를 받으면 곧바로 거래를

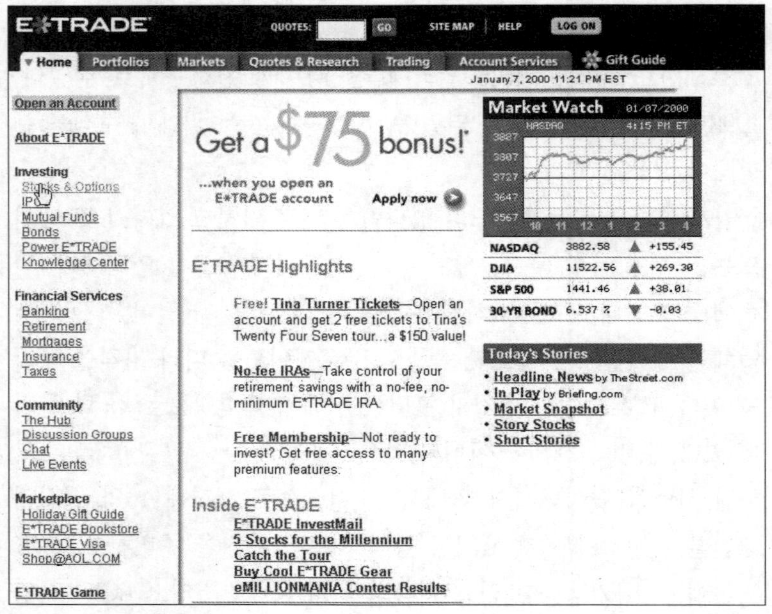

시작할 수 있다. E*트레이드의 강점은 역시 값싼 수수료. E*트레이드는 인터넷 중개업을 하므로 영업점을 설치할 필요가 없다. 때문에 운영비·인건비 등 고정비용을 획기적으로 줄일 수 있다. 메릴린치나 골드만삭스 등 기존 대형 증권업체들이 아직 거래건수당 100~200달러씩 수수료를 받고 있지만 E*트레이드에서는 15달러면 족하다. 같은 온라인 업체지만 찰스슈왑이 기존 영업방식을 겸하고 있어 수수료를 30달러 이하로 쉽게 내리지 못하고 있는 것과도 비교된다.

E*트레이드는 또 주식뿐 아니라 옵션과 뮤추얼 펀드 등 3,500여 개의 다양한 금융투자상품을 마련해 종합투자기업으로 자리매김하

고 있다. 현재 E*트레이드는 인터넷 주식공개사업에도 진출했다.
「E오퍼링(E-Offering)」이라는 회사가 그것이다. 또 기존 증권거래
소 업무를 인터넷으로 옮긴 「아키펠라고」라는 이름의 ECN을 만들
어 기존 증권거래소 시장에도 도전장을 냈다.

케빈 오크너 더블클릭 회장

『케빈 오크너는 내게 「명예의 전당」과도 같은 인물이다.』

미국의 저명한 인터넷 분석가 다나 블랑켄호른의 찬사다. 그는
인터넷 광고 솔루션 업체인 「더블클릭」의 창업자이자 최고경영자
오크너(38) 회장을 서슴없이 온라인 광고 분야의 1인자로 꼽는다.
아무도 생각지 못했던 분야에서 그만의 독특한 방식으로 인터넷 광
고시장에 새 장을 열었다는 게 그 이유다.

인터넷 잡지인 〈e마케터〉도 오크너가 하이테크 소프트웨어와 온
라인 광고 마케팅 분야에서 「이정표」를 세웠다고 극찬했다. 광고전
문잡지인 〈애드버타이징 에이지〉는 그를 「디지털 미디어의 대가」
라고 추켜세웠다. 심지어 미국의 〈USA투데이〉지는 웹광고 시장에
오크너가 버티고 있기 때문에, 어느 누구도 이 시장을 감히 넘보지
못하고 있다고 평가할 정도다.

오크너는 어렸을 적부터 유난히 호기심이 많았다. 어린 시절을
보냈던 디트로이트의 공장지대는 그의 호기심을 자극하기에 충분

했다. 그는 틈만 나면 공장 주변의 공터를 뒤지고 다녔다. 부모님 몰래 한밤중에 집을 빠져나간 것도 한두 번이 아니다. 열 살 때 어느 여름밤, 공터 주변에 버려진 잡동사니 속에서 낡은 TV와 라디오를 발견해냈다. 이 사건은 어린 오크너에게 형언할 수 없는 기쁨을 안겨주었다. 그는 그 순간 토머스 에디슨처럼 훌륭한 발명품을 만들어내겠다고 마음 속으로 다짐했다.

대학시절(미시간 대학 전자공학과) 오크너는 자신의 꿈을 이뤄줄 대상이 컴퓨터라는 것을 직감했다. 대학시절 내내 컴퓨터와 씨름하면서 시간을 보냈다. 친구들 사이에서도「지독한 컴퓨터 광」으로 통했다.

오크너는 1983년 대학을 졸업하자마자 애틀랜타로 달려가 PC통신 네트워크회사(ICC)를 차렸다. 한창 PC붐이 일던 당시 네트워크 시대가 도래할 것을 일찌감치 예감, PC를 각종 네트워크에 접속해주는 소프트웨어 개발에 매달렸다. 그러나 21세의 신출내기 사업가를 돕겠다고 나서는 사람은 없었다. 사업자금을 마련하기 위해 가족과 친구에게 손을 벌렸고 돼지저금통까지 헐었다. 결국 오크너는 ICC를 창업 9년 만에 연간 3,500만 달러의 매출을 올리는 기업으로 키워냈고, 1992년 2,500만 달러를 받고 회사를 매각했다.

인터넷 바람이 불기 시작하던 1995년 오크너는 인터넷 광고시장에서「돈 냄새」를 맡았다. 그는 즉시 마이애미 대학을 졸업한 28세의 컴퓨터 시스템 전문가 드와이트 메리맨을 설득해 인터넷 광고 네트워크 관련 소프트웨어 사업에 뛰어들었다. 『광고를 누구에게 어떻게 전달할 것인가』라는 광고계의 오랜 숙제를 인터넷으로 풀수 있을 것이라는 확신 때문이었다. 결국, 두 사람은 1년 간의 피나는 노력 끝에 광고계의 오랜 난제를 풀어줄 소프트웨어를 개발했고

1996년 1월 23일 드디어 「더블클릭」의 닻을 올렸다. 더블클릭은 출발부터 선풍을 불러일으켰다.

더블클릭이 관리하는 광고 배너의 접속 횟수는 폭발적으로 늘어났다. 창업 1년 만에 AOL과 야후의 접속횟수를 바짝 따라잡을 정도로 급신장했다. 더불어 인터넷 광고 마케팅 분야에서는 독보적 존재로 부각됐다.

더블클릭은 창업 4년 만에 연매출 8,000만 달러의 기업으로 성장했고, 덕분에 창업자 오크너는 4억 5,000만 달러의 인터넷 갑부로 떠올랐다.

ISS그룹의 토머스 누넌 회장은 『오크너에겐 무서울 정도의 집념이 있었고 언제나 자신감이 넘쳐 흘렀다』고 회고했다. 「에디슨의 꿈」을 향한 그의 끊임없는 도전정신과 노력이 오늘날의 성공을 일궈낸 비결이었던 것이다.

더블클릭 분석

더블클릭은 웹사이트의 광고 배너에 광고를 올려주는 광고 마케팅과 웹광고, 소프트웨어를 개발하는 인터넷 광고 솔루션 업체다. 지난 1996년 1월 뉴욕의 조그마한 지하실에서 케빈 오크너와 드와이트 메리맨이 공동창업, 4년여 만에 전세계 6,400개의 웹사이트에 50억 개의 광고를 내보내는 세계 최대의 인터넷 광고 마케팅 업체로 성장했다.

검색 엔진인 알타비스타를 비롯해 〈뉴욕 타임스〉, IBM, 〈USA투데이〉, GE, 닛산, 뱅커아메리카 등 60여 개의 대형 광고주들이 더블클릭의 주요 고객이다. 더블클릭의 광고 마케팅은 매우 독특하

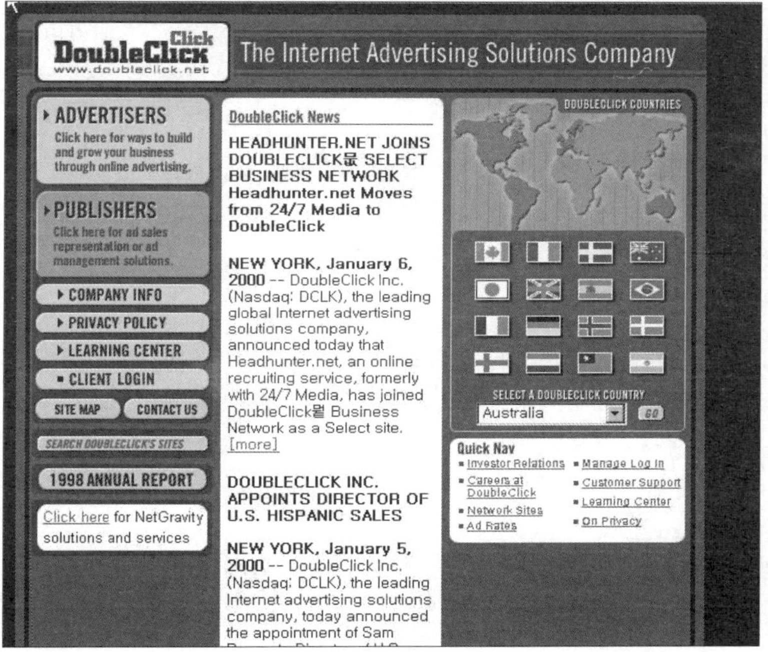

다. 특정 웹사이트를 방문한 사람에게 천편일률적으로 똑같은 광고를 내보내지 않는다. 방문객의 취향이나 제품구매 경험, 직업 등을 감안해 구미가 당길 만한 광고를 배너에 올린다. 예컨대, 방문객의 취미가 낚시라면 어김없이 낚시용품 등 낚시와 관련된 광고를 배너에 띄운다.

「쿠키」라는 소프트웨어를 통해 확보한 7만여 개의 방문자 데이터베이스가 차별화된 광고 마케팅의 비결이다. 더블클릭이 관리하는 광고 배너의 접속률이 경쟁업체인 24/7미디어, 애드폴스 등에 비해 두 배 이상 높은 것은 바로 이 때문이다. 특히 1999년 21억 달러 규

모로 추정되는 온라인 광고시장이 2002년에는 90억 달러까지 급신
장할 것으로 예상되고 있어 더블클릭의 성장성은 무궁무진하다는
게 전문가들의 견해다.

　1998년 4월 나스닥에 상장해 첫날 주가가 공모가(주당 17달러)
의 두 배를 넘는 36달러로 뛰어올랐고 1999년 초에는 주당 190달러
를 기록했다. 상장 1년 만에 주가가 10배나 치솟은 것이다.

존 챔버스 시스코 사장

『그 사람 네트워크 업계의 가장 뛰어난 인물이지. 미국뿐 아니라 전세계를 둘러봐도 그 사람만한 경영자는 찾을 수 없을 거야.』(빌 클린턴 미국 대통령)

대통령까지 나서서 칭찬을 아끼지 않는 인물이 있다. 존 챔버스 (49). 미국 인터넷 네트워크 업체 시스코의 사장이다.

빌 게이츠나 스티브 잡스(애플 컴퓨터 사장) 같은 스타 이미지는 없지만 챔버스는 미국 정보통신업계의 중심에 서 있다. 그의 한 마디 한 마디가 업계의 동향을 읽는 키워드다.

1990년 겨울, 챔버스는 실업자였다. 그러나 어깨에는 힘이 들어갔다. 패기가 넘쳐 흘렀다. 그는 스스로 직장을 때려치운 자발적 실업자였다. 퇴직하면 얼마 지나지 않아 자신을 찾는 사람들로 전화통에 불이 날 것으로 여겼다. 하지만 1주일, 2주일이 지나도 전화기는 잠잠했다. 챔버스는 불안해졌다. 그는 수백 장의 이력서를 작성했고 실리콘 밸리를 돌아다니며 이를 뿌렸다. 몇 차례 인터뷰도 했

다. 챔버스는 나중에 『한 달여 만에 나는 반항을 모르는 순한 양이
된 자신을 발견하게 됐다』고 회고했다.

　그를 실직상태에서 구해준 것은 네트워크 업계의 친구와 전 직장
의 동료들이었다. 챔버스의 능력을 아는 친구·동료들이 시스코를
소개해준 것이다.

　시스코는 당시 연간 매출액 7,000만 달러의 일개 중소업체였으며
세상은 아직 인터넷에 열광하지 않았다. 그의 직책은 전략개발담당
부사장. IBM에서 경력을 쌓고 당시 제법 이름을 날렸던 왕(Wang)
연구소에서 2년 간 부사장까지 역임했던 챔버스의 새 출발은 그렇
게 시작됐다.

　『보석에는 날카롭거나 은은한 광채가 있지요. 네트워크는 바로
인터넷이란 보석을 빛내주는 광채와 같은 것이라고 봅니다.』 챔버
스는 인터넷 시대의 핵심이 네트워크란 사실을 일찌감치 깨달았고
회사의 역량을 그 곳에 집중시켜야 한다고 주장했다. 현재 시스코
는 인터넷 네트워킹에 필요한 장비시장에서 80% 이상의 시장점유
율을 유지하고 있다. 챔버스는 국제영업담당 부사장을 거쳐 1995년
사장에 올라 시스코를 전면에서 이끌어왔다.

　시스코는 매출액 121억 달러, 순익 25억 5,000만 달러 규모로 성
장했다. 챔버스가 합류한 지 8년 만에 약 100배나 늘어났다. 그는
1997년 미국의 유력 잡지인 〈포천〉과 〈비즈니스 위크〉 등에 의해
「올해의 경영자」로 뽑히는 영광으로 그 동안의 설움과 노력을 보상
받았다. 또 1999년 5월 말 현재 6억 6,000만 달러의 재산을 가진 인
터넷 갑부가 됐다.

　챔버스는 의사인 부모의 영향을 받아 자신도 의사의 길을 꿈꾸며
유년기를 보냈다. 유년기에 대해 알려진 특별한 얘기는 없다. 다만,

편집광적인 그의 기질은 어려서부터 충분히 엿보였다고 부모들은
기억을 더듬는다. 그저 문득「차라리 내 사업을 하는 게 낫겠다」는
생각이 든 게 목표를 바꾼 이유였다. 1984년 스탠퍼드 대학의 부부
교수가 시스코를 설립했을 때 챔버스는 인디애나 대학에서 경영학
석사를 마친 후 IBM의 기술영업사원으로 사회경력을 쌓고 있었다.
IBM의 영업담당 중역을 거쳐 왕연구소에서 부사장을 맡고 있던 그
는 인력감축이라는 껄끄러운 임무가 주어지자 자리를 박차고 나올
수밖에 없었다.

시스코 사람들은 정말 대단한 열정을 보였다. 이들의 집착력에는
앤디 그로브 인텔 회장도 얼굴이 창백해지며 『질렸다』고 말했다는
이야기가 나돌 정도다. 그 중에서도 챔버스는 합류한 날부터 시스
코를 오늘날의 우량기업으로 키운 가장 핵심인물로 평가받는다. 특
히 M&A와 비용절감에는 신기에 가까운 재주를 보였다. 그는 모든
것이 빨랐다. 실리콘 밸리의 스타일에서 일탈한 정장차림(이는
IBM에서 얻은 것이라고 챔버스는 얘기한다)을 지켰지만 하루의
40%를 길 위에서 보냈다. 하루에 반드시 최소 2명에서 10여 명의
고객을 만났다. 그의 하루 마지막 일과는 간소한 피자집에서 각 사
업부문의 회계서류를 검토하는 것이었다. 챔버스는 남부 억양의 투
박한 말투를 가졌으나 동시에 설득력이 있었다. MBA 출신답게 기
술력 있는 30여 개의 유망 벤처기업을 발굴해「시스코 우산」속으
로 끌어들였다.

『참으로 인상 깊은 것은 결코 쉬지 않는 편집광적인 일 욕심입니
다. 그는 시스코가 잠시라도 자만에 빠질 경우 또 다른 IBM이 될
것이라고 여겼습니다.』 그에 대한 친구들의 평가는 한결같다.

M&A에 열중하긴 했지만 챔버스의 머리 속을 채우고 있는 것이

시장지배력은 아니었다. 그는 줄곧 시장지배 이상의 것을 꿈꿔왔다. 그것은 세상이 작동하는 방식을 바꾸는 것이었다. 챔버스는 인터넷 네트워킹을 통해 혁명을 원하고 있었다.

『우리 시대에 진행되고 있는 기술혁명은 200년 전 산업혁명이 인류역사에 던져줬던 충격에 비견할 수 있습니다. 시스코는 이 변화를 최선두에서 이끌어 갈 수 있는 기회를 가졌습니다. 지금까지 해왔던 것처럼 우리의 일에 충실하기만 하면 혁명은 반드시 완수됩니다.』

챔버스는 오늘도 재규어 컨버터블(1997년형)에 몸을 싣고 고객을 찾는다.

시스코 분석

시스코는 인터넷 네트워크의 세계시장을 주도하는 미국의 25개 우량기업 중 하나다. 시장가치(약 1,000억 달러), 매출액(약 121억 달러), 순익(약 25억 5,000만 달러) 등에서 미국을 대표하는 기업으로 손색이 없다.

경쟁업체로는 루슨트 테크놀로지, 노텔 네트워크스, 지멘스, 3컴 등이 있다. 시스코가 이들 경쟁업체를 압도할 수 있는 것은 라우터라는, 빼어난 기술력의 통신중계기를 보유하고 있기 때문이다. 라우터는 서버에 연결돼 디지털 정보가 최적의 경로를 따라 원하는 상대에게 가도록 하는 장비다. 예를 들어, A란 정보를 전달하고자 할 때 라우터는 일단 이 정보를 A-1, A-2, A-3식으로 쪼갠다. 좀더 빠르고 정확하게 보내기 위해서다. 쪼개진 정보는 최적의 경로를 통해 상대방 서버를 찾아간다. 상대방 서버에 붙은 라우터는 이들

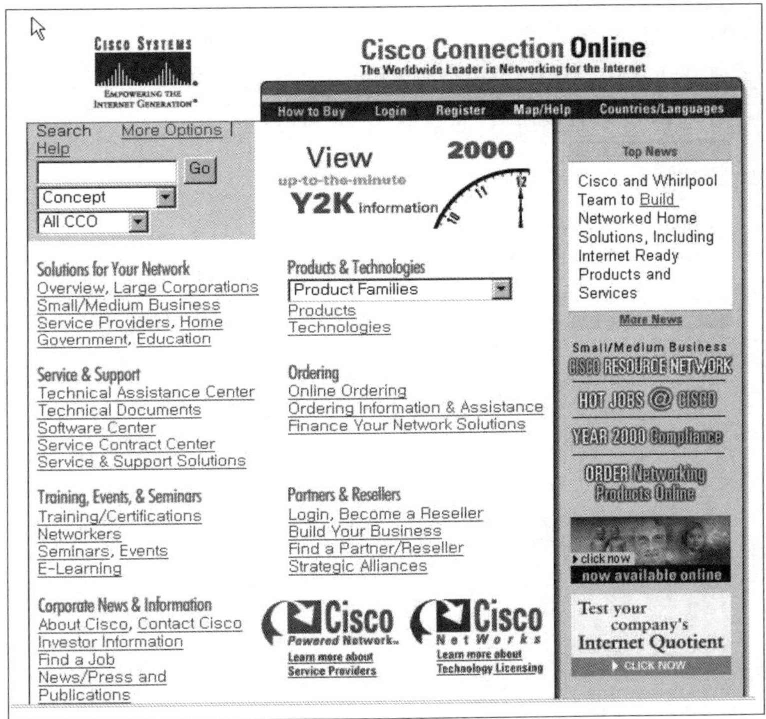

쪼개진 정보를 다시 A란 원래의 모습으로 조합한다. 라우터의 강점은 정보를 쪼개는 능력뿐만이 아니다. 이것이 등장하기 이전까지 사람들은 음성정보가 전화교환기를 통해서만 전달되는 것으로 여기고 있었다. 그러나 라우터가 나타나 인터넷망을 통해 음성·화상 정보를 무리없이 주고받을 수 있게 됐다. 라우터로 앞서간 시스코는 루슨트 테크놀로지의 아성인 ATM 분야에서도 무서운 속도로 따라붙고 있다.

또 모든 거래를 E커머스(전자상거래)로 전환해 델 컴퓨터 등 선발업체들을 추격하고 있다. 현재 시스코는 인터넷 관련 하드웨어의 80%를 온라인으로 취급, 15억 달러 정도의 매출을 올리고 있다. 하드웨어가 초기의 수입기반이었지만, 현재는 LAN구축, 네트워킹 컨설팅 관련 소프트웨어, 네트워크 유지 · 보수 부문에서도 큰 수익을 내고 있다.

스콧 블럼 바이닷컴 회장

『미친 짓이야.』

『곧 망할 테지.』

인터넷 유통업체 바이닷컴(buy.com)의 스콧 블럼(Scott Blum) 회장이 1997년 11월 회사를 출범시켰을 때 관련업계에서는 누구나 콧방귀를 뀌었다. 이유는 간단했다. 블럼 회장이 『컴퓨터나 서적 등 우리가 판매하는 모든 제품을 지구상에서 가장 싼 가격에 공급하겠다』고 선언했기 때문이다. 블럼 회장은 나아가 경쟁사 제품보다 단 1달러라도 더 비싸게 파는 제품이 있다면 당장 값을 낮추겠다고 공언했다. 제품판매로 손실을 입게 되는 부분은 광고유치를 통해 보충할 수 있다는 것이 블럼 회장의 판단이었다.

싸게 판다는 소문이 퍼지면, 수많은 네티즌들이 바이닷컴의 홈페이지에 접속하게 되고 이에 따라 자연히 광고주들이 몰려들고 광고단가도 상승하게 될 것이라는 계산이었다. 블럼 회장의 판단은 조금도 틀리지 않았다. 1998년에만 100여 개의 업체가 새로 광고주로 들어왔다. 매출도 불과 1년 만에 1억 2,500만 달러에 이르는 기염을 토했다. 이는 그 동안 컴팩이 보유해왔던 가장 빠른 시간 내 매출 1억 달러 돌파 기록을 깨뜨린 것이다. 최근에는 하루 150만 ~200만 달러의 매출을 기록하며 급성장가도를 질주 중이다.

블럼 회장은 어려서부터 남들에게 지기를 싫어했다. 다섯 살 때 처음 수영을 배운 꼬마 블럼은 불과 여덟 살 때 전미국 어린이 수영 선수권에서 우승해 주위를 깜짝 놀라게 했다. 블럼은 이 챔피언 타이틀을 열여섯 살 때까지 놓치지 않았다. 『또래 아이들보다 키가 조금만 더 컸더라면 수영선수로 대성할 수도 있었을 것』이라는 게 아버지 윌리엄 블럼의 얘기다. 그가 일찌감치 대학을 중퇴하고 벤처사업가로 나선 것도 평범한 길로 가서는 남들과의 경쟁에서 이길 수 없다는 판단에 기초한 것이다. 대학 중퇴 후 그는 리츠 칼턴 호텔에서 자동차 주차를 도와주는 아르바이트를 하기도 했다. 또 한 때는 노드스트롬 백화점 숙녀화 매장의 영업사원 자리를 구해 일하기도 했다. 입사한 지 3개월 만에 그는 최고 세일즈맨으로 자리잡아 일찌감치 남다른 사업수완을 인정받았다.

블럼은 이 백화점에서 근무하면서 처음으로 마이크로뱅크라는 벤처기업을 설립했다. 애플사 매킨토시에 들어가는 메모리 모듈을 공급하는 것이 주된 일이었다. 메모리칩의 가격이 오르기 전이라는 이점도 있긴 했지만 블럼은 창립 1년 만에 이 회사를 매출액 180만 달러, 순익 120만 달러의 탄탄한 중견기업으로 성장시키는 실력을 과시했다. 1년 후인 스물한 살 때 그는 이 회사를 센트론 테크놀로지에 넘겼다. 매각금액은 250만 달러. 사업능력뿐 아니라 M&A와 관련해서도 빼어난 수완을 보인 것이다.

이 돈으로 그는 아버지와 함께 피타클 마이크로라는 또 하나의 회사를 창업했다. 블럼은 광디스크 저장장치를 만드는 이 회사를 나스닥에 상장시킨 후 독립했다. 겉으로는 자기주장이 무척 강하고 고집이 센 것처럼 보이지만 바이닷컴의 이사회에 고령의 경영고문들이 포진하고 있는 데서 알 수 있듯이, 블럼 회장은 선임경영자들의 목소리에 귀를 기울이는 것에도 인색하지 않다.

그의 책상엔「목표 10가지」가 큼지막한 글씨로 씌여 있다. 그 중 가장 눈에 띄는 것은「타도 아마존」이다. 비록 분야가 다소 다르긴 하지만 매출액 면에서 조만간 인터넷 업계의 거인 아마존을 따라잡는 것이 블럼 회장의 목표다. 현재 아마존보다 50% 이상 빠른 매출 신장세를 보이고 있기 때문에 이 같은 목표가 결코 허황된 것만은 아니라는 것이 그의 패기찬 주장이다.

블럼 회장이 이끄는 바이닷컴은 아직 주식시장에 상장을 하지 않은 상태다. 그러나 〈포천〉 최근 호에 따르면 그의 재산은 이미 16억 6,000만 달러에 이른다. 40대 미만의 미국 내 갑부들 중 당당히 랭킹 9위에 올라 있다. 상장이 이뤄지면 단숨에 선두권에 진입할 것이 거의 확실하다. 유력한 인터넷 기업들은 상장하고 나면 몇 배씩 주가가 상승하는 것이 일반적이기 때문이다.

미국의 시사주간지 〈유에스 뉴스 & 월드 투데이〉는『바이닷컴의 블럼 회장이 전개하는 신선한 판매전략은 유통산업에 일대 혁명을 예고하고 있다』고 지적하고『기업공개를 추진하고 있는 이 회사의 상장이 성공적으로 이뤄지면 증시에는 또 한 차례 인터넷 주식 붐이 일어나게 될 것』이라고 내다봤다.

　　바이닷컴은 직원 90명에 불과한 소규모 회사다. 그러나 이런 적은 인원으로도 수천 명의 직원을 보유하고 있는 아마존 같은 회사와 어깨를 나란히 할 수 있는 기업으로 평가받고 있다. 창립 1년 만에 1억 2,500만 달러에 이르는 매출액을 기록한 것이 이를 입증하고도 남는다.

　　바이닷컴이 짧은 시간 내에 세간의 주목을 끌 수 있었던 데는 저렴한 가격에 상품을 파는 것 외에 핵심사업에만 주력한 것도 한 요인이 됐다. 바이닷컴은 소비자가 주문한 물건의 배달을 담당하는 회사를 따로 두지 않고 있다. 자체 배급망을 갖고 있는 아마존과 가장 큰 차이점이다. 경쟁사들이 배급망을 구축하는 동안 블럼 회장은 바이닷컴의 물품만을 전문적으로 취급할 공급업체들과 독점계

바이닷컴 홈페이지:http://www.buy.com/

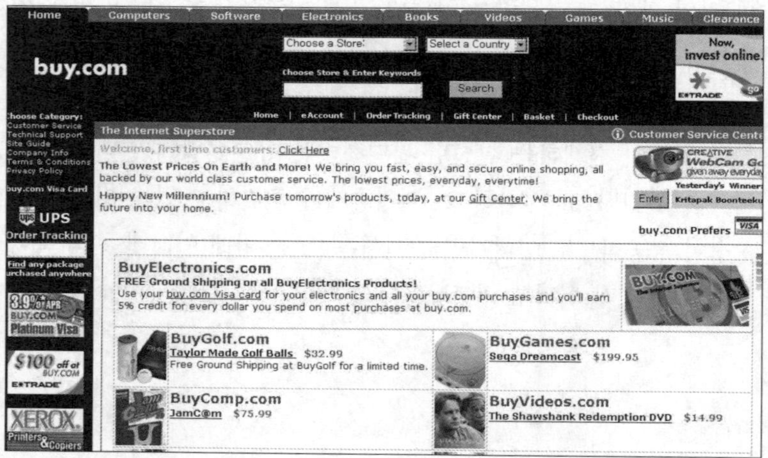

약을 체결하는 데 많은 돈과 시간을 투자했다. 독립적인 공급망을 갖고 있지 않기 때문에 바이닷컴은 재고가 생기지 않는 장점을 갖게 됐다.

또한 바이닷컴은 다른 업체들이 부가 서비스 비중을 점차 높여가는 추세와는 정반대로 제품에 대한 상세한 정보제공과 같은 서비스도 과감하게 없애버렸다. 대신 사이트 디자인을 단순하게 만들어 「바이닷컴＝빠르게 접속할 수 있는 값싼 인터넷 상점」이라는 이미지를 확립하는 데 초점을 맞췄다.

여느 인터넷 회사와 달리 이사회 멤버 중 50대 이상의 연장자가 적지 않게 포진한 점도 바이닷컴의 특징이다. 펩시콜라의 도널드 켄달(78), 애플 컴퓨터의 전 최고경영자 존 스컬리(59), 휴렛팩커드의 전 부사장 빌 리치언(62) 등이 그들이다.『경영일선에서 잔뼈가 굵은 이들 경영고문의 지혜를 활용해 회사의 생산성을 훨씬 높일 수 있다』는 게 블럼 회장의 지론이다. 이들도 젊은 회장과 함께 일하는 게「흥미 진진하고 유쾌한 일」이라고 말한다.

스티브 케이스 AOL 회장

『나는 날 때부터 기업가였다.』

스티븐 맥도널 케이스(42)의 말이다.

그는 어린 시절 자신이 뱉었던 이 말이 「진실」이라고 믿고 있다. 그리고 실제로 이를 세상에 입증해보였다. 그로부터 30년 만에 세계 최대 온라인 통신업체인 아메리카온라인(AOL)을 일궈냈기 때문이다. 특히 최근에는 타임 워너를 1,840억 달러에 인수하기도 했다.

스티브 케이스로 잘 알려진 그는 24억 달러(2조 8,000억 원)에 달하는 천문학적인 재산도 모았다. 사람들은 패기와 아이디어, 두려움을 모르는 추진력을 갖춘 한 소년의 신화에 놀라움을 감추지 못하고 있다. 지난 1958년 하와이에서 태어난 그는 일찍부터 사업가로서의 자질을 보였다. 이미 열 살 때 형과 함께 관광객들에게 「레모네이드」 주스를 파는 벤처기업을 차려 눈길을 끌었다. 그의 형은 현재 미국의 투자은행 함브레히트 & 퀴스트의 최고경영자로 재직 중인 대니얼 케이스(41). 보기 드문 형제 CEO인 이들은 주스

장사를 시작한 이듬해 잡화상으로 사업규모를 늘렸다. 결국 실패했지만 어린 시절의 이 같은 경험은 두 사람에게 사업적 재능을 일깨운 값진 것이었다.

아이디어와 패기가 넘치는 스티브 케이스의 학교생활도 예측불허였다. 고교시절엔 밴드 활동과 교내신문 편집장을 맡았다. 다른 정보통신업체 경영자들과는 달리 대학전공도 정치학이었다. 사회생활은 생활용품업체인 프록터&갬블에서 마케팅 담당으로 첫 발을 내디뎠다. 이후 피자헛과 펩시콜라에서 신제품 개발도 했다. 그러다 비디오 게임업체인 컨트롤 비디오사로 옮기면서 드디어 컴퓨터와 관련된 사업과 인연을 맺었다.

케이스는 컨트롤 비디오가 망한 폐허 위에서 1985년 AOL을 설립했다. 그의 나이 스물여섯 살 때였다. 이 때부터 케이스의 사업가 기질은 본격적인 빛을 발하기 시작했다. 온라인 통신업에 뛰어든 그는 우선 「컴맹」들을 집중 공략했다. 복잡한 명령어 대신 간단한 화면구성과 큼직한 버튼으로 승부를 걸었다. AOL의 접속 프로그램은 잡지나 일상 생활용품에 끼워 무료로 배포했다. 당시로서는 「혁신적인」 마케팅 전략이었다. 컴맹들이 쓰기 쉽고 접속이 잘 되는 AOL을 주목하기 시작한 것은 당연한 결과다.

그의 사업적 감각은 「기술통합」 면에서도 드러났다. 1995년 「윈도95」가 나오기도 전에 이미 PC통신 접속 프로그램에 인터넷 웹브라우저를 통합했다. 누구도 생각하지 못했던 컴퓨터 통신의 혁명이었다. 이로써 고객들은 AOL 온라인 서비스를 통해 PC통신과 인터넷을 자유롭게 넘나들며 활용할 수 있게 됐다. AOL은 이를 계기로 경쟁업체였던 컴퓨서브를 따돌렸고 결국 컴퓨서브는 AOL에 흡수됐다.

아웃소싱(외부위탁) 전략도 성공의 큰 요인이 됐다. 케이스는 고객에 제공할 정보를 금융·여행·레저 등 큰 단위로 분류하고 이를 단위업체들에게 턴키 방식(일괄도급)으로 맡겼다. 전문업체가 해당 분야 정보를 찾고 소비자들의 구미에 맞는 형태로 가공함으로써 제공되는 정보의 질을 높일 수 있었다. 이 같은 케이스 회장의 전략은 AOL을 탄탄대로의 반석 위에 올려놓았다.

AOL의 가입자 수는 최근 5년 간 14배나 늘었다. 2000년 3월 말 기준으로 전세계 가입자 수는 2,500만 명을 넘어섰다. 100만 명의 추가고객을 확보하는 데 불과 125일밖에 걸리지 않았다. 하루 평균 8,000명이 신규 고객 리스트에 올라온 셈이다. 덕분에 지난 5년 간 순익은 21배, 매출은 12배가 늘어났다. 이처럼 승승장구하니 주가가 오르지 않을 수 없다. 1998년 한 해 동안 AOL의 주가는 600%나 상승했다. M&A 전략도 성공적인 것으로 평가받고 있다. 1998년 말에는 인터넷 검색업체인 넷스케이프를 약 42억 달러(5조 2,000억 원)에 사들여 인터넷 평정을 꿈꾸는 MS의 강력한 라이벌로 떠올랐다. 그는 넷스케이프 인수시 선마이크로시스템스를 참여시킴으로써 인터넷접속(AOL)-이용(넷스케이프)-프로그래밍(선마이크로시스템스)이라는 강력한 「인터넷 연합전선」을 구축했다.

케이스의 경영 스타일은 곧잘 빌 게이츠 MS 회장과 비교된다. 빌 게이츠가 「스타형」이라면 그는 「실무형」 경영자로 불린다. 그는 『내가 당장 내일 그만둔다고 하더라도 AOL은 이상 없이 굴러가겠지만, 빌 게이츠가 그만두면 MS가 큰 타격을 받을지도 모른다』고 말한다. 〈월스트리트 저널〉은 이런 케이스를 빌 게이츠를 대적할 유일한 인물로 꼽기도 했다.

미국 버지니아 주 댈러스에 위치한 AOL 본사. 부지만도 70만 평에 달하는 이 곳은 전세계 네티즌들을 연결하는 정보센터다. AOL이 고객들에게 서비스하는 내용은 크게 세 가지. 온라인 통신서비스와 정보제공(IP), 소프트웨어 개발보급 등이 그것이다. 타임 워너를 인수함으로써 미디어 강자로 떠오르게 됐다. 1985년 창립 때부터 시작한 온라인 통신은 AOL과 계열사인 컴퓨서브를 통해 제공된다.

AOL은 전세계적으로 2,580만 명에 달하는 고객을 확보하고 있다. 계열사인 컴퓨서브의 가입자 200만 명을 합하면 무려 3,000만 명에 이르는 셈이다. 가입 계약에 따라 다소 차이는 있지만 AOL은 이들로부터 한 달에 21.95달러의 사용료를 받는다. 이 수입이 전체 매출의 80%를 차지한다. 온라인 서비스망인 「AOL넷」은 전화접속 네트워크로는 세계 최대 규모다. 동시에 69만 2,000명이 접속할 수 있다. AOL은 급증하고 있는 접속수요에 대응하기 위해 앞으로 5년간 네트워크 분야에만 약 100억 달러를 투자할 계획이다. 2년 안에 AOL넷 접속가능 지역을 지금의 100개 국가에서 전세계 모든 나라로 확대한다는 게 목표다.

AOL은 인터넷 홈페이지(www.aol.com)를 통해 금융 · 여행 · 레저 · 스포츠 · 부동산 · 경제 · 사회 등 전 분야에 걸친 정보도 제공한다. 특히 이 사이트에서는 전자상거래, 포토 메일 등 다양한 서비스를 이용할 수 있다. 홈쇼핑 코너는 자동차 · 완구 · 도서 등 17개 상품 분야별로 나누어 유력 홈쇼핑 업체를 소개하고 연결시켜준다. 아마존, e베이, E*트레이드 등 주요 전자상거래 업체들이 AOL 사

이트에 이름을 올려놓기 위해 치열한 경쟁을 벌이고 있다. AOL이 인터넷 홈페이지 접속건수에서 야후와 경쟁을 벌이는 것도 바로 이 때문이다.

인터넷 관련 소프트웨어를 개발·보급하는 업무도 빼놓을 수 없는 서비스 내용이다. 최근에는 위성을 이용한 인터넷 TV(AOL-TV)와 PC 제조업(AOL-PC) 사업에도 나섰다. AOL은 21세기 인터넷 시대를 이끌 최고의 정보기술업체로 꼽힌다. 미국의 경제주간지

<비즈니스 위크>는 1999년 초 인터넷과 컴퓨터 하드웨어, 소프트웨어, 통신 서비스 및 장비 등 8개 부문으로 나눠 연간 매출액과 성장률, 주당수익 등을 고려한 후 종합순위를 발표했다. AOL은 매출규모 면에서는 42위에 그쳤으나 종합점수에서는 최고점을 받았다. 경쟁업체인 마이크로소프트는 10위에 그쳤다.

마이클 델 델 컴퓨터 회장

마이클 델은 여러 면에서 빌 게이츠 MS 회장과 닮았다는 평을 듣는다. 둘 다 대학교를 중퇴했다. 또 상상을 초월하는 부자다. 두 사람 모두 프라이버시를 끔찍하게 중시해 가족 및 사생활을 절대 공개하려 들지 않는다. 차이가 있다면 게이츠는 윈도라는 무기로「소프트웨어업계의 황제」에 등극했고, 델은 인터넷 직접판매를 통해「하드웨어 업계의 왕자」가 됐다는 점이다. 게이츠가 타이틀 방어전을 거듭하고 있는 권투 챔피언이라면 델은 더 높은 곳으로 도약하려는 높이뛰기 선수라고 할 수 있다.

델이 최고경영자로 있는 세계 2위 PC메이커 델 컴퓨터는 최근 몇 년 간 인터넷을 통한 판매에 박차를 가하며 매년 두 자릿수의 성장률을 기록하고 있다. 업계에서는 이처럼 빠른 속도로 성장하고 있는 델 컴퓨터가 세계 1위 자리에 오르는 것도 그리 어렵지 않을 것으로 보고 있다.

겉보기에도 소박해보이는 델은 어렸을 때부터 도무지 특별한 구석이라곤 없었다. 텍사스 토박이인 델은 중·고등학교 시절 자신의 컴퓨터 「애플II」의 뚜껑을 열어 마더보드를 검사해보는 게 취미였다. 또 록그룹 도어스와 롤링 스톤스에 열광하는 평범한 청년이었다. 치과의사인 아버지와 금융회사의 브로커로 일하는 어머니 밑에서 유복하게 자란 델은 1983년 텍사스 오스틴 대학에 입학할 때도 부모님의 뜻에 따라 의대에 들어갔다. 하지만 학과 공부엔 영 관심이 없어 주로 컴퓨터를 뜯고 고치면서 시간을 보냈다. 당시 대학에 같이 다녔던 친구는『내 기억 속의 델은 항상 소매를 걷어붙이고 컴퓨터와 씨름하는 친구였다』고 회상한다. 낡은 컴퓨터를 만지작거리던 델은 문득 뇌리에 떠오른 아이디어를 실행하기 시작했다. 중고 IBM PC를 사들여 업그레이드한 후 인근 사업체를 가가호호 직접 방문해 되파는 것이었다. 그러기를 몇 달. 마침내 델은 본격적으로 사업을 벌이기 위해 2학년 진급을 포기하기로 결심한다. 부모님은 몹시 분개했지만 결국은 아들의 고집에 꺾여 이를 허락하고 말았다. 단, 그 해 여름벌이가 신통치 않으면 다시 복학할 것을 조건으로. 하지만 그는 결코 캠퍼스로 되돌아갈 필요가 없었다. 단돈 1,000달러를 가지고 사업을 시작했지만 불과 한 달 만에 그는 자그마치 18만 달러어치에 이르는 PC를 팔아치웠다. 그로부터 15년여가 흐른 지금 델은 세상에서 가장 돈 많은 사람 중 하나가 됐다. 이제 그의 나이 겨우 서른네 살이다.

이토록 젊은 나이에 최고갑부가 된 그에게는 「가장 젊은 나이로 세계 500대 기업 최고경영자에 오른 인물」, 「세계 5대 부자」(1999년 4월 〈포브스〉 선정) 등 붙여진 타이틀도 많다. 또 경제전문잡지 〈포천〉이 선정한 미국의 40세 미만 청년 갑부 중 1위를 차지하기도 했다. 공식 재산규모는 214억 9,000만 달러. 〈포천〉은 이 재산이면 미국 내 모든 고등학교 학생들에게 PC를 하나씩 사주고도 남는다고 계산했다.

엄청난 부를 거머쥐었지만 소탈한 성격은 여전하다. 최근에는 얼굴이 워낙 잘 알려져 어딜 가나 유명세를 톡톡히 치르고 있지만, 몇 년 전만 해도 그는 캐주얼한 진 차림으로 거리를 활보했다. 보통 땐 이처럼 평범하지만 일단 뭔가에 집중하면 옆에서 폭탄이 터져도 모를 만큼 몰두한다. 언젠가 분노한 시위대의 한가운데를 뚫고 지나간 일화는 그의 집중력이 어느 정도인지를 보여준다. 이 날 그는 저녁 식사를 하러 가는 도중이었지만, 세금과 인프라 문제에 대한 생각에 푹 빠져 있었다. 몸에 문신을 새긴 수천 명의 성난 시위대가 길을 가로막고 있었지만 사색에 빠진 그의 눈에는 아무것도 들어오지 않았던 것이다. 바로 이런 놀라운 집중력과 승부욕이 델의 성공 비결이라고 사람들은 말한다.

한 번 옳다고 생각한 것은 즉시 실천으로 옮겨 끝까지 밀고 나가는 추진력도 타의 추종을 불허한다. 1984년 창업 당시 그가 던진 승부수는 대리점 등 중간상인을 거치지 않고 고객 조립형 컴퓨터를 최종 소비자에게 직접 판매하는 독특한 전략(다이렉트 판매)이었다. 1990년대 들어서는 『하이테크만으로는 성공할 수 없다』며 인터넷을 통한 「고객과의 밀착접촉」 경영과 맞춤 서비스인 「원투원 마케팅」에 초점을 맞추기 시작했다. 직접 뛰어다니거나 전화를 이용해 팔던 초기 패턴이 이젠 인터넷 홈페이지를 이용한 판매로 바뀌었다. 다이렉트 마케팅의 채널을 인터넷으로 전환한 것이다. 이 아이디어를 냈을 때도 주변 사람들은 말렸지만 그는 개의치 않았다. 그리고 델의 생각은 옳았다. 최근 들어 하루에 1,000만 달러 이상의 PC가 델 홈페이지에서 팔리고 있기 때문이다. 컴퓨터 하드웨어에

서 굳건한 기반을 구축했던 그가 인터넷에서도 성공신화를 이어가
고 있는 것이다.

델컴퓨터 분석

1999년 3/4분기 델 컴퓨터의 PC 출하량은 전년 동기에 비해 무려
56.5%나 늘어난 199만 6,000대에 달해 178만 대를 팔아 24.9% 증
가하는 데 그친 컴팩을 누르고 세계 1위 자리에 올라섰다. 시장점
유율에서도 같은 기간 17.1%를 차지해 15.3%에 그친 컴팩을 앞섰
다. 그 뒤로는 게이트웨이(9.3%), 휴렛팩커드(8.2%), IBM(7.6%)
이 따르고 있다. 1998년 델 컴퓨터의 매출액(1월 29일 기준)은 약
182억 4,300만 달러이며, 수익은 14억 6,000만 달러다. 지난 1990
년 상장 당시 주당 23센트에 불과했던 주가는 200배나 오른 50달러
선을 기록하고 있다(1999년 9월 15일 종가 46.6875달러).

델이 최근 몇 년 간 다른 업체보다 성장이 두드러진 것은 인터넷
의 힘을 빨리 인식한 덕분이다. 델 컴퓨터의 홈페이지(www.
dell.com)에는 하루 평균 1,400만 달러에 달하는 PC 구매 주문이
들어온다. 하루 70억 원가량인 한국 PC시장의 두 배 규모에 이르는
「마이다스 홈페이지」다. 1999년 인터넷을 통한 컴퓨터 판매 실적은
전년도의 세 배 수준에 달하고 있다.

델은 이 같은 증가세가 앞으로도 계속돼 인터넷을 통한 연간매출
액만 조만간 37억 달러를 넘어설 것이라고 밝혔다. 델이 PC 업계에
서 돌풍을 일으킨 것은 중간상이나 대리점을 거치지 않고 자사 고
객센터에서 전화를 받거나 인터넷을 통한 주문만으로 모든 영업을
하고 있는 데 크게 힘입었다. 유통 비용을 줄인 덕분에 다른 회사보

다 40%까지 싸게 팔 수 있는 것이다. 고객 개개인이 직접 규격을
선택할 수 있도록 해놓은 것도 장점이다. 원하는 규격을 표시한 주
문은 곧바로 델의 부품 공급업체로 들어간다. 고객이 원하는 시각
에 원하는 부품을 모아 그때 그때 필요한 제품을 만들어 배달하는
시스템을 갖춘 것이다.

톰 조몰럭 익사이트@홈 회장

「황금알 낳는 거위」라는 인터넷 비즈니스에서는, 창업자만 억만 장자가 되는 것이 아니다. 무한한 창의력을 발휘해 제2의 창업을 일궈낸다면 누구라도 능히 갑부가 될 수 있다. 익사이트@홈 (Excite@Home)의 회장 겸 최고경영자 톰 조몰럭(43)은 이런 일이 결코 허황한 것이 아님을 입증한 사람이다.

조몰럭은 익사이트@홈을 만든 사람이 아니다. 그렇다고 원년 멤버도 아니다. 창업 후 1년 이상 지나 회사가 틀을 갖춘 다음에 입사한 사람이다. 그러나 그는 회사의 비전을 세운 공로로 스톡 옵션을 받아 수억 달러를 손에 쥐었다. 이미 행사한 스톡 옵션으로만 4억 3,500만 달러를 챙겼다. 아직 행사하지 않은 스톡 옵션에서도 2억 달러가량은 충분히 남길 것으로 평가되고 있다.

1996년 7월 조몰럭이 최고경영자로 부임했을 당시 @홈은 아직 익사이트를 인수하기 전으로 새내기 티를 갓 벗은 기업이었다. 당시에는 새로운 기술이었던 「케이블망을 이용한 고속 인터넷 접속」

서비스의 선두업체였지만 겉모습은 초라하기 그지 없었다. 이 서비스 가입자는 10만 명도 되지 않았으며 매출도 100만 달러를 겨우 넘는 수준이었다. 그로부터 3년이 지난 지금 이 회사 인터넷 서비스 가입자는 79만 명(1999년 말 기준)에 달한다. 1999년 초부터는 분기별로 따져도 가입자가 30% 이상씩 증가하고 있다. 1998년 매출액은 4,800만 달러로 1995년에 비하면 수십 배나 뛰었다.

조몰럭의 가장 큰 공로라면 인기 포털 사이트 익사이트를 인수한 것이었다. 기술 일변도로 나가던 @홈이 기술과 콘텐츠를 병행하는 독특한 인터넷 기업으로 성장하는 결정적인 계기를 마련했다. 이로써 인터넷 서비스 부문에서는 AOL을, 콘텐츠에서는 야후를 추격하고 있다. 그는 익사이트를 인수한 뒤 소비자들의 생활과 직결되는 새로운 서비스들을 잇달아 개발해 회사를 키워가고 있다.

최근에는 인터넷을 통해 음성 메시지를 주고받을 수 있는 보이스 메일 서비스를 도입했다. 또 웹MD사와 전략적 제휴를 맺어 의료정보 및 뉴스를 제공하기 시작했다. 최근에는 원스톱 전자상거래 솔루션을 개발하는 아이몰(iMALL)을 인수해 전자상거래 업체로의 탈바꿈도 꾀하고 있다. 월스트리트의 분석가들은 그가 취임한 이후 잇달아 벌이고 있는 전략적 제휴와 파격적인 M&A는 정확한 형세 판단에서 비롯된 것이라고 평가하고 있다. 인터넷 접속이라는 인프라를 바탕으로 전자상거래 업체로 성장하는 것이 훨씬 전망이 밝다는 분석이다.

실제로 @홈의 주력사업인 인터넷 접속 서비스는 이용료가 점점 내려가는 추세다. 알타비스타를 비롯한 일부 경쟁업체들은 무료 서비스까지 하고 있다. 또 기존 전화선을 이용한 고속 인터넷 접속 서비스 ADSL이 새로운 기술로 떠오르고 있는 점을 감안하더라도 적절한 궤도수정이라는 지적이 많다. 실리콘 밸리의 경영자들은 그의 친화력도 높이 사고 있다. 금발의 미남일 뿐만 아니라 세련된 차림새와 부드럽고 센스 있는 언행은 보는 이를 사로잡는다. 그는 거의 모든 스포츠를 즐긴다. 특히 골프는 거의 프로급이다.

『TJ(조몰럭의 애칭)는 대단히 뛰어난 경영자다. 정보통신기술에 대한 넓은 경험과 창의성을 갖고 있다. 그와 함께 비즈니스를 하면 반드시 성공할 것이라고 확신한다.』 조몰럭이 @홈의 최고경영자로 부임할 때 TCI의 최고경영자 브루스 래베널이 한 말이다. @홈의 창업자 윌 하스트가 스스로 부회장으로 내려앉은 것도 그의 능력을 높이 샀기 때문이다. 1998년 대기업의 인수제의를 거절했던 익사이트의 사장 조지벨(현재 익사이트@홈 사장)이 조몰럭의 제의를 쾌히 받아들인 것도 그의 친화력 때문이었다는 후문이다.

그는 @홈에 오기 전 10년 동안 실리콘 그래픽스에서 일했다. 1986년 일개 기술자로 출발했지만 소프트웨어와 하드웨어 개발에서 탁월한 능력을 인정받아 4년 만에 이 회사의 사장자리까지 올랐다. 실리콘 그래픽스에서도 중요한 전략적 제휴 및 인수합병을 여러 건 성사시키면서 회사를 반석 위에 올려놓았다. 그가 몸담았던 10년 동안 이 회사는 실리콘 밸리의 벤처기업에서 연 매출 40억 달러에 직원 수 1만 1,000명이 넘는 대기업으로 변신했다.

조몰럭에겐 운도 따르고 있다. @홈의 최대주주(지분율 40%) TCI를 최근 미국 최대 통신사 AT&T가 인수한 것이다. AT&T는 6,000만 가정을 가입자로 확보하고 있는 18개 케이블 TV 회사들과 제휴하고 있다. AT&T 산하로 들어가면서 그만큼 잠재고객을 많이 갖게 된 셈이다. 조몰럭은 든든한 배경을 업고 오는 2000년대에 가입자를 600만~1,200만 명까지 늘려 라이벌 로드러너(타임 워너와 미디

어원의 조인트 벤처)를 무난히 따돌릴 수 있을 것으로 자신하고
있다.

익사이트@홈 분석

익사이트@홈은 케이블망을 이용한 고속 인터넷 접속 서비스와
인터넷 포털 서비스를 함께 제공하는 회사다. @홈이 모체지만,
1999년 5월 인기 포털 사이트 익사이트를 M&A하면서 지금의 이름
을 갖게 됐다. 매출은 @홈의 인터넷 접속 서비스 부문이 90%, 무료
전자우편과 쪽지우편, 전자상거래를 비롯한 익사이트의 사업부문
이 10%를 차지하고 있다.

이 회사의 인터넷 접속 서비스 가입자는 현재 120만 명선이다.
AOL 가입자 1,250만 명과 견주면 보잘것 없지만 이용자의 질이 높
고 그 수가 급증하고 있어 AOL을 위협하고 있다. 케이블망 이용자

익사이트@홈 홈페이지：http://www.excite@home.net

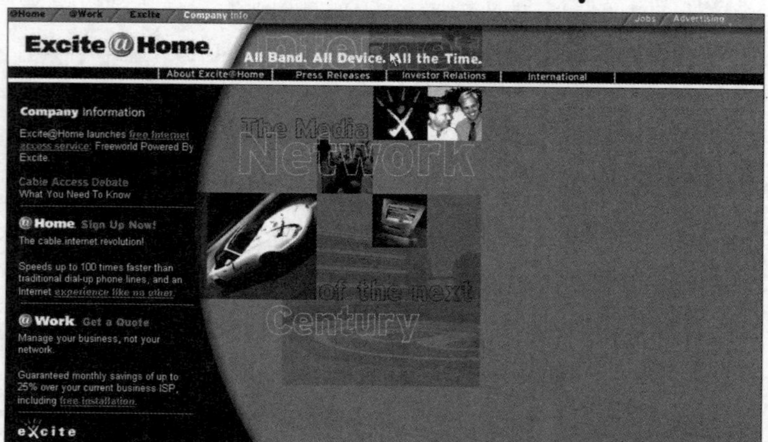

들은 전화선을 이용해 접속하는 사람들보다 인터넷 이용시간이 3~4배 길다. 인터넷 홈페이지도 두 배 이상 많이 본다. 또 AOL 가입자의 증가세가 둔화되는 것과 달리 이 회사 서비스 가입자는 1999년 분기별로 30% 이상씩 늘어났다. 대주주인 AT&T가 미국 케이블망에서 독보적인 지위를 확보하고 있는 것도 경쟁기업을 따돌릴 수 있는 좋은 조건이다.

@홈은 지난 1995년 케이블을 통한 인터넷 서비스 솔루션으로 출발했다. 1996년 조몰릭이 최고경영자로 취임하기 전에는 기술중심의 회사였으나 최근에는 콘텐츠 비중을 크게 높이고 있다.

익사이트는 1993년 스탠퍼드 대학생 다섯 명이 만들었다. 야후와 라이코스, 알타비스타에 이어 검색엔진 중에는 4위, 전체 인터넷 홈페이지 가운데는 10위에 드는 포털 사이트다. 익사이트의 창업자 조지벨은 이 회사의 사장으로 합류했다. 익사이트@홈은 「all band, all device, all the time」이란 비전을 갖고 있다. 풀이하면 「언제 어디서든 어떤 장비로든 고객이 필요한 정보를 전달하는 것」이다. 이를 광대역 서비스라고 한다.

이 회사는 1999년 2/4분기에 1억 40만 달러 매출을 올렸다. 전년 동기 대비 140% 증가한 것이다. 순익 면에서는 아직 적자지만 적자폭은 590만 달러로 전년 같은 기간의 1,710만 달러에 비해 대폭 줄었다.

핼시 마이너 CNET 회장

『10년만 일찍 태어났으면 나도 할 수 있을 텐데…』 마이크로소
프트, 어도비, 로터스 등 수많은 PC관련 벤처기업이 속속 탄생하고
있던 지난 1980년대 초. 미국 버지니아 주에 살고 있던 한 중학생은
이처럼 혼잣말을 중얼거리며 안타까운 마음을 달래고 있었다.

자신도 PC관련 벤처기업을 운영하면 크게 성공할 수 있을 것 같
았지만 너무도 어린 탓에 PC혁명에 참여할 수 없는 게 못내 아쉬웠
다. 이 중학생은 그러나 꿈을 버리지 않았다. 그리고 그 꿈은 마침
내 「웹」의 탄생과 함께 실현됐다. 중학생은 이미 어른이 돼 있었고
새로운 꿈의 무대 인터넷은 그에게 손짓을 하고 있었다.

주인공은 바로 CNET의 창업자이자 최고경영자인 핼시 마이너
(Halsey Minor)였다. 흔히 「미디어의 제왕」 하면 CNN의 테드 터너
를 떠올린다. 그러나 인터넷이라는 가상공간에서 미디어의 제왕으
로는 단연 마이너가 꼽힌다. 버지니아 출신으로 서른네 살의 이 사
나이는 벌써 3억 5,490만 달러(약 4,260억 원)의 재산을 소유하고

있는 청년 갑부다. 터너보다는 재산이 적지만 가능성은 아직도 무한하다. 그는 인터넷과 케이블TV를 결합하는 반짝이는 아이디어를 실천에 옮겨 불과 몇 년 사이에 미국 내에서도 손꼽히는 거부가 됐다.

미국 동부 버지니아 주 남부의 소도시 샬로스빌에서 태어난 마이너는 비교적 부유한 가정에서 자랐다. 아버지는 성공한 부동산 중개업자였고 어머니는 경마조교였다. 어린시절부터 컴퓨터에 지대한 관심을 가졌던 그는 학창시절「컴퓨터 너드(nerd : 공부벌레)」였다고 스스로를 회고한다. 그러나 공부만 하는 어린이는 아니었다. PC혁명에 동참하지 못한 것을 아쉬워했던 것처럼 자립심이 강한 그는 어릴 때부터 끊임없이 비즈니스를 구상해온 타고난 사업가였다.

10대에 이미 또래들을 고용해 페인트 칠을 하는 회사를 운영할 정도였다. 버지니아 대학에서 인류학을 전공할 때도 사업 아이디어는 끊어질 줄 몰랐다.「렌털 네트워크」라는 회사를 차려 임대 아파트 정보를 고객들에게 제공하기도 했다. 1987년 대학을 졸업한 마이너는 메릴린치에서 2년 간 투자분석가로 일하다 퇴사해「글로벌 퍼블리싱 코퍼레이션」이라는 회사를 차렸다. 컴퓨터 네트워크를 이용해 직장인들에게 각종 정보를 제공하는 프로그램을 개발하는 업체였다. 이 때 마이너는 그 유명한 아마존닷컴의 회장 베조스와 잠시 공동작업을 진행했다. 그러나 자금지원을 약속했던 메릴린치가 이를 어기자 마이너는 회사 문을 닫고 세계 최대의 헤드헌팅 업체 러셀 레이널드에 취직해 활동하게 된다.

1992년 어느 날 무심코 TV를 보던 그는 갑자기 무릎을 쳤다. 케이블TV에 빈 채널이 많은 것을 보고 컴퓨터 교육전문 채널을 만들면 시청자들의 눈길을 사로잡을 것이라는 생각이 뇌리를 스쳤다. 컴퓨터와 디지털 기술에 대한 온라인 콘텐츠를 케이블TV 프로그램과 접목시킨다는 계획이었다. 그 해 12월 회사를 그만둔 마이너는 바로 CNET을 세웠다. 현재 CNET의 최고운영책임자(COO)인 셸리 보니가 합류한 것도 바로 이 때였다. 대학 1년 선배로 당시 타이거 매니지먼트의 분석가였던 그는 헬시의 아이디어를 듣고 곧바로 의기투합했다.

그러나 처음부터 CNET이 승승장구했던 것은 아니다. 특히 1994년 여름은 최악이었다. 친지들로부터 몇백만 달러를 빌려 회사를 차렸지만 추가 투자자금을 확보하는 데 실패했던 것이다. 아직 본격적인 웹과 케이블 프로그램 개발도 안 된 상태에서 회사문을 닫아야 할 지경까지 몰렸다. 그러나 하늘은 그를 저버리지 않았다. 마이크로소프트 공동설립자인 폴 앨런이 CNET에 500만 달러를 투자해 지분 21%를 사들이기로 한 것이다. 마이너가 두 시간 동안 앨런을 설득하고 사흘이 지난 뒤였다. 케이블 과학채널인 USA 네트워크도 선뜻 투자하겠다고 나섰다.

이렇게 해서 1995년 4월 시작된 것이 「CNET 센트럴」이다. 케이블TV 과학채널인 USA 네트워크를 통해 컴퓨터교육 프로그램을 내보냈다. 지금도 〈업 넥스트(Up next)〉, 〈더 웹(The Web)〉 같은 프로그램은 최고의 시청률을 자랑하는 매거진 쇼다. 같은 해 6월 인터넷에 cnet.com이 오픈됐다. CNET은 온라인에 데뷔하자마자 반향을 일으키며 최고의 수익을 창출하는 웹 콘텐츠로 급성장했다. 1996년 7월에는 기업을 공개하고 나스닥에 상장도 했다.

이제 마이너는 CNET을 CNN과 ESPN 등 인기 케이블 채널을 앞도하는 자체 케이블 채널로 성장시키겠다는 목표를 갖고 있다. 또

인터넷 분야에서도 비즈니스 뉴스부터 게임까지 모든 분야를 망라
하는 웹의 제왕자리까지도 넘보고 있다. 그는 회사를 50억 달러 규
모로 키우겠다는 당찬 야심도 갖고 있다. 마이너는 흔히 골드 마이
너라는 별명으로 불린다. 그의 성인 마이너는 광부, 즉 마이너
(miner)와 발음이 같다. 실리콘 밸리에서 금맥을 캐내는 젊은이라
는 뜻에서 붙여진 이름이다. 그가 웹과 TV라는 양 매체에서 얼마나
많은 금을 캐낼지 전세계인들은 앞으로 계속 주목할 것이다.

CNET 분석

　　CNET은 캘리포니아 주 샌프란시스코 체스넛 스트리트에 자리잡
고 있으며, 491명의 종업원이 일하고 있다. CNET이라는 이름은 컴
퓨터 네트워크(computer network)에서 따온 것이다. 이름 그대로
이 업체는 컴퓨터 네트워크로 전달할 수 있는 모든 정보를 제공한

CNET 홈페이지:http://www.cnet.com

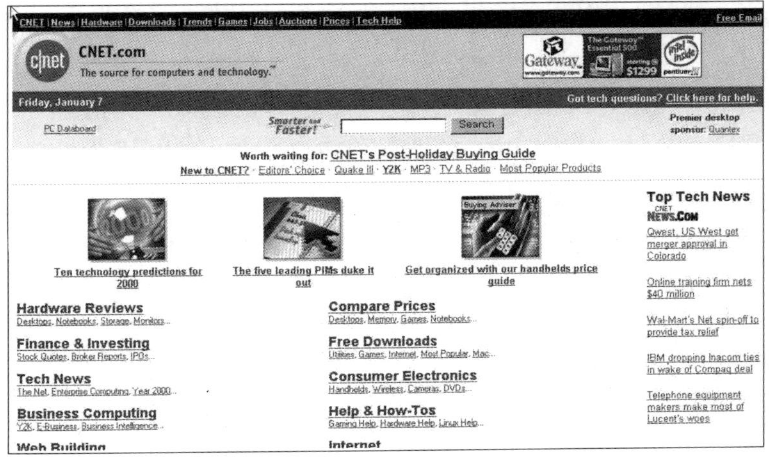

다. 또 이 정보를 케이블을 통해 TV로도 서비스한다. CNET은 처음에는 컴퓨터, 첨단 테크놀로지 관련 콘텐츠를 제공하는 것으로 시작했다. 지금은 최신 비즈니스 뉴스로부터 소프트웨어, 하드웨어, 게임, 쇼핑, 경매에 이르기까지 거의 모든 콘텐츠를 포괄하고 있다.

그래서 CNET은 일명 「인터넷의 타임 워너」로도 불린다. 특히 정보통신 현안에 대한 분석이 냉철하고 객관적인 자료가 풍부하기로 유명하다. 헤드라인만 읽어도 현재 세계 뉴미디어와 정보통신업계의 흐름이 어떻게 돌아가는지 한눈에 알 수 있다. CNET이 운영하는 웹사이트만 해도 공식적으로 10개에 달하며 케이블TV로 방영되는 프로그램과 이 프로그램에 대한 웹사이트도 6개나 된다.

가장 대표적인 인터넷 사이트는 Cnet.Com으로 포털 서비스를 제공한다. 기본적인 검색기능은 물론 CNET의 각종 다른 사이트로의 연결이 가능토록 하고 있다. 이 사이트를 통해 뉴스 사이트인 CNET News.com은 물론 각종 소프트웨어를 다운받을 수 있는 CNET Download.com, CNET Gamecenter.com 등으로 연결이 가능하다.

CNET의 1999년 상반기 중 매출액은 4,560만 달러로 전년도 같은 기간보다 무려 97%나 늘어났다. 1998년도 매출액은 1997년 대비 67.8% 증가한 5,643만 달러, 순이익은 260만 달러를 기록했다. 지난 1992년에 설립해 1996년 기업을 공개한 후 나스닥에 상장됐으며 현재 주가는 40달러를 약간 웃돌고 있다. 창업자이자 회장인 마이너가 지분의 20.4%를 갖고 있으며 기관투자가는 31.9%를 소유하고 있다.

헨리 니콜러스 브로드컴 회장

　헨리 니콜러스 3세 브로드컴 사장 겸 최고경영자는 하루 4시간밖에 자지 않는다. 나머지 20시간은 일과 운동으로 보낸다.

　브로드컴 간부직원들은 밤 12시나 새벽에 열리는 긴급회의 참석도 다반사가 돼버렸다.

　『금세 녹초가 돼버릴 줄 알았는데 그게 아니었다. 그는 지칠 줄 모른다.』(브로드컴 공동설립자 겸 최고재무책임자 헨리 새뮤얼리, 44) 1m 94cm나 되는 큰 키에 검은 색 람보르기니(스포츠카)를 즐겨 타는 니콜러스는 새뮤얼리의 평가에 이렇게 답했다. 『평범하게 일해서는 위대한 성공이 있을 수 없다!』

　그가 새뮤얼리와 손잡고 브로드컴을 세운 것은 지난 1991년 말. 앞서 29세였던 1989년 페어게인이라는 통신장비업체에 입사한 니콜러스는 이 곳에서 UCLA 전기공학과 은사였던 새뮤얼리를 만났다. 니콜러스는 이 회사에서 초고속 모뎀과 케이블 네트워트 장비의 개발을 담당했다. 그러나 1991년 초 페어게인 이사회는 일련의 개발 프로젝트를 전면 백지화시켰다. 고객으로 있는 업체들과 경쟁하기 싫다는 게 이유였다. 니콜러스는 이런 회사에 자신의 장래를 맡길 수 없다고 판단, 새뮤얼리와 함께 그 즉시 사표를 썼다.

페어게인에서 나온 두 사람은 초고속 네트워크를 개발하겠다는 일념으로 「브로드컴」을 차렸다. 니콜러스는 정말 미친 듯이 일했다. 『나를 행복하게 하는 것은 죽을 정도로 일해 목표를 성취하는 것』이라고 말하곤 했다.

브로드컴의 첫 작품은 「MET-Rx」라는 고속통신용 실리콘 칩이었다. 그는 소형 인터넷 전용 컴퓨터를 생산하는 「3COM」사에 납품을 시도했다. 조건은 아무것도 달지 않았다. 모델에서부터 가격에 이르기까지 3COM측 마음대로 하라고 했다. 당시 3COM측에 실리콘 칩을 납품하던 업체는 내셔널 세미콘덕터. 상대가 될 수 없는 싸움이었지만 골리앗(내셔널 세미콘덕터)을 이기기 위해 다윗(브로드컴)은 모든 결정을 3COM에 맡겼다. 그러나 결과는 참담한 패배였다. 제품성능을 믿을 수 없다는 말만 되돌아왔다.

니콜러스는 여기에서 좌절하지 않았다. MET-Rx를 한 단계 업그레이드시킨 「100BASE T4」라는 칩을 들고 다시 3COM의 문을 두드렸다. 제품을 평가한 3COM은 깜짝 놀랐다. 기존 납품업체 제품보다 정보처리 속도가 무려 100배나 빨랐다. 3COM은 모뎀 칩 거래선을 브로드컴으로 돌렸다.

그는 당시를 이렇게 회상한다. 『주체할 수 없을 만큼 많은 돈을 처음 만져봤다. 너무 촉감이 좋았다.』 니콜러스가 「돈독」이 오른 것은 호사스럽게 살고 싶어하기 때문인 것 같다. 스포츠카만 해도 즐겨 타는 람보르기니에 이어 얼마 전에는 페라리도 한 대 구입했다.

현재 그의 재산은 23억 8,000만 달러에 이른다. 경제전문지 〈포천〉은 죽도록 일을 해서 돈을 벌려는 그의 무의식에는 어린 시절 부자들의 사는 모습을 목격한 간접 경험이 자리잡고 있다고 분석한다. 부친 니콜러스 2세는 비벌리힐스에 사는 한 갑부집의 관리인이었다. 옆에서 보았던 갑부들의 삶, 바로 그것을 직접 체험해보려는 욕심이 돈을 벌려는 동기라는 것이다.

그는 운동에도 열중한다. 매일 5km씩 달리며 1주일에 한 번은 10km를 달린다. 웬만한 장사도 들기 힘든 300파운드짜리 역기도 매일 든다고 한다. 일화 한 토막. 작년 크리스마스 때다. 남들이 휴가를 즐기던 이 날 그는 회의를 세 차례나 열었다. 제품 테스트에도 참가했다. 그러느라 이 날 운동을 못 하자 새벽 1시께(26일) 호텔 실내 체육관을 찾아 3시간 동안이나 뛰고 역기를 들었다. 또 메이저리그 애너하임 에인절스 경기가 열리는 날이면 어김없이 야구장을 찾아 한바탕 소리를 지르며 스트레스를 푼다(그는 1998~2000년 시즌 전 경기 입장권을 갖고 있다).

니콜러스는 얼마 전 〈포천〉과의 인터뷰에서 세 가지 목표를 갖고 있다고 밝혔다. 「접속된 세계(connected world)」를 만든다는 것이 첫번째 목표다. TV, 전화, 컴퓨터 등 어떤 장비든 정보처리의 핵심인 칩 분야를 브로드컴이 장악한다는 것이다. 그리고 2000년 안에 5km와 10km 달리기 기록을 각각 18분 10초와 42분대로 끌어올린다는 게 두번째 목표다. 나머지 세번째 목표는 완벽한 오디오 시스템과 정보처리기능을 갖춘 개인용 제트기와 보트를 구입하는 것이다.

초고속 케이블 모뎀칩을 개발해 창업 5년 만에 업계 1위에 오른 브로드컴은 1991년 출범 당시에는 컴퓨터 통신용 모뎀 등이 주력 생산품이었으나 4~5년 전부터 인터넷 네트워크 장비에 필요한 프로세스 칩 생산으로 방향을 바꾸었다. 또 최근에는 3D 기능과 문자·그래픽·비디오 등을 컴퓨터와 TV가 호환하는 셋톱용 그래픽 칩 개발에 몰두하고 있다. 경쟁업체로는 루슨트테크놀로지, 인텔 등이 손꼽히며, 제너럴 인스트루먼트와 3COM이 영업의 32%와 15%를 차지하는 큰 고객이다. 1998년도 영업실적은 2억 310만 달러로 전년보다 무려 448.9%나 급신장했다. 1999년 영업실적은 500%를 넘을 것으로 전망되고 있다. 브로드컴은 지난 1997년 3월 경제전문지 〈포브스〉에 의해 유망한 200개 중소기업 중 최고의 미래업체(Best Future)로 선정됐다. 같은 해 10월 〈타임 디지털〉지는 니콜러스 사장을 미국의 50대 「사이버 엘리트」로 선정하기도 했다.

니콜러스와 새뮤얼리가 각각 28%의 지분을 갖고 있으며 1999년 4월 17일 나스닥에 상장됐다. 상장 첫날 공모가(주당 26.81달러)의 두 배가 넘는 53.13달러에 마감됐다. 이후 인터넷 인구의 급증으로 주가도 상승해 2 대 1의 비율로 액면분할하기도 했으며, 현재 주가는 액면분할을 감안하면 최고 공모가에서 10배 가까이 올랐다.

e-비즈니스 어디까지 왔나

엮은이 / 한경e-비즈니스 본부
펴낸이 / 김 경 태
펴낸곳 / 한국경제신문 한경BP
등록 / 제 2-315(1967. 5. 15)
제1판 1쇄 인쇄 / 2000년 8월 10일
제1판 1쇄 발행 / 2000년 8월 15일
주소 / 서울특별시 중구 중림동 441
기획출판팀 / 3604-553~6
영업마케팅팀 / 3604-595~7
FAX / 360-4599

* 파본이나 잘못된 책은 바꿔 드립니다.
ISBN 89-475-2304-6

값 9,500원

강대국의 흥망

폴 케네디 지음 / 이왈수 외 옮김

역사학자이자 미국 예일대 교수인 저자는 이 책에서 지난 5세기 동안에 전개되었던 강대국들의 흥망성쇠는 그들의 경제력과 군사력의 변화 추이에 따라 좌우되어 왔다고 진단하면서 다가오는 21세기에는 미국·소련·서유럽 등의 쇠퇴와 중국·일본 등 아시아 강국들의 부상을 예언하고 있다. 〈뉴욕 타임스〉 선정 최우수 도서.

양장/13,000원

21세기 준비

폴 케네디 지음 / 변도은·이왈수 옮김

우리에게 충격을 던졌던 「강대국의 흥망」 저자 폴 케네디 교수가 다가올 21세기 문명세계의 각종 위기를 명쾌히 분석·정리한 역저. 향후 30년 사이 우리에게 닥칠 도전들과 그 대응방법 그리고 인구폭발, 환경오염, 생명공학, 로봇, 통신수단, 가공할 파워의 양태 등을 특유의 통찰력으로 분석·예견하고 있다.

양장/11,000원

메가트렌드 2000

존 나이스비트 외 지음 / 김홍기 옮김

90년대는 정치개혁과 경이적인 기술혁신 등으로 인류에게 지금까지와 전혀 다른 변화양상을 안겨줄 것이다. 이 책은 90년대의 변화로 경제호전, 예술의 번영, 시장사회주의의 출현, 복지국가의 쇠퇴 등을 예시하고 있다. 과거 어둡고 비관적인 세기말적 변화보다는 밝고 새로운 흐름을 부각시키고 있다.

양장/9,800원

메가트렌드 아시아

존 나이스비트 지음 / 홍수원 옮김

미래예측가로 세계적 명성을 떨치고 있는 나이스비트는 21세기에는 아시아가 미국주도의 상품과 소비시장에 가장 중요한 경쟁자로 떠오를 것으로 내다보고 현재 역동적으로 변화하는 아시아의 모습을 8가지 트렌드로 분석했다. 특히 아시아와 세계라는 맥락 속에서 한국에 나타나고 있는 폭넓은 변화들을 살펴보고 한국이 아시아에 기여할 수 있는 방안도 짚고 있다.

양장/9,500원

20세기를 움직인 사상가들

기 소르망 지음 / 강위석 옮김

20세기 사상계에 결정적인 영향을 끼친 사람들은 과연 누구인가? 프랑스의 저명한 경제학자이자 사회학자인 기 소르망이 29명의 생존해 있는 현대 최고의 사상가들과 직접 인터뷰를 통해 그들 자신이 선택한 분야에 전 생애를 바친 사상과 사색의 놀라운 통찰을 기록·정리한 「살아있는 도서관」.

신국판/8,000원

자본주의 종말과 새 세기

기 소르망 지음 / 김정은 옮김

세계적인 석학인 저자는 자본주의 체제를 위협하는 것은 「도덕적 불만」과 「자본주의에 대한 몰이해」라고 주장하고 러시아·중국·독일·인도 등 20여개국의 자본주의의 현재 모습을 생생히 그리고 있다. 또한 현재의 자본주의의 위기를 극복하기 위한 구체적인 실천방안에 대해서도 통찰하고 있다. 방대한 분량인데도 르포형식이어서 전혀 지루하지 않다.

양장/13,000원

열린 세계와 문명창조

기 소르망 지음 / 박 선 옮김

서로 다른 문화가 충돌하는 유럽, 러시아, 중국, 일본, 아프리카, 라틴아메리카의 국경으로 우리를 이끈다. 서양인의 독백이나 나르시시즘이 아니라 바로 한반도에 대한 진단이며 치료제가 될 수 있다. 통독 이후의 문제, 북한의 실상과 우리의 미래, 미국화로 상징되는 맥몽드(McMonde)의 악몽 속에서 나름대로의 대응법을 찾을 수 있다.

양장/13,000원

편집광만이 살아남는다

앤드류 그로브 지음 / 유영수 옮김

인텔 불패(不敗) 신화의 주인공, 앤드류 그로브의 경영과 인생! 경쟁에서 이기기 위한 키워드 '편집광'을 주목하라. 지루함을 모르는 직장, 도전정신으로 머릿속이 꽉찬 편집광 직원들, 그리고 인텔에 대한 진솔한 이야기가 담겨 있다. 예리한 판단력과 관찰력을 겸비한 그로브는 첨단산업을 경영하는 데 필요한 이론으로 「전략적 변곡점」을 정립해 자세히 설명하고 있다.

양장/10,000원

미래기업

피터 드러커 지음 / 고병국 옮김

우리 시대의 가장 뛰어난 사회·경영학자이자 미래학자인 드러커의 「변혁시대 기업생존전략 연구서」! 세계경제가 빠르게 바뀌어 감에 따라 기업의 새로운 생존 경영전략 모델, 즉 기업이 살아남기 위한 5가지 변화조건을 예리하게 분석·고찰했다. 특히 사회·경제학 시각에서 세계경제 흐름을 독특하고 분석적으로 통찰했다.

양장 / 9,500원

자본주의 이후의 사회

피터 드러커 지음 / 이재규 옮김

사회주의권의 급격한 몰락 이후 탈냉전 분위기가 고조되고 있는 시점에서 향후 세계 변화가 주요 관심사로 떠오르고 있다. 저자는 향후 세계는 자본주의적 시장구조와 기구는 그대로 존속되겠지만 주권국가의 통제력은 약화되고 전문지식을 갖춘 지식경영자 중심의 글로벌화 사회가 될 것으로 예측하고 있다.

양장 / 9,000원

미래의 결단

피터 드러커 지음 / 이재규 옮김

현대 경영학의 대부, 피터 드러커는 이 책에서 「스스로를 다시 생각함으로써 회생할 수 있다」고 전제하고 기업의 5가지 치명적 실수, 가족기업을 경영하는 규칙, 대통령을 위한 6가지 규칙, 새로운 국제시장의 개발, 3가지 종류의 팀조직, 오늘날 경영자들이 필요로 하는 정보 등 바람직한 미래를 실현하기 위한 방안을 제시했다. 21세기를 위한 새롭고 시의적절한 경영지침서.

양장 / 9,000원

비영리단체의 경영

피터 드러커 지음 / 현영하 옮김

선진국에서는 학교, 자선단체 등 비영리단체의 경영혁신이 선풍을 일으키고 있다. 이 책은 필자가 교수생활을 하면서 비영리단체에서 봉사했던 경험을 바탕으로 조직관리, 예산 등 경영전반에 대한 문제점을 심도있게 분석하고 개선방안을 제시했다. 전문가들과의 대담을 통해 경영의 효율성을 높이기 위한 여러가지 방안이 눈길을 끈다.

신국판 / 8,000원

21세기 지식경영

피터 드러커 지음 / 이재규 옮김

새로운 경영 패러다임이 경영의 원칙과 관련한 기본가정을 어떻게 변화시켜 왔는지, 또 어떻게 계속 변화시킬 것인지에 대해 통찰하고 있다. 앞으로 수십년 아니 수년내에 틀림없이 일어날 여러 문제에 대처하지 못한다면 혼란의 시대, 구조변화의 시대, 전환기의 시대에 생존할 수 없다는 드러커의 마지막 경고는 반드시 귀담아 들어야 할 것이다.

양장 / 13,000원

미래의 조직

피터 드러커 외 지음 / 이재규 옮김

경영학의 두 거물인 피터 드러커가 서문을 쓰고 찰스 핸디가 결론을 내린 미래조직의 최종완성판! 당대 최고의 경영학자, 실무자, 컨설턴트가 참여한 이 책에는 미래 조직이 존속하고 번영하려면 조직과 지도자가 어디에 언제, 그리고 어떻게 변해야 하는지 각 분야별로 실질적인 조언을 하고 있다. 특히 정부, 기업, 사회단체 등 모든 인간조직의 미래모습에 대해 통찰력있는 비전을 제시하고 있다.

양장 / 13,000원

자본주의 이후 사회의 지식경영자

피터 드러커 지음 / 이재규 옮김

20세기가 낳은 가장 위대한 경영학자인 드러커 교수는 정보(information)가 권위를 대신하고 보고(report)가 사라진 조직에서 적응하기 위해 경영자들이 어떻게 해야 하는지 그 해답을 제시한다. 새롭게 도래하고 있는 미래 조직에서의 효과적인 의사결정방법, 경영혁신의 체계적 관리와 함께 지식경제에서 경영자가 직면할 구체적인 도전, 지식근로자의 생산성 향상을 위한 동기부여에 대해 충고하고 있다.

양장 / 10,000원

트러스트

프랜시스 후쿠야마 지음 / 구승회 옮김

한 나라의 경제는 규모만으로는 설명될 수 없고 문화적 요인이 중요하다. 이 문화적 요인이 사회적 자본이며 가장 중요한 덕목이 바로 신뢰다. 저자는 이 책에서 개인주의, 가족주의에 기반을 둔 저신뢰 사회의 특성을 혹독하게 비판하면서 건강한 사회가 되려면 공동체적 연대와 결속의 기술을 터득해야 하며 신뢰는 경제와 사회, 문화를 아우르는 놀라운 가치라고 강조한다.

양장 / 12,000원

코피티션

배리 네일버프 외 지음 / 김광전 옮김

비즈니스 게임은 끊임없이 변하므로 전략도 당연히 변해야 한다. 경쟁(competition)과 협력(cooperation)에 관한 과거의 법칙들을 넘어서서 양자의 장점을 결합한 코피티션 전략은 기존의 비즈니스 게임을 혁신할 혁명적인 신사고다. 저자들은 게임 자체를 변화시켜서 이득을 최대화하는 방법을 보여주는 5가지 요소(전략의 PARTS)의 비즈니스 전략을 체계적으로 제시했다.

양장 / 9,000원

회사인간의 흥망

앤소니 샘슨 지음 / 이재규 옮김

이 책은 17세기 동인도회사에서 현재의 마이크로소프트사에 이르기까지 기업의 변화과정과 직장인들의 문화변천사를 통해 회사인간이란 무엇인가를 규명했다. 생생한 인물묘사와 인터뷰, 사례를 곁들이면서 전혀 도전받을 일이 없을 듯이 보였던 「기업관료들」이 어떻게 레이더스, 모험기업가, 일본의 경쟁자들, 컴퓨터, 여자 회사인간들에 의해 차례차례 공격당했는가를 밝히고 있다.

양장 / 9,800원

팝 인터내셔널리즘

폴 크루그먼 지음 / 김광전 옮김

산업위축과 실업증가, 실질소득 향상의 둔화를 비롯해 소득격차의 확대, 산업시설의 유출 등 선진경제가 지닌 문제점을 상세히 분석하고 그 원인이 개발도상국과의 교역에 있는 것이 아니라 선진국의 산업구조 변화와 기술발전에 있다고 밝히고 있다. 레스터 서로에 필적하는 20세기 최고의 경제학자인 저자가 지적하는 개도국 성장 비결은 우리에게 시사하는 바가 크다.

신국판 / 7,000원

2020년

해미시 맥레이 지음 / 김광전 옮김

다양한 인종만큼이나 상이한 정치·경제체제와 독특한 문화양식을 지니고 있는 세계 각국은 저마다의 주무기를 앞세워 미래를 설계하고 있다. 경제평론가인 저자는 앞으로 국가경쟁력을 결정짓는 요인은 기술이 아니라 문화라고 강조한다. 현재 세계 각국이 처해있는 상황을 바탕으로 치밀하게 전망한 2020년경의 세계 각국의 모습에서 우리의 진로는 어떻게 모색해야 할 것인가?

양장 / 9,000원

제4물결

허먼 메이너드 2세, 수전 E.머턴스 지음 / 한영환 옮김

21세기 범세계적 기업을 위한 낙관적 비전을 제시하고 있는 이 책은 한마디로 앨빈 토플러의 《제3물결》을 넘어 장기적 미래의 비전에 집중하고 있다. 지금 우리는 공업화를 상징하는 「제2물결」에서 탈공업화적인 「제3물결」로 전이하고 있지만, 머지 않은 곳에서 새로운 차원의 「제4물결」이 밀려오고 있다고 진단하고 있다.

양장 / 4×6판 / 5,000원

소명으로로서의 기업

마이클 노박 지음 / 김진현 감역

실업과 빈곤의 해결책은 무엇일까. 마이클 노박은 종교적 윤리 기반위에 선 민간기업만이 그 해결책이 될 것이라고 명쾌하게 주장한다. 민주자본주의 하에서 신학적·윤리적 기초를 갖는 기업이야말로 이윤창출기관인 동시에 민주주의와 인권을 증진시키는 기관이며 사회공동체를 만드는 기관이다. 기업의 위치, 정신의 설정과 사회관계 정립에 등불이 될 내용들이 가득하다.

신국판 / 7,000원

21세기 오디세이

마이클 더투조스 지음 / 이재규 옮김

20년 동안 기술 전도사, 기업가, 경영 컨설턴트로서 정보혁명을 이끌어온 마이클 더투조스는 농업혁명과 산업혁명을 밀어낼 제3의 정보혁명에 대해 보다 폭넓은 관점을 제시한다. 저자는 21세기 글로벌 정보시장의 생생한 모습을 보여 주는 한편, 그 기술적인 문제점들을 폭로하고 한편으로 해결책을 제시하여, 영감에 가득찬 미래의 청사진을 제공한다. 보디넷, 전자 코, 촉각 인터페이스의 미래를……

양장 / 12,000원

21세기를 여는 7가지 키워드

오마에 겐이치 지음 / 임승혁 옮김

다가오는 21세기에는 서구 선진국의 뒤만을 쫓을 수는 없다. 그들을 앞서 나가기 위해서는 지금까지와는 다른 창의적인 발상, 새로운 전략, 확실한 준비가 필요하다. 21세기를 능동적으로 맞이하려는 사람들에게 띄우는 오마에 겐이치의 독특한 키워드. 1.시간축 발상 2.신커뮤니케이션론 3.자유재량시간 4.글로벌경쟁시대 5.정보발신시스템 6.이미지전략 7.네트워크의 힘

양장 / 4×6판 / 6,500원

신창조론

이면우 지음

미증유의 경제위기를 맞은 한국, 한국인, 한국기업은 어디로 가야 하는가? IMF는 변화를 모르는 기업전통, 말만 많은 우매한 현자들의 득세, 재벌의 출혈경쟁, 모방으로 날새는 제조업, 부서 이기주의에 찌든 업무절차 등 우리의 병세를 알려 준 고마운 의사다. 난장의 활기, 국가적 비전, 중소기업 활성화, 가상연구소, 동북아 경제 네트워크(신창조론)가 강력한 치료약이 될 것이다.

신국판 / 8,000원

내인생 내가 살지

서상록 지음

예순둘의 나이에 대기업그룹 부회장에서 식당 견습웨이터로 변신한 서상록씨의 자전에세이. 그는 이 책을 통해 왜 최고경영자의 위치에서 모두들 하찮게 여기는 식당 견습웨이터를 하게 되었는지, 그의 평범하지 않은 인생을 감칠맛나게 들려주고 있다. 더불어 인생의 눈높이를 낮춰 하고 싶은 일을 하면서 누구보다 즐겁게 살라는 충고도 들려준다.

신국판 / 7,800원

유머인생 1~6

한국경제신문 출판부 편

많은 독자들이 1980년 12월부터 본지에 연재되고 있는「해외유머」를 책으로 출판하면 어떨지, 그런 계획은 없는지 물어왔다. 이 책은 독자들의 그러한 성원에 보답하자는 취지로 출판되었으며 우스갯소리 가운데서 인생의 묘미도 느끼고 영어공부도 할 수 있게끔 어려운 단어나 어구에는 주석을 달아 독자들의 이해를 돕고자 노력했다.

4×6판 / 각 권 4,500원

성공적인 점포경영 33선

류광선 지음

5,000만원 정도의 소자본으로, 심지어 무자본으로도 사업을 시작할 수 있는 아이디어를 담았다. 저자가 현장을 발로 뛰면서 바로 개업하기에 유망한 33개 업종을 선별, 입지선정부터 개업절차·경영 비법까지 최신 노하우를 총집결시켰다. 경영지침이나 사업의 성패진단법은 물론 직접 점포를 운영하는 사람들의 현장 목소리를 담아 차별화를 꾀했다.

신국판 / 9,000원

실전 부동산 경매

전 철 지음

법원경매든 성업공사 공매든 경매는 이제 누구나 쉽게 배우고 참여할 수 있게 되었다. 경매물건에 대한 마음가짐을 얼마나 유연하고 객관적인 자세로 평가할 수 있느냐가 성공의 지름길이다. 이 책은 부동산 경매에 대한 전반적인 원리를 누구나 알기쉽게 배울 수 있도록 설명했다. 실전사례중심으로 실패없는 부동산 경매 방법을 체계적으로 정리한 실전 가이드.

신국판 / 12,000원

사장님을 위한 5분 경제

손정식 지음

경영일선에 있는 경영자가 매일매일 직면하는 경제·경영현상에 대해 기본적인 원리를 설명한 이 책은 경제현상을 올바로 이해하여 기업경영의 이론적 토대를 튼튼히 하는데 보탬이 되는 경제상식들만 모았다. 가격관리와 비용관리에서부터 기업전략, 경쟁과 윤리, 기업과 금융, 국제무역과 국제금융에 이르기까지 꼭 알고 있어야 할 경제원리들을 강의하듯 풀어서 설명했다.

신국판 / 8,500원

새노동법 해설

(개정판)

윤욱현 지음

노동법이 전면 개정되었다. 개정 노동법은 개별적 노동관계법의 대명사인 근로기준법상의 변형근로시간제, 정리해고제 등을 도입하고 집단적 노동관계법에서 금지됐던 복수노조, 제3자개입, 정치활동 등을 허용했다. 이 책은 저자가 현장에서 직접 느끼고 체험한 노사간의 문제점들을 살펴보고 개정 노동법 전반을 알기 쉽게 해설한 책이다.

신국판 / 11,000원

금융시장 예측

김성우 지음

주식, 금리, 상품 등의 현물시장은 물론 선물 및 옵션 등의 파생상품시장에서도 생존할 수 있는 방법을 다양하게 제시하고 있다. 20여년간 외환시장 등 다양한 시장에서 딜러, 투자가, 분석가로 활동하며 풍부한 현장경험을 가지고 있는 저자가 시장상황에 따른 기술적 지표의 분석요령과 심리적 동요의 극복방안을 현장사례 중심으로 상세히 설명하고 있다.

양장 / 12,000원

걱정하지 말고 살아라

리처드 칼슨 지음 / 채선영 옮김

스트레스 컨설턴트이자, 강연가인 리처드 칼슨이 풍요롭고 즐거운 인생을 창조하는 100가지 아이디어를 알려준다. 걱정이 사라졌을 때 어떤 멋진 인생이 펼쳐질지 따뜻하면서도 설득력있는 문체로 읽는 사람을 격려하고 있는 이 책은 걱정과 불안으로 마음을 어지럽힐 것이 아니라 결심과 실천으로 이어지도록 마술과도 같은 삶의 방법들을 제공하고 있다.

신국판 / 8,000원

시간이동

스테판 레트사폰 지음 / 형선호 옮김

사람들에게 있어서 시간은 객관적인 것이 아니라 주관적인 것이다. 이 책에서 저자는 시간에 대한 사고방식을 바꿈으로써 자신의 인생에 대한 통제를 되찾을 수 있다고 강조한다. 그 과정을 통해 우리는 인생을 최대한 즐길 수 있으며 많은 시간을 자신과 가족과 함께 더 한층 고양된 삶의 의미를 느낄 수 있다. 이 책은 명상서로서 자신의 삶을 컨트롤하는 방법을 제시한다.

신국판 / 9,000원

마음을 치유하는 79가지 지혜

레이첼 나오미 레멘 지음 / 채선영 옮김

정신분석학자로서 영혼의 연금술사로 평가받는 저자는 보다 큰 평화를 가져다주는 것은 우리가 서 있는 바로 이곳, 또 이곳에서 만나는 사람들을 있는 그대로 받아들일 수 있게 해줄 치료제, 즉 영혼을 위한 약이 필요하다는데 초점을 맞추고 있다. 저자의 따뜻한 식탁 의자에 영혼이 충만한 의사와 환자, 그리고 동료들이 둘러앉아 나누는 그들의 삶은 무한한 가능성의 목소리로 들린다.

신국판 / 7,500원

밀레니엄

펠리프 페르난데스 아메스토 지음 / 허종열 옮김

지난 1000년을 마감하고 다음 1000년을 준비하기 위해, 한 시대를 평가하기 보다는 새로운 시대를 창조하려는 의도로 쓴 이 책은 유럽 중심적인 위장된 세계사가 아닌 진정한 세계사 정립을 위해 역사 이면을 자리매김하려고 노력했다. 인류역사의 주도권, 즉 민족의 힘은 태평양 주변국가에서 대서양으로 다시 태평양으로 옮아가고 있다고 주장하고 있다.

전2권 / 양장 / 각권 12,000원

복잡계란 무엇인가

요시나가 요시마사 지음 / 주명갑 옮김

『무수한 구성요소로 이루어진 한 덩어리의 집단으로 각 부분의 움직임이 총화이상으로 무엇인가 독자적인 행동을 보이는 것』으로 정의되는 복잡계, 복잡계 과학은 「잃어버린 세계로의 여행」이 될 것이다. 복잡계의 과학은 그 꿈을 현실화시킬지도 모른다. 21세기를 주도하게 될 최첨단 키워드, 복잡계의 모든 것을 담았다.

양장 / 4×6판 / 7,000원

복잡계 경영

다사카 히로시 지음 / 주명갑 옮김

복잡계 이론이 예언하는 21세기적 경영의 모든 것이 여기 있다. 복잡계는 세기말의 혼돈 속에 지식의 최첨단 이론으로 등장, 구미지역에서 폭발적인 관심을 끌고 있다. 이 이론은 세계를 몇 개의 단순한 요소로 환원할 수 없는 '부분 이상의 총화', 자기조직화의 동적 프로세스로 이해한다. 또 세계관의 근본적인 변화를 통해 탈근대시대의 새로운 경영, 경영자를 위한 경영학의 혁명을 꿈꾼다.

양장 / 4×6판 / 6,500원

세계를 움직인 경제학 명저 88

네이 마사히로 지음 / 이균 옮김

한치 앞도 예측하기 어려운 경제. 환율, 주가, 금리… 어느 하나 앞을 내다보기 어렵기만 하다. 지금까지의 경제논리로는 더이상 예측하기 불가능하다. 여기 17세기의 페티에서 20세기 경제학의 거두 스티글리츠까지 경제의 흐름을 읽기 위해, 그리고 예측하기 위해 고뇌했던 수많은 경제학자들이 있다. 세상을 움직이던 일류 경제학자들이 피와 땀으로 써내려간 역작들을 통해 경제의 흐름을 짚어볼 수 있다.

신국판 / 9,500원

비즈니스 사회에서 가르쳐주지 않는 60가지

나카타니 아키히로 지음 / 이선희 옮김

회사에서는 학교처럼 음식을 입에다 떠먹여주듯이 친절하게 가르쳐주지 않는다. 회사는 방대한 교과서와 같다. 그곳에서 배우느냐, 배우지 못하느냐는 것은 모두 이 책을 읽는 당신에게 달려 있다. 이 책에는 회사인으로서 최소한 지켜야 할, 최소한 알아야 할, 그리고 최소한 갖추어야 할 비즈니스 사회에 필요한 성공발상을 저자 특유의 감각적인 문체로 펼쳐보이고 있다.

신국판 / 7,500원

리스크

피터 번스타인 지음 /
안진환 외 옮김

세계적인 경영 컨설턴트인 저자가 리스크의 역사와 발전과정을 담았다. 탁월한 통찰력으로 현재의 시점에서 미래를 다루는 방법을 밝혀낸 여러 사상가들의 이야기가 담겨 있다. 그리스시대부터 현재까지 인류의 다양한 위기의 순간들과 이를 헤쳐나가는 과정을 역사와 철학, 경제학 관점에서 돌아본다. 투자나 선택이 일상인 경영자들을 위한 책이다.

양장 / 12,000원

중산층이 살아야 나라가 산다

에드먼드 펠프스 지음 / 신동욱 옮김

자본주의의 야수성과 복지제도의 단견에서 비롯된 중산층의 붕괴는 우리를 당황하게 한다. 이 책은 바로 중산층이 살아야 내가 살고 지역사회가 살고 나라가 살고 더 나아가 민주주의와 자본주의가 산다는 인식 위에서 씌어졌다. 국민의 정부 제2기 복지정책의 기초가 된 이 책은 장기적으로 인류 모두에게 혜택을 줄 자유시장 경제체제와 기술진보를 가능케 해주는 유일한 길을 설파하고 있다.

신국판 / 8,500원

지구의 변경지대

로버트 케이플런 지음 / 황 건 옮김

베일에 가려져 있던 서아프리카에서 중동을 거쳐 러시아의 외곽지대인 중앙아시아, 중국, 인도를 거쳐 캄보디아, 태국, 베트남에 이르는 대장정을 끝내고 저자가 내린 결론은 한마디로 암울하다는 것이다. 저자는 새로운 분쟁지역으로 떠오르고 있는 지구 곳곳을 다니면서 문제점을 지적하고 혼란에 빠진 이들에게도 따뜻한 시선을 보내자고 제안하고 있다.

양장 / 12,000원

대기업을 이기는 벤처비즈니스

마키노 노보루 · 강동우 지음 / 유세준 옮김

첨단 기술력과 재빠른 정보수집력을 갖춘 모험심 강한 중소기업이 대기업보다 훨씬 더 유연하게 시장상황에 대처하고 있으며 성공하고 있다. 마이크로소프트, 인텔 등이 그 예다. 이 책은 재편되고 있는 경제구조 속에서 앞서 나가고 있는 일본 벤처기업들의 사례와 실리콘밸리의 성공전략을 살펴보고 틈새시장을 공략하는 요령과 아이디어, 국제적 제휴전략 등을 다루고 있다.

신국판 / 5,500원

경제학은 없다

미첼 무솔리노 지음 / 김찬우 옮김

경제학자들의 수많은 예측의 오류 중에는 몇몇은 유명해졌고 그보다 많은 수의 오류는 잊혀졌다. 프랑스에서 화제를 불러 일으켰던 이 책에서 저자는 20세기 모든 위대한 예견과 모든 환상을 신랄하게 공격한다. 주류 경제학의 일반론을 분해하고 실업과 생산성에 대한 허튼소리와 거짓말, 그리고 시장법칙에 이르기까지 현대 초자본주의의 속성들을 발가벗기고 있다.

신국판 / 8,000원

기업경영에 창의력을 길러주는 50가지 키워드

톰 램버트 지음 / 정규석 옮김

이 책은 기업에 관여하는 사람이 기회나 문제에 직면했을 때 잘못된 것을 바로잡고 창의력을 고양시킬 수 있게 해주는 문제해결기법으로 가득하다. 경영자들이 최저의 노력과 최저의 비용으로 최단시간내에 필수적인 과제들을 해결하는데 필요한 도구와 점검목록, 직무 지시사항이 담겨 있다. 내일 성공하려면 벤치마킹하지 말고 오늘 도약하라는 것이 이 책의 결론이다.

신국판 / 10,000원

골프란 무엇인가

김흥구 지음

세계에서 가장 쉽고 재미있는 골프책을 목표로 연애소설을 쓰듯이 재미있게 쓴 책이다. 80대 초반 굳히기, 70대 진입하기 등 현 수준에서의 구체적 도약 방법이 설명된다. 완결편은 통계나 속성 차원에서 접근한 상당한 수준의 골프 분석이다. 입문자라면 처음부터, 구력이 5년 이상됐고 성질이 급한 골퍼는 13번홀부터, 프로만큼의 플레이를 하려면 16번홀로, 머리가 아프면 4번홀로 가서 마음껏 웃으면 된다.

양장 / 11,000원

타이거 우즈 스윙의 비밀

존 안드리사니 지음 / 김흥구 옮김

타이거 우즈의 스윙 테크닉은 너무도 쉽기 때문에 어떤 아마추어 골퍼라도 응용할 수 있다. 우즈는 아놀드 파머와 같은 카리스마와 벤 호건의 집중력, 샘 스니드의 운동 능력, 잭 니클로스의 멘탈 지배력, 닉 팔도의 탁월한 매니지먼트 능력을 그대로 간직하고 있다. 우즈 스윙의 모든 비밀이 담겨 있는 이 책을 통해 우즈 스윙을 카피하게 된다면 당신의 볼은 두말할 것 없이 까마득히 날아갈 것이다.

양장 / 4×6판 / 9,000원

주식시장 흐름 읽는 법

우라가미 구니오 지음 / 박승원 옮김

언뜻 보기에 무질서하고 예측이 불가능해 보이는 주식시장도 장기적으로 보면 특정한 네 개의 국면을 반복하고 있다는 것을 알 수 있다. 이 책은 이 네 개의 국면이 어떤 요인에 의해 순환되고 각각의 국면에서 어떤 종목이 활약하는가를 숙지할 수 있는 안목을 제시해주고 주식투자시 리스크를 피하는 방법에 대해서도 설명하고 있다.

신국판/5,500원

증시테마 알아야 주식투자 성공한다

안창회 지음

이 책은 주식투자자들이 어떤 상황에서 어떤 종목을 사고 팔아야 수익을 올릴 수 있는지 그 구체적인 방법을 제시한다. 더불어 투자이론이 실제 상황에서는 어떻게 적용되고, 앞으로 전개될 상황에서는 어떻게 대응해야 할지를 분석, 정리했다. 특히 실제 일어났던 증시상황에 대한 분석은 물론, 전망까지 곁들여 주식초보자라도 쉽게 이해할 수 있도록 했다.

신국판/9,800원

주식@ 살 때와 팔 때

한국경제신문 증권부 지음

증권투자는 사는 기술이 아니라 파는 예술이다. 기관투자가를 두려워할 필요는 없다. 수익률이 오르지 않아 밤잠을 못이루는 것은 오히려 그들이다. 단기필마야말로 혼돈의 전쟁터에서 자신을 지키는 방법이며 주식투자로 성공할 확률은 개인투자가들이 높다. 한국경제신문 증권부가 개인투자가들을 지원하기 위해 펴낸 이 책을 통해 확실한 재테크의 길을 찾아보자.

신국판/9,000원

선물시장 흐름 읽는 법

현대선물 지음

이제 선물을 모르고는 주식, 채권 등 투자를 제대로 할 수 없는 세상이 되었다. 선물시장은 특정상품의 가격 수준에 대해 생각을 달리하는 사람들이 생사를 건 전쟁터다. 그동안 어렵게만 느껴졌던 선물거래를 일반인들이 이해하기 쉽도록 만화로 꾸몄다. 읽다보면 선물거래의 기본개념에서부터 선물거래의 실전투자 및 매매 타이밍까지 단번에 이해할 수 있도록 재미있는 스토리를 곁들여 설명했다.

신국판/7,000원

금융혁명 ABS

자산유동화 실무위원회 지음

자산유동화(ABS)제도에 대해 자산유동화 거래실무에 종사하는 국내외금융기관의 담당자, 전문변호사, 정책입안을 담당하는 재경부와 금융감독원의 관계자들이 함께 참여하여 알기 쉽게 종합적으로 풀어썼다. ABS에 관련된 각 분야를 사례중심으로 현장감 있게 분석 정리했고 법률 축조해설까지 곁들여 누구나 쉽게 실전에 활용할 수 있도록 했다.

양장/20,000원

월가 천재소년의 100가지 투자법칙

맷 세토 지음 / 형선호 옮김

10대 천재소년 맷 세토가 세운 뮤추얼 펀드의 연간 수익률은 단연 압도적이다. 이 소년은 〈월 스트리트 저널〉의 표지인물로 등장한 바 있으며, 전 세계 투자자들이 조언을 듣기 위해 애쓴다. 17세에 억대 부자가 된 맷 세토가 100가지의 성공적인 주식투자 비법을 소개한다. 신선하고 반짝이는 그의 투자전략은 폭락과 반전을 거듭하는 우리 주식시장에서 성공을 보장할 것이다.

신국판/8,500원

뮤추얼펀드 투자가이드

한국펀드평가 지음

뮤추얼펀드는 주식형수익증권, 외국인과 함께 주식시장의 큰손이다. 그들이 어떤 종목에 관심을 갖고 매수하며 어느 정도 보유한 뒤 매도하는가? 한국펀드평가(주)가 국내 최초로 뮤추얼펀드 69개를 집중 분석한 이 책은 펀드매니저는 물론이고 증권사 종사자, 뮤추얼펀드에 새로 가입하려는 투자자에게 매우 유익한 지침서가 될 것이다. 국내최초의 펴낸 뮤추얼펀드 종합 분석 전략 가이드.

신국판/15,000원

맥킨지 금융보고서

맥킨지 금융팀 지음

20년간 아시아 금융시스템을 분석, 컨설팅해온 맥킨지 금융팀은 21세기 한국을 비롯한 아시아의 은행 및 금융시스템이 어떤 도전을 받을 것이며 어떤 새로운 기회가 도래할 것인지 2010년까지의 금융 패러다임을 예측하고 있다. 금융시장의 어제와 오늘 그리고 미래를 열어가는데 없어서는 안될 미래지향적 금융산업 구축에 과연 무엇이 필요한지 그 비결을 담고 있다.

신국판/18,000원